Heibonsha Library

［増補］姿としぐさの中世史

平凡社ライブラリー

Heibonsha Library

［増補］

姿としぐさの中世史

絵図と絵巻の風景から

黒田日出男

平凡社

本著作は一九八六年五月、平凡社より刊行されたものです。

目次

民衆の姿・しぐさ・行為

「場」を読む

民衆の姿・しぐさ・行為

「異香」と「ねぶる」

子供の頃、ちょっとした怪我は舐《な》めれば治ってしまうと、父に言われたものだ。私の子供時代は集団で遊べたし、一日中遊んでいたから、擦り傷、切り傷はしょっちゅうであった。そんな時は、皆、傷口を舐めるか、さもなければ唾をつけるだけですませて、すぐにまた遊びの中に加わったものである。夕方に家に帰ってから赤チンをぬれば、大抵の怪我はそれで治った。今なら、まず傷口をよく洗ってからマキロンなどでよく消毒し、それから……と処置が続くことであろう。

中世の子供たち、更には大人たちは、こんな時、果たしてどんな処置をしたのであろうか。中世民衆の生活サイクルや意識諸形態の細部に至るまでを、出来るかぎりわがものにしながら、全体史把握を行いたいと考えている私にとっては、このような点も見過すことはできない。

最近では、中世の人々の身体感覚の世界にまでわけいろうと考えているので、千々和到氏の「『誓約の場』の再発見――中世民衆意識の一断面――」（『日本歴史』四二二号）は実に興味深いものであった。例えば氏は、起請文《きしようもん》をなぜ焼いて灰にして呑むのかを問う。護符を呑む習俗は今も残っているが、それは紙をちぎって水に浮かべて呑むのが一般的で、何故起請文を焼くのかは問題があるとする。そこで千々和氏は、文書を焼いている例を挙げて検討する。得られた結論は、中世の人々は、人間ではない相手すなわち神仏などに自らの意志を伝えるために、文書を焼く行為をしたのだというのである。その場合、焼けて立ちのぼる煙を見ることは、自分たちの意志が天に届きつつあることの視覚的な確認であり、文書が灰となることが、相手がうけとったことの証明であり、一種の神判となっていると言うのである。それだけではない。更に氏は、中世における「誓約の場」をビジュアルに描く。すなわち、それは、「鐘の音や誓言の声がおごそかに流れ、煙がたちのぼり、香ばしいかおりが充満し、つぎつぎに神水をのみかわす、つまり、神の意志と人の意志とが通じあったことを、また、神がその場に臨んだことを、目で見、耳で聞き、鼻でかぎ、口で味わうことによって確認する、いわば、聴覚、視覚、嗅覚、触覚、味覚の、人間の五官の全てが働きかけをうけるような場だったのである。こうした五官への働きかけによって、中世の人々は、まさにそこに神とともにいる、という臨場感に、身のひきしまる思いを覚えたであろう」とされている。神仏の来臨は、まさに中世の人々の五官によって実感された訳である。

こうした中世の人々の感性を探る試みは、民衆生活史の不可欠な作業のひとつであると言ってよいだろう。私も、千々和氏と相似た関心から、中世の人々の、現代日本人とは異質の身体感覚に照明をあてようと考えている。つまり、身体感覚レベルでの歴史性を探る試みであって、小論も、その作業のひとつである。

さて、対象となる『春日権現験記絵《かすがごんげんけんきえ》』であるが、この絵巻については、その制作事情、絵師名、筆者名、制作年代などが判明しているので簡単に記しておこう。絵巻制作の発願主は、左大臣西園寺公衡、絵師は、宮廷の絵所預高階隆兼である。東北院の覚円法印が、大乗院慈信・三蔵院範憲に相談して詞章を起草し、それを、前関白鷹司基忠とその子摂政冬平・冬基、一乗院良信の四者が筆者となって、他筆を交えずに書いている。本絵巻の制作は、一三〇六（徳治元）年ないしその翌年から着手され、一三〇九（延慶二）年正月に完成して春日社に奉納されたのである。その出来映えは、鎌倉時代大和絵の到達点を示すと評価されている。*1

絵巻にみる神の現われ方

ところで、中世の神は、どのような場合に、どのような姿で示現（影向《ようごう》）するのであろうか。絵巻物は、そのような中世の神仏のビジュアルな姿を知る上で最適の史料だが、なかでもこの『春日権現験記絵』は、春日大明神のさまざまな姿での示現が絵画表現されていて実に興味深い。例えば、巻一の第三段では、藤原吉兼の夢の中で、春日大明神は貴女の姿で竹林の上に飛来した。巻八の第七段や巻一〇の第五段などでは、束帯姿の貴人となって現われている。そしてまた、巻九の第三段では「気高き童子の角髪結いたる一人」として地獄に現われてもいる。

大雑把な整理ではあるが、『春日権現験記絵』に現われる春日大明神の姿は、巻一一の第四段と巻一二の第三段の地蔵菩薩を除けば、表のようにまとめられよう。すなわち、この四タイプに尽きるのだが、このうちの貴人には問題がある。つまり、貴人姿の春日大明神は、後姿にしたり、松の枝などで隠して、顔を描かないので、どの程度の年齢であるのかは明らかでないのである。しかし、手懸りはある。巻一〇の第六段では、天台座主教円が早朝に「唯識論」を転読していると、随喜した春日大明神が貴人の姿で現われ、庭前の松の上で万歳楽を舞っている場面が描かれている。画面では、例によって後姿なのだが、詞書によると「老翁」なのである。また、巻一の第四段でも、画面には描かれていないが、詞書には「春日山の辺に侍ふ翁」として大明神が現われている。他の絵巻物の諸事例からも、貴人姿の殆どは老翁であったとみてよいのではあるまいか。

	夢・地獄	現実	その他	計
貴人	9	2	2	13
老翁	1	2	2	5
貴女	3	4	—	7
子供	5	1	1	7
計	18	9	5	32

とすれば、春日大明神は、老貴人・貴女・童のいずれかの姿で示現している訳である。何故、中世の神がこの三者の姿をとるのかは

別の機会に考察することにして、ここでは、翁・女性・童が、中世社会のなかで神に近い存在であったことを指摘するにとどめたい。

では、神はどのような場合・時に現われるのであろうか。表に簡単に示したように、大部分は夢・夢想・地獄などの非現実的な場合であることは言うまでもない。それに対して、何らかの現実の場面に春日大明神が影向・示現するのは九例ある（なおこの中には、巫女の神降ろしの四例、すなわち巻四の第四段、巻六の第三段、巻一五の第二段・第六段は含めていない）。

夢中でも現実でも、神の姿は右に述べた三者のいずれかであり、その点は変わりないのだが、ほかならぬ現実に神が示現・影向したと中世の人々が感じ、認めるには、それなりの条件（道具立て）が必要であったはずである。『春日権現験記絵』の中で、それを表現して最も興味深いのが、明恵《みょうえ》上人の事跡をめぐる巻一七の三つの画面と詞書であろう。私には、中世の人々が神の示現を実感する条件の一典型がここに示されていると思われるのである。

女は天井に登って神となる

この巻一七は、一二〇二（建仁二）年、明恵上人が紀伊国白上という所に居て、天竺に渡り仏跡をたどろうとの志を抱いていた時、橘氏女という女房に春日大明神が憑き、その渡海をとどめた奇瑞が描かれている。

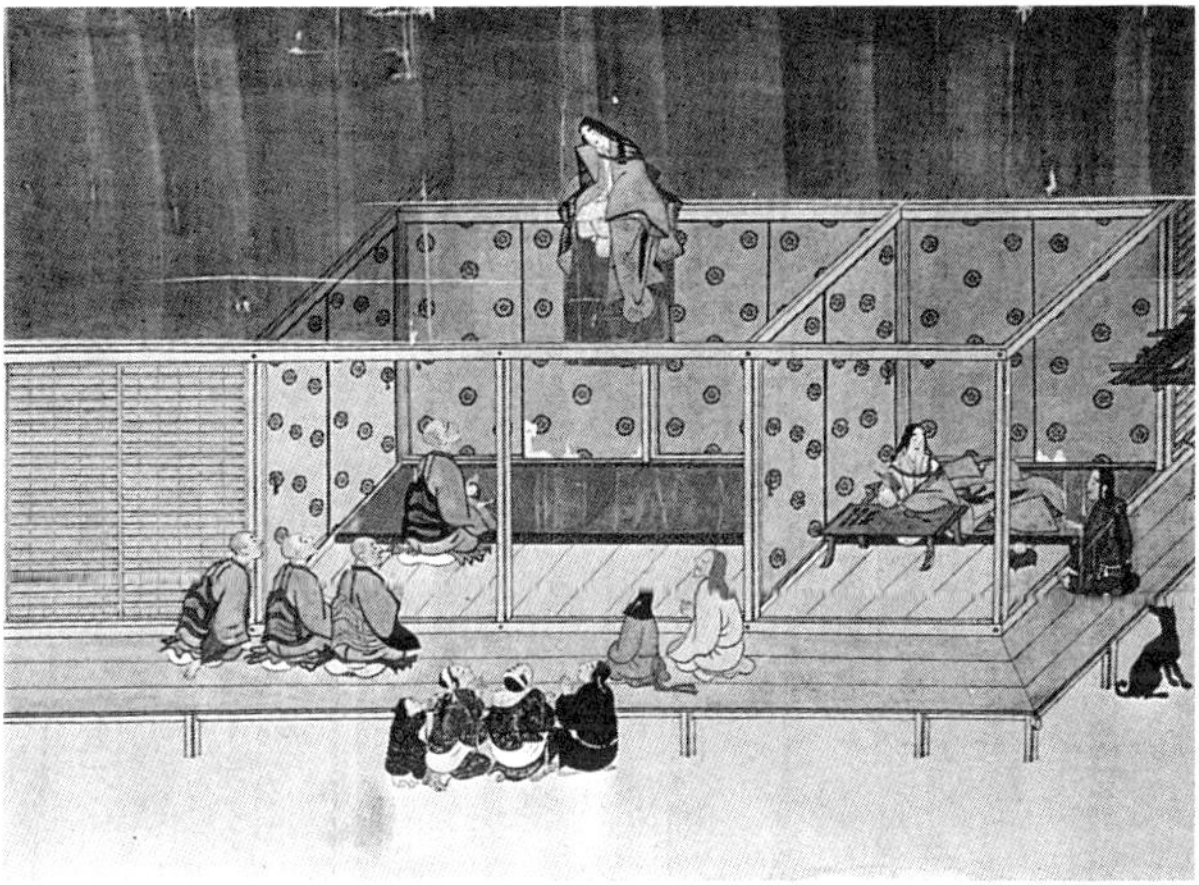

●図1――『春日権現験記絵』巻一七第一段絵

第一段絵（図1）の画面右には、橘氏女が描かれている。彼女は、正月一九日より八日の間、断食した。家人は「不食の病」かと心配したが、むしろ肥満して見える。その間、毎日湯浴みをして清浄を保ち、一心不乱に読経をしていた。つまり、心身共に聖なる状態に近づいたのであって、春日大明神が彼女に憑くための不可欠な条件であった。そして二六日になると画面左に移る。異時同図式の描写である。鴨居《かもい》の上に新しい青莚がかけられ、橘氏女はその上に登り、「我は是、春日大明神なり」と明恵に告げて、渡唐を制した。明恵上人が「渡海を止むべし」と答えると、氏女は懐妊の人であるのに、聊かの障りもなく鴨居から降りたのである。

このように第一段の画面は、右側に橘氏女が、①断食、②湯浴み、③読経念仏によって聖なる状態となり、神の憑く状態となっているところを描き、左側には、鴨居に青莚がかけられることで神の座所が示され、その上に登ることで、橘氏女が人から神に変換したことを示しているのである。明恵上人やその同朋と橘氏女の位置関係からすれば、図示したように、氏女が鴨居の高さにいることが、春日大明神の影向を示す視覚的条件となっていることは明らかであろう。

では、何故鴨居に登ったか。第二段でも橘氏女は天井に登って大明神となるが、その詞書によると、天井より柔軟微妙の声で、「高き所に侍り、無礼なれども、我等が輩は、本より高き所に在れば、憑くべき物を引き上ぐるなり」と告げている。つまり、中世の人々にとって、神は高き所にある存在であった。

橘氏女は巫女ではない。彼女は、『古今著聞集』巻二―第三〇話では「上人の伯母なりける女房」とあり、『高山寺明恵上人行状』(漢文)で湯浅宗光の妻とわかる(奥田勲『明恵――遍歴と夢――』四九ページ)。前述のように懐妊もしていた。しかも、その場所も、橘氏女の家であり、春日社頭とかの神の示現にふさわしい聖域では全くない。そのような諸条件の中では、如何に信仰深き中世の人々であっても、鴨居や天井のような日常生活空間とは異質な位置に登るという異常な現象がなければ、神の影向・示現を確かめがたかったであろう。

ところが、明恵上人にはまだ疑念が残った。果たして春日大明神の真の託宣であろうかと。そこで第二段の二九日の場面(図2)となる。橘氏女は、一室に閉じ籠っており、今度は異香

●図2――『春日権現験記絵』巻一七第二段絵

が庭にまで充満していた。明恵上人が同朋を沢山連れて、障子を開けると、氏女は宿直物《とのいもの》（夜着）を顔に被って臥していたが、顔を上げて微笑んだ。明恵が、「この異香は何事にか」と問うと、「何とも知らず。妾も身の芳しく覚えて、見参の仕度侍りつるなり。高き所に登りたければ、天井へ登るべし。この障子を立て給ふべし」と語り、やがて白小袖姿となって天井に登った。神への変身である。天井の板を開けると、異香の匂いは一層強まり、上人以下は集会して「南無春日権現」と礼し奉ったのである。高い所に登ったのは第一段と同じであるから、明恵上人以下の疑念を決定的にとり去ったのは、異香の強い匂いである。

そして第三段の画面（図3）に移る。橘氏女は音もなく天井から降り、異香はいよいよ匂っ

●図3――『春日権現験記絵』巻一七第三段絵全図と部分

た。その香は、沈檀や麝香等の類ではなく、その「濃く深き匂い」は全く人間の香ではない。人々は皆感悦に耐えられず、思わず橘氏女の手足を舐《ねぶ》った。すると、その甘いこと甘葛《あまずら》などのようである。中には、数日前から口の中が痛かった者がいたが、氏女の手足を舐ったら忽ちのうちに癒ってしまった。人々は、一層競って橘氏女の手足を舐ったが、「慈愍の御気色にて」少しも嫌がらなかったのである。

「舐る」とは、「舌の先で物をなで味わう。なめる。しゃぶる」(『日本国語大辞典』小学館)ことである。異香のこのような濃い匂いが、神の影向を嗅覚的に実感させたのみならず、その強い嗅覚的感動が、更に人々を、橘氏女の聖なる身体を舐るという味覚行為にまで駆り立てた訳である。しかも、氏女の手足を舐ることは、中世の人々にとっては、病の治癒能力さえ示したのであった。

聖なる力を身体感覚的に実感

以上のように見てくると、橘氏女に春日大明神が憑いたと人々に実感させたのは、第一に、氏女が実践した一定期間の断食・湯浴み・読経念仏であり、第二に、日常の生活空間より「高き所」(非日常的空間)に登ることであり、第三に、濃く匂う異香の嗅覚的感動であった、と言えるだろう。

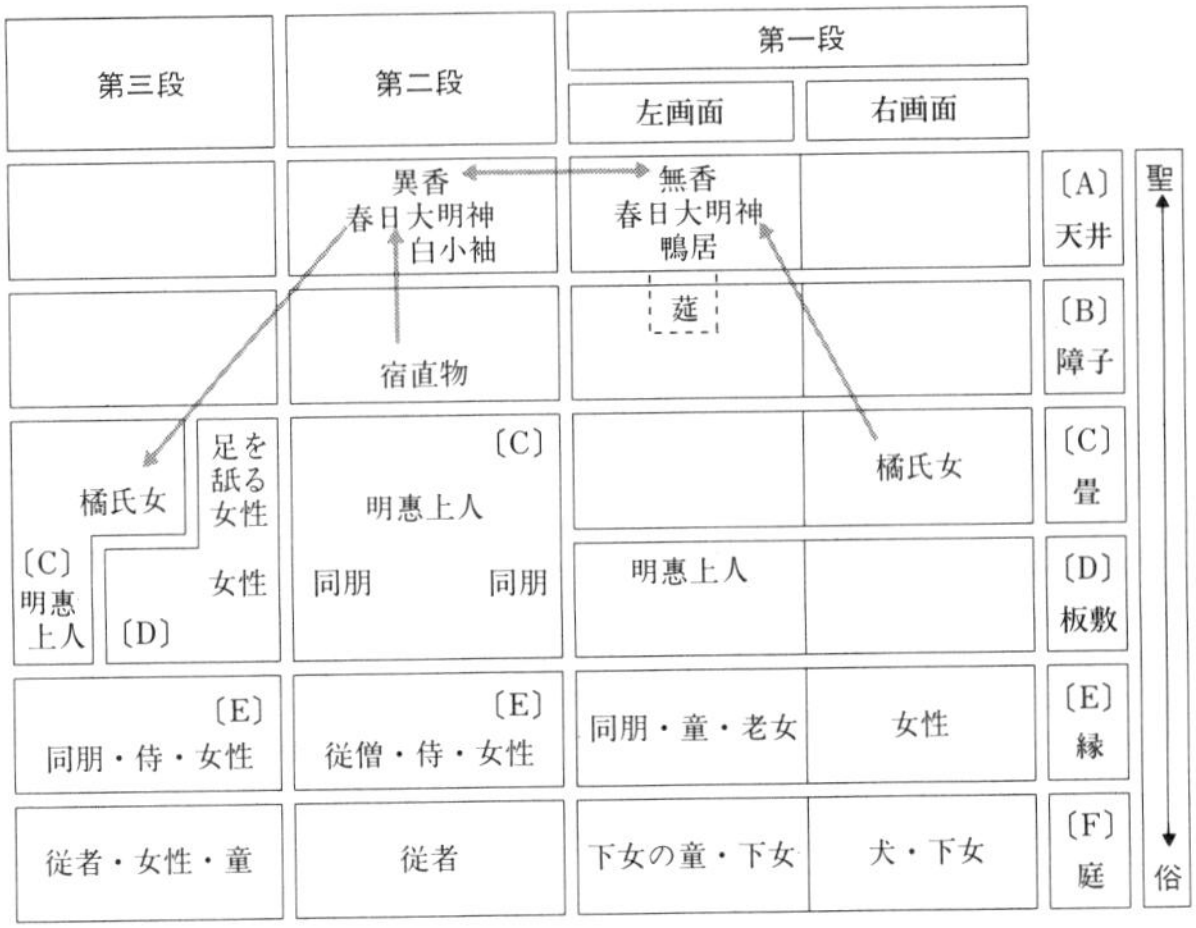

第一点は、何らかの修行や祈願を思いたった中世の人間なら、誰もが実践したであろう、あるいはせざるをえなかった共通・共同の宗教的な身体的経験にほかなるまい。その時、人々は、夢であれ何であれ、神仏の影向・示現に近いことを体験していたと思われる。

第二点については、上図のようにＡ〜Ｆの区分に注目しなければならない。春日大明神はＡ、橘氏女はＣ、明恵上人はＤからＣに、同朋はＥかＤにというように、各人の座っているところが、神との距離によって注意深く描きわけられているのである。そして、春日大明神＝橘氏女と明恵の関係の変化は、畳の敷き方によって見事に表現されている。すなわち、第一段左画面では、明恵はＤの板敷におり、同朋はＥの縁にいる。見上げるその姿勢もまだ疑念が残っているように見える。ところが第二段になると、部屋には畳が敷きつめられ、明恵と同朋はその上で深く礼拝している。この描写は、疑念の全く去ったことを示していよう。そして第三段になると、元に戻った橘氏女と明恵だけが畳の上である。一部が板敷にされ、氏女の手足を舐ろうとする女性達は、その板敷に描かれている。

このように、畳の敷き方を変えることで、春日大明神＝橘氏女と明恵やその他の人々の関係を的確に描いているが、そのような聖↕俗の関係の大前提となっているのは、やはり、下女や従者をFの庭に描き、従僧をEの縁に描くような、この時代の貴↕賤の身分関係であることは言うまでもない。

さて第三点だが、人々は、嗅覚的刺激によって、異香の発生源たる橘氏女の手足を競って舐り、今度はそのような味覚によって、神の示現とその聖なる力——病に対する治癒力などを身体感覚的に実感した訳であるが、このような感覚と行為は、おそらく中世では少しも異常なことではなかった。例えばギリシア正教などの聖像の足が、さわられ、接吻されてべたべたであるように、また、日本でも賓頭盧《びんずる》（なでぼとけ）があるように、中世の人々は、聖なる存在を嗅覚的・味覚的・触覚的に感じとったとみることは十分に可能であろう。それが中世の人々の感覚の一面であったのである。

以上、現代のわれわれにはいささか気持ちの悪い感覚について述べてきたのだが、このような関心から直ちに思い浮かぶ『天狗草紙』の一場面を次に紹介しよう。

それは、有名な、一遍ら時衆の踊念仏の場面である。画面の左三分の一には、尼の時衆に囲まれた一遍が、前を開いて竹筒に尿をしている。周囲には人々が、その尿を薬だといって乞い求めている。そして、「あれみよ、しと《(尿)》こうもの〻おほさよ」「これは上人の御しとにて候、よろつのやまひ《(病)》のくすりにて候」「しよまうの人のあまた候に、おほくしいれさせ給候へ」「あま《(尼)》ハめ《(目)》のみ《(見)》へ候はぬに、□《(め)》あら《(洗)》はん」「わらハ〻はら《(腹)》のやまひの候へハ、くすりに御しとのミ候ハむ」などの詞が書きいれられているのである。

これはありえない事であろうか。そうではあるまい。果たして一遍がそうしたかどうかは別として、手足を舐めることが病を治癒させたように、聖なる存在は、中世の人々にとって、その排泄物でさえ薬となったのである。

注

＊1――この絵巻については、当然のことながら多くの研究が蓄積されてきているのであるが、ここでは紹介することはできない。『新修日本絵巻物全集』第一六巻（角川書店）や『続日本絵巻大成』第一四・一五巻（中央公論社）、そして『日本の美術』二〇三号（至文堂）の諸解説・論文を参照されたい。

『天狗草紙』における一遍

多少なりとも絵巻物に関心を持っている人なら、『天狗草紙』を分析してみたいと思ったことがあるだろう。私もその一人であるが、『天狗草紙』は色々と問題の多い絵巻物であり、簡単に読解を試みる訳にはいかなかった。ところが最近、中央公論社の『続日本絵巻大成』第一九巻にオールカラーの『天狗草紙』が収められ、また上野憲示氏が「『天狗草紙』考察」という論文で、『天狗草紙』の構成・観照・絵画様式・制作事情といった点に詳細な検討を加えられている。

これに刺激されて私も、『天狗草紙』の分析を試みようという気になったのだが、もとよりその全体ではない。この小稿で検討しようと考えているのは、有名な三井寺巻A（久松本）第四段における一遍を中心とする時衆たちの姿である。そこに見られる人々の姿勢・しぐさ、更にはそこでの奇跡についての読解を試みることである。その次の第五段もまた重要な画面であるが、この段については別の機会に改めて考えることにしたい。

さて上野氏によれば、久松本は制作当時の既存の天狗説話の集成といった色彩が強いのだが、この第四段だけは別で、仏教的色彩の濃い歌論書『野守鏡』の新興宗教に対する攻撃的な文章と通ずるところがあるとされる。この点は、梅津次郎氏の指摘によるのだが、確かに第四段の、

其後いくほどなくして、世間によのつねならぬすがた振舞する輩、多みえきたり侍。或は一向衆といひて、弥陀如来の外の余仏に帰依する人をにくみ、神明に参詣するものをそねむ。(中略)余行・余宗をきらふ事、愚痴の至極、偏執の深重なるが故に、袈裟をば出家の法衣なりとて、これを着せずして、慭《なまじい》にすがたは僧形なり。これをすつべき、或は馬衣をきて衣の裳をつけず。念仏する時は、頭をふり肩をゆりておどる事、山猿にことならず。男女根をかくす事なく、食物をつかみくひ、不当をこのむありさま、併、畜生道の業因とみる。(下略)

とあるところは、『野守鏡』上巻の、

又一遍房といひし僧、念仏義をあやまりて、踊躍歓喜といふはおどるべき心なりとて、頭をふり足をあげて踊るをもて、念仏の行義としつ、又直心即浄土なりといふ文につきて、よろづいつはりてすべからずとて、はだかになれども見苦しき所をもかくさず、偏に狂人のごとくにして、にくしと思人をば、はばかる所なく放言して、これをゆかしく、たふとき正直のいたりなりとて、貴賤こぞりあつまりし事さかりなる市にもなをこえたりしかど

も、三の難を申侍りて、終にその砌へはのぞまざりき、一には（中略）、二には、人を放言して見苦しき処をかくさゞるは放逸の至也、また〳〵正直の義にあらず、三には、その姿をみるに如来解脱のたふとき法衣を改めて、畜生愚痴のつたなき馬きぬをき、たま〳〵衣の姿なる裳を絡してきたるありさま、偏に外道のごとし、この三の難を加て、却て信をさりしをもむきを、一遍房に語りて侍りければ、陳答はなくてよめりける歌、

はねばはねおどらばおどれ春駒の法の道をば知人ぞしる

とよめるよし、きき侍しかば、

春駒の法の道をばしらねばやおどる心をとどめざる覧

濁り江の蓮のうき葉にゐる蛙おどれば落ちて沈こそすれ

此難の如く、阿弥陀仏も思召けるにや、かねては紫雲たち蓮花ふるなど、をどろをどろしくいひたてしが、誠のきはには、来迎の儀式も見えず、（下略）

とあるのに対応するものがあろう。

また、この久松本に関連する史料として、『天狗草紙』の一異本として重要な「魔仏一如絵」一巻と「探幽縮図」がある。前者は、詞書五段・絵四段からなり、詞書は「探幽縮図」とほぼ同文に近く、絵は『天狗草紙』（久松本）に近い性格のものである。「探幽縮図」の方は、久松本の冒頭に二段加えた形で、絵は「魔仏一如絵」よりはるかに簡略である。上野氏によれば、三

者の関係は、
少なくとも「魔仏一如絵」祖本→絵巻（久松本・根津本）と、その影響関係を想定できる。すなわち、天狗説話を中心に拾った仏教説話絵巻（四話）制作の意図を持ち、結論部分として、天狗が改心ののち発心して修行し、得脱を遂げるに至ったという結末をつけて、修養主義的な体裁の「天狗草紙」へと完成させていったものが、「魔仏一如絵」の祖本とみたい。そして、さらに同じ意図で、天狗憍慢の部分を旧教の大寺院である七か寺（興福寺・東大寺・延暦寺・園城寺・東寺・醍醐寺・高野山）まで広げて前に置き、巻頭の詞書にその主旨を強調したのが現絵巻であると考えるのである。
と推定されている。今の私には吟味出来ないが、最新の判断として尊重したいと思う。

一遍と時衆たちの姿

さて、問題の第四段だが、この場面は四つにわかれている。そのうち四番目の禅宗を描いた部分は除くことにすると、残りの三場面が一遍ら時衆《じしゆう》の姿を描いている。第一の場面は施行を受けている時衆の姿であり、第二の場面は時衆の踊り念仏の様を、そして第三の場面では一遍の尿を薬とするために尿筒《しとづつ》にとっているところを描いている。この三場面が、いわば時衆に批判的な視線を向ける人々にとっては典型的な時衆の姿を示すものであったに違いない。その中心となるのは、もちろん踊り念仏の場面であり、踊りの中心にいるのが天狗の長老一遍房なのである。市にもまさる群衆に囲まれた一遍らの踊り念仏の描きかたは『一遍聖絵』や『遊行上人縁起絵』と同様であり、この場面は聖絵や縁起絵を相対化してみることを可能にしていよう。

以上の三場面は、もちろんいずれも一遍ら時衆に批判的な視線で描かれている。そのうち第一（右）・第二（中央）の場面は『一遍聖絵』などと共通するものがある。また、第三（左）の場面については、それが一遍らの間で実際に行われていたことか否かで意見が分かれるところであろう。そこでこれから私なりの『天狗草紙』の中の一遍上人と時衆の人々の画像を読み込んで行くことにしたい。

さて、検討に入る前に、私が利用する本について記しておく。まず『天狗草紙』については、『続日本絵巻大成』（中央公論社刊）第一九巻を主として利用し、必要に応じて『新修日本絵巻物全集』（角川書店刊）第二七巻を見ている。また『一遍聖絵』については、『日本絵巻大成』別巻を、『遊行上人縁起絵』については、『新修日本絵巻物全集』第二三巻を利用している。その他に利用する絵巻物についても、特に断らない限り、基本的に『日本絵巻大成』と『新修日本絵巻物全集』を見ている。

尼僧の同性愛か

さて、第一の場面（図1）で強調されているのは、施行を受けているのに無作法丸出しの時衆たちの姿である。それは全く僧にあるまじきものであり、とても施行を受ける姿勢とは言えない。まさに「男女根をかくす事なく、食物をつかみくひ、不当をこのむありさま」とある詞書の絵画表現そのものである。すなわち、画面の中央右部には施行の御飯の入っている曲桶に手を突っ込んで、わしづかみにして口に放り込んでいる僧が見える。画面上部ではどうやら一方の僧は指を碗に突っ込んで一寸味見をし、横の僧がおれにも寄越せとその僧につかみかかっており、その碗の奪い合いの横で漁夫の利を得ようとしている第三の僧がまさに碗を取ろうとしている。また、左上では片肘ついて横になって眠っている僧もいる。ともかくこのような僧達の姿は、とても施行を受ける姿勢ではありえない。恐らく意図的であろうが、画面下部には非人・癩者が描かれているが、そちらの姿勢の方をむしろきちんとしたものに描いているのである。こうした描写は『一遍聖絵』や『遊行上人縁起絵』における施行の場面とは全く異なる有様である（例えば図2・3を参照）。

ところで「魔仏一如絵」では、この場面に、「尼僧」が人前もはばからず大小便をしている姿がリアルに描かれているのである（図4）。これが詞書の「男女根をかくす事なく」にあたる絵画表現なのであろうが、『天狗草紙』では、さすがにその絵姿はない。

●図１——『天狗草紙』より，第一の場面。施行を受ける時衆たちの姿。中央に肩を組む尼僧がみえる（拡大図）

●図2――『一遍聖絵』巻五に描かれた時衆の施行の場面

●図3――『遊行上人縁起絵』（金光寺本）巻三にみる時衆の施行場面

●図4――「魔仏一如絵」より

しかし、それでは右の詞書に見合う絵画表現が『天狗草紙』には見られないのであろうか。そうではあるまい。私は第一の場面（図1）中央部の「尼僧」が肩を抱きあい、手を取りあっている姿を描いているのに注目すべきであると思う。[*1] 前述の排便している姿と異なり、この姿は『天狗草紙』と「魔仏一如絵」の両方に描かれており、一応当初よりの描写と考えることができる。

この絵姿をどのように解釈しうるであろうか。私は、結論的に言えば、これこそ前述の詞書の表現であり、性的放縦を示唆しているものと解釈できると思っている。つまり尼僧同士の同性愛（レズビアン）的な関係を表現していると思うのである。

このように解釈すると、「待ってくれ、何故そんなことが言えるんだ」と言われるに違いない。その私なりの根拠を以下に挙げることにしよう。第一に、この肩を組み、手をつないでいる二人の人物は女性であると思われる。何故かと言うと、この二人を含めて頭巾《ずきん》を被っているのは、この三場面の時衆の中で五人だけである。この五人がどのような位置に描かれているか見てみよう。すると、まず第二場面（図5）、すなわち踊り念仏の場面には、頭巾を被った者は見あたらない。中央の場面は、一遍を中心とする時衆たちのファナティックな踊り念仏が花を降らせ、紫雲を立てているところであり、『天狗草紙』の作者は、そのような奇跡・奇瑞の描写を主としている。そこに僧と尼僧の区別を持ち込む必要はなかったに違いない。それに対して、第一の左方と第三の場面（図6）の右方にこの頭巾姿が登場しているわけである。「魔仏一如絵」の第一の場面では、前述したように、座って排便している者がいるが、その姿勢からして女性であることは明らかであろう。その者が頭巾を被っているのである。つまり、頭巾は女性＝尼僧を表す「記号」であろう。考えてみれば、「男女根をかくす事なく」とあっても、男性＝僧がそうしていては、それほどショッキングではあるまい。また、第三の場面（図6）で

●図５――『天狗草紙』より，第二の場面。踊り念仏をする時衆

●図６――『天狗草紙』より，第三の場面。一遍の尿を尿筒に受ける

は、一遍上人の尿を尿筒に受けているのが、この頭巾姿なのである。「しよまうの人のあまた候に、おほくしいれさせ給候へ」といっているのは、この者であろう。断定できないが、やはり女性=尼僧であろう。その理由は後述する。

頭巾姿と性差

では、このような頭巾=尼僧、無帽=僧という区別を時衆たちはしていたのであろうか。その点を『遊行上人縁起絵』と『一遍聖絵』によって見てみよう。

すると前者では、頭巾を被っている姿は全然見られないと言ってよいであろう。ということは、時衆集団内部で性差が問題になっていないのではない。全く逆である。すなわち前者では、むしろ、神経質な位に男女=僧尼の性差を強調し、区別しているのである。それは、①容貌の描写で、明らかにそれと判るように描いている、[*2]②両者の間に十一光箱を置いて一線を画している、[*3]③居並ぶ時には二列になり、右に僧=男性、左=女性となっている、[*4]④一遍の法話を聴聞にきた者達も、女性は尼僧の背後、男性は僧の背後に描かれている、[*5]⑤みそぎの時も、僧と尼僧は橋を境に別々にしている、[*6]以上の五点によって区別されているのである。

こうした厳密な区別は、時衆教団においては、内側の、教団を維持するための自己規律を確立するためにも、外側からの絶好の攻撃の種を絶つためにも必要なことであった。

後者ではどうか。管見では、時衆集団が頭巾を被っているのは八場面である。『一遍聖絵』の二五・四三・四七・一一六・一二九・一三三・一四〇・一四三ページだが、次のようにその特徴を整理できよう。①一遍も被っているように、それは性差を示すものではない、②描かれているのは秋から冬そして早春にかけてであり、寒い季節の頭の防寒用に被っていたと思われる、③全て旅装として現われる、という三点である。おそらく中世の民衆にとって、時衆たちはこのような頭巾姿の強い印象を与えたであろう。

このように見ると『天狗草紙』は、旅から旅の生活を送る一遍ら時衆の特徴的な頭巾姿を前提にして、その頭巾姿を男女＝僧尼の性差を示す「記号」として描いたと解釈できよう。つまり『天狗草紙』は、現実の時衆の姿の印象を生かして、その性的紊乱《びんらん》の有様を批判しているのであった。

では、そのような紊乱の表現が何故尼僧＝女性の同性愛（レズビアン）でなければならなかったのか。その点が問題であろう。

しかし、それは意外に簡単な理由ではないだろうか。つまり、男女関係の「紊乱」などと言うのはいわば世の常であり、この時代の寺院内における妻帯僧の存在も既に常識であった。また、寺院におけるホモセクシュアルな関係も、顕密寺院では余りにも一般的であり、そのことをいくら強調しても当該社会での強力な時衆批判とはなりえないからである。

けれども女性の、更に言えば尼僧の同性愛とすればどうであろうか。恐らくそれだけで、性的放縦・紊乱を極めて強力にアッピールできたのではないかと思われる。尼僧の同性愛、それは、恐らく十二光箱による区分（『遊行上人縁起絵』）を描かざるをえなくした僧と尼僧の破戒行為より一層強い反感をあおる性的なタブーだったと思われる。中世におけるレズビアンなどと言えば、それに関する研究が果たしてあるのか否かさえ私は知らないが、それが一番ありそうなことに思える。

この場面は、一寸見には、尼僧同士が仲良く肩を組んで、手を取り合っているだけなのであるが、『天狗草紙』の時衆にたいする批判的文脈からすれば、単純な仲良しの絵画表現とは到底読めず、私は今のところ以上のように解釈しておきたい。

そのように判断してから、改めて肩を組み、しかも手を取り合うしぐさについて考えてみると、果たしてこのようなしぐさを我々は絵巻物の世界で他に見出すことができるだろうか、という疑問にとりつかれる。ところが管見では、今のところこの場面だけなのである。では『絵引』[*7]の方はどうか。早速その索引を見てみたがやはり現われない。断定は出来ないが今後もみつからない可能性が高いのではないだろうか。これからも、私としてはかかるしぐさに注意して行くよりほかにあるまい。

念のために『日本国語大辞典』を見てみると、「かたを組む」は互いに相手の肩に腕をかけ合う。円陣を作ったり、友だち同士が親しみを表したりする時などの動作。

とあるが、用例は一切ひかれてはいない。もし私の解釈通りではなかったとしても、このような現状からすれば、「肩を組むしぐさ」の絵画史料として、この画面は極めて貴重なものと言えるように思われるが如何であろうか。

ところで既述したように、この場面には乞食非人・癩者も施行を受けており、時衆と乞食非人・癩者とが、施行の場面を媒介にして親近性を持っていたことが、『一遍聖絵』や『遊行上人縁起絵』だけでなく、『天狗草紙』のような時衆に批判的な視線の持ち主の側からも示されていると言えるだろう。こうして、第一（右、図1）の場面は、施行の場面のリアルな描写を一面で踏まえて、時衆の「不当をこのむありさま」を、主としてその姿勢・しぐさのレベルで見事に強調しているといえよう。

踊り念仏の奇瑞

次は第二場面（中央、図5）であるが、それは既述したように一遍を中心とした踊り念仏の場面である。この場面に対応する詞書は、「念仏する時は、頭をふり肩をゆりておどる事、山猿にことならず」である。批判者には信じがたい光景であったに違いないが、ここではむしろ画面に書かれている次のような一連の詞に注目しなければならない。

A「あわや紫雲のたちて候ハ、あなたうとや」

B「一遍房あをひて人の信するは、そらより花のふれはなりけり」

C「なまいろはいく〳〵や」「やろはいく〳〵」「ろはいやく〳〵」

D「天狗の長老一辺房、いまは花もふり、紫雲もたつらむそ、御房たちいててみ□」

E「はなのふり候、人〳〵御らむ候へや」

F「いかなるか、はなにて候そ、まほしこそちるめれ」

G「□（念）仏をは三輩に□そもたするに、六はいく〳〵といふは、なにそも」

H「念仏のふた、こちへもたひさふらへ」

すなわち、この場面では、一遍を中心とした踊り念仏によって様々な奇瑞が生じたことを、見物人の言葉によって示しているからである。それはAとDに見られるように「紫雲」が立ち、B・D・E・Fにあるように「天からふってくる花」であった。

このような紫雲が立ち、花が降る奇瑞は、一遍の聖なる生涯を象徴するものであり、『一遍聖絵』や『遊行上人縁起絵』の繰りかえし描きだしているものであった。前者によれば、最初に紫雲の立ったのは、信濃国伴野市における歳末別時念仏に際してであり、そこで最初の踊り念仏があったのである。以後、しばしば一遍の生涯には、紫雲が立ち、花が降ったのである。

特に劇的と言うべきなのは、一遍の鎌倉入りの時であり、既に千々和到氏が「立ちのぼる紫雲」(『歴史地名通信』一七)で興味深い分析をされているので、それを参照することにしよう。すなわち氏は、第一に、一遍の鎌倉入りが、「なかさこ」における「鎌倉入りの作法にて、化益の有無をさだむべし、」という一大決意のもとになされたが、しかし、小袋坂で北条時宗一行にぶつかり阻止されたこと、にもかかわらず第二に、その話を伝え聞いた鎌倉中の道俗が一遍のまわりに雲集し、片瀬浜に移った一遍ら時衆の念仏踊りが舞台で行われている最中に紫雲が立ち花が降り、「興行」は大成功をおさめたこと、第三に、しかし、弟子たちや中世民衆は紫雲と花の奇跡という実感レベルから先に進んではこず、奇跡はたんに念仏のきっかけに過ぎぬと考える一遍との間のずれは、彼の臨終に至るまで埋まることはなかったこと、を指摘されている。

実に的確な指摘であるが、ひとつだけ付け加えたい。それは、往生伝の類型的な「立ちのぼる紫雲」と音楽と異香というのは異相往生の場面であるが、一遍の場面はそのような時ではなく、踊り念仏の宗教的陶酔の際に繰りかえし繰りかえし起こっているということなのである。それ故にこそ、批判者たちもこの奇跡を人々を惑わすものとして非難しているのである。恐らく批判者も、異相往生であれば、紫雲や瑞花を問題にはしなかったはずである。つまり、一遍の紫雲の本質は、踊り念仏のエクスタシーとともに起こるところにあったのであろう。

例を挙げよう。『一遍聖絵』では次の場合である。

①巻四―第一六段　前述した弘安二年の「信濃国佐久郡伴野の市庭の在家にして歳末の別時の時、紫雲初めて立ち侍りけり」とある。

②巻六―第二二段　この片瀬の場面。「三月の末に紫雲立ちて、紫雲花降り始めけり、その後は、時に従ひて連々この奇瑞有りき」とあり、この時以後、一遍の行く先々で紫雲と花の奇瑞が起こったことを記している。

③六巻―第二二段の二　伊豆三島に着いた日、「日中より日没迄、紫雲立ちたりけり」とある。

④巻六―第二三段　鯵坂入道の富士河入水の場面。「紫雲棚引き、音楽西に聞こへけり」とあり、この場合は異相往生の紫雲である。

⑤巻八―第三三段　弘安九年、天王寺での参籠の際「或時には瑞華風に乱れ、或時は霊雲空に棚引く」とある。

⑥巻一二―第四六段　正応二年、「八月九日より七ケ日、紫雲の立ち侍を、其由申しかば、さては今明は臨終の期に非ざるべし、終焉の時には、斯様の事は努々有るまじき事なり、と仰せられしに違はず、」とあり、「誠に彼瑞花も紫雲も出離の詮には立たぬ事を現はして、誠の時は見えざりき」と記している。

『遊行上人縁起絵』では、前者の①②④⑤は同様にあり、その他に時宗の二祖他阿《たあ》の次の場合が記されている。ひとつは、巻五―第五段であり、次は巻六―第四段、そして巻八―第三段である。

こうして時衆教団は、その開祖一遍の聖なる生涯の随所で奇瑞が見られたとしていた。『野守鏡』は皮肉に一遍の「誠のきはにには、来迎の儀式も見えず」と記して、時衆を批判している。事実、一遍の臨終には紫雲は立たなかったようで、『一遍聖絵』では、⑥に記したような一遍の言葉を記して、一遍が異相往生を否定していることを示している。これは、その往生に際して紫雲が立ちのぼらなかったという否定しがたい事実を一遍の言葉によって正当化しようとした聖戒《しょうかい》の企図でもあったのであろう。このような発言に見られるように、中世の人々にとって紫雲や花は浄土を実感するに不可欠な奇跡であった。一遍の奇瑞も、そのような奇瑞、つまり共同の幻想を背景にしていたのである。

ともかく一遍と時衆に対する人々の認識は、踊り念仏のエクスタシーと紫雲と花による浄土の実感であった。

奇瑞は、もとより一遍たちだけがそう思ったり感じたりした訳ではない。というより、それが奇瑞となるのは、人々の共同の幻想によってである。おそらく一遍らの踊り念仏の音楽と舞踊が醸し出す宗教的な陶酔が、その場につくりだす幻覚こそが「紫雲」や「花」の正体であったろう。

札を配るのは一遍

こうした念仏踊りのエクスタシーの中で、人々は争って札を求めた。Hの「念仏のふだ、こちへもたひさふらへ」が、そのことを表現している。第二画面の左端には車の中の女性に札を配っている僧の姿が描かれている。その容貌は極めて特徴のあるもので、私は、その僧も一遍房であると思っている。事実、『一遍聖絵』では、四条京極の釈迦堂で肩車に乗って札を配っている一遍の姿が描かれているなど、当然のことながら、札を配るのは一遍だからである。「信不信をえらばず、浄不浄をきらはず」配られる札と踊り念仏の熱狂とは、言うまでもなく時衆の最も重要な、人々の視線をひきつける宗教的行為であり、それがこうして中央の画面に描かれているのは当然であろう。

批判的な『天狗草紙』の作者も、この画面では、一遍のことを「天狗の長老」とするのみである。もっとも彼にとって、踊り念仏自体が野卑そのものであり、その有様を描くだけで十分批判したことになるのかもしれない。

一遍の尿を乞う人々

さて、第三場面（左、図6）であるが、これは、ある意味では『天狗草紙』の中で一番有名な場面と言えるであろう。既に私も簡単であるが別のところで触れているように、この場面は中世の人々の聖なるものにたいする感覚を、実に象徴的に示してくれていると思う。

この場面における一遍は、恐らく時宗教団の人にとっては容易には認めがたい行為をしている。しかし五来重氏は、『絵巻物と民俗』で既にこの場面にふれて次のように指摘されている。すなわち、能登の老人から聞いたこととして、本願寺の法主の入った風呂の水を飲んだこと、そして、その宿泊した寺の風呂場はその湯水を貰う村人で一杯だったとの話を記し、この「魔仏一如絵」などの図と書き入れられた会話を絵そら事ではないと指摘されている。また横井清氏なども、その点にふれて、実際にありえたこととされている。

これについても画面の詞書をまず見よう。

I「あれみよ、しとこうものゝおほさよ」

J「これは上人の御しとにて候、よろつのやまひのくすりにて候」

K「一遍らかおとり〳〵てきうのてにしとする□《(ことは)》往生のいむ」

L「しよまうの人のあまた候に、おほくしいれさせ給候へ」

M「あまハめのみへ候はぬに、□《(め)》あらはん」

N「わらハヽはらのやまひの候へハ、くすりに御しとのミ候ハむ」
O「□《(こ)》のおとこにも、すこしたひ候へ」

このような詞書を見れば、聖なる存在としての一遍の「御しと」は、第一に万病の薬であり(J)、それで目を洗えば眼病が治り、飲めば腹の病などに効くものと考えられていたこと(M・N)、そして第二に時衆の尼僧がそれを尿筒にとっており、一遍はそれを拒んではいないこと(Lおよび画面)、第三にその尿を多くの人々が欲しがっていたことが示されている(J・L・O)。

このような場面と詞書は、はたして『天狗草紙』の作者のねつ造であろうか。そうではあるまい。一遍ら時衆の登場する三場面のうち二場面までが、批判的文脈ながら一応踊り念仏と施行という時衆の典型的な行為と姿を描いているのであるから、この場面だけ「絵そら事」であるとしてしまうのは余りに勝手な解釈となるであろうと私も思う。前章の「『異香』と『ねぶる』」で示したように、中世の人々は、聖なる存在の手足をなめることによって病が治ると思っていた。そのような聖なるものに対する感覚をもつ人々にとって、一遍のような奇瑞を起こす存在の「御しと」が薬となると考えることは至極当然であったに違いない。一遍もまた、彼自信がそのように信じたかどうかは判らないが、少なくとも彼の信仰の有様からすれば、弟子たちや民衆から求められれば決して拒否しなかっただろうと思われる。

いずれにしても、一遍もやはりこの時代の子であり、彼の信仰と行動の全ては、中世の人々の感覚と共同の幻想に支えられ、また制約をもされていたのである。そのような一遍・時衆と民衆の結び付きの一面を批判的な視線で鮮やかに示してくれているところに、『天狗草紙』の魅力があると思われる。

注

＊1——肩を組む姿勢が描かれるのはどのような場面であろうか。私はまだ近世の絵画史料を少しだけしか見ていないが、たとえば『近世風俗図譜』六　遊里の巻に収められている「川口遊廓図」などによれば、遊廓での男女の肩を組む姿（八二・八五・九九ページ）、男同士の肩組み姿（八一ページ）が見られる。この場合もその場所が遊廓であることに注目すべきであろう。今後、系統的に調べてみたいと思う。

＊2——『新修日本絵巻物全集』第二三巻『遊行上人縁起絵』の原色版1・3・4など参照。

＊3——同原色版3・4・8など。

＊4——同三一・三四・五九・六五・六七ページなど。

＊5——同三四・四七・五二・六六・六八ページなど。

＊6——同三〇ページ。

＊7——『新版絵巻物による日本常民生活絵引』（平凡社、一九八四）

「女」か「稚児」か

「あいまい」な存在、境界的なものに対する関心は、今日極めて強いものがあるといえよう。それがどれ程根源的な背景をもったものであるかについては議論の分かれるところだが、日本中世史では、意味深い問いかけとなりつつあると言ってよいと思う。

私もそのような関心から、中世における男と女の境界について考え始めて暫くたつ。そしてまた、それは必然的にいわゆる「童」の問題に係わる。[*1]

勿論、この問題にアプローチするには、色々な方法と対象がありうる。「稚児」の問題は、そのうちの一つに過ぎないのであるが、と言っても、中世における寺院社会の比重の重さからすれば、そして寺社が、中世社会の特質の相当部分に決定的な影響を与えていることからすれば、寺院における「稚児」の位置を考えることは、極めて重要であると思われる。

これまでの混乱

『絵巻物による日本常民生活絵引』の新版（平凡社、以下『絵引』と略す）が出たことによって、絵画を史料として読み込んでいく研究は急速に進む可能性がある。漫画や劇画を自然に眺められる若い世代の研究者にとって、絵巻物などの絵画史料を分析することは恐らくそんなに難しいことではないだろう。

そうなると、これまで出版されている角川書店の『日本絵巻物全集』（以下『全集』と略す）や中央公論社の『日本絵巻大成』（以下『大成』と略す）・『続日本絵巻大成』（以下『続大成』と略す）などは、絵画史料集としてますます重要な存在になってくることは明らかである。と同時に、そのようなスタイルの本では史料集として極めて不十分だという声が起こってくるだろう。た

●図1――『春日権現験記絵』（模本）巻二より

とえば『一遍上人絵伝』にしても、諸本を十分に対照できる新しいタイプの絵巻物の史料集の出版が待たれよう。*2

ところで、従来『全集』、『大成』、『続大成』そして『絵引』の解説文などで著しく混乱していると思われる点の一つが、次に挙げる一連の場面である。たとえば、『春日権現験記絵』巻二―第一段（『続大成』第一四巻八―一〇ページ）である（図1）。画面は、寛治七（一〇九三）年三月、白河上皇の春日社参賀の御幸のところが描かれている。客殿に到着した牛車《ぎっしゃ》には上皇の姿が見える。左右には、公卿・殿上人達や来供奉の随身・近衛の武官や牛飼童《うしかいのわらわ》などが垣を作っている。その外側の左右には、出迎えた裹頭袈裟《かとうけさ》を被った興福寺の衆徒達が居並んでいる。注目すべきは、その衆徒達の前列に、衆徒に混じって小柄で派手な衣装を身にまとった、同じく裹頭姿の者達が見られることであろう。この者達を、『絵引』第四巻一五六ページは、上右図は女が覆面頭巾をしている。僧兵すなわち衆徒に見られる服装なのであるが、女はこのような支度をすれば男のみの世界へもまぎれこむことができたようで、『法然上人絵伝』の中にも、僧兵の中に女のまじっているさまが描かれている。

としている。それに対して『続大成』第一四巻九ページの説明では、これを「稚児」の姿であるとする。すなわち、

春日社参の御幸で南都に下った白河上皇は、客殿に到着した。裹頭袈裟に頭を包んだ興福寺の衆徒たちが、出迎えた。鈍色の僧衣の波に混じって、朱・紅・緑の派手な衣装が美を添える。

として、この派手な衣装に裹頭袈裟の者を「稚児」であると考えているのである。

『慕帰絵』についても、『絵引』は、巻二―第二段の女のような顔をした武者のことを、今一つ左端の鎧武者は女のようである。僧兵たちの間に女が多くまじっていたことは、『法然上人絵伝』や『春日権現験記』にも見えていた。僧は稚児を愛したが、僧兵たちは女をひきいれて愛しており、女もまた行動を共にしたようである。

と説明する。つまり『絵引』は一貫して、これらの画像を女とみている訳である。それに対して『大成』・『続大成』では、これまた一貫してこれを稚児と見ている。果たしてどちらが正解なのであろうか。

これまで私の眼についた「女」か「稚児」か迷う代表的な画面には次のようなものがある。まず『春日権現験記絵』では、上に挙げた以外に、巻七―第四段、巻一一―第二段がある。『法然上人絵伝』では、巻三六―第四段が挙げられる。『石山寺縁起』では、巻一―第四段、巻三―第二段、そして『北野天神縁起』では、巻二―第五段に問題の画面が見られる。このうち、顔を見せているのは『石山寺縁起』巻三―第二段の例のみで、あとは全て裹頭姿である。恐らくこの裹頭姿故に、「女」か「稚児」かの判断に迷わざるを得ないのであるが、これから一点一点に検討を加えていくことにしよう。

『春日権現験記絵』の画面

興福寺維摩会の裹頭姿　まず一番代表的な画面から検討を加えてみよう。それは図2である。この場面は、興福寺の維摩会《ゆいまえ》である。よく知られているように維摩会は国家的な法会であり、極めて厳粛に執り行われた。この画面は、法会としての維摩会のイメージを我々に教えてくれる数少ない絵なのである。*3 講堂の内部の須弥壇《しゅみだん》には三尊仏が安置され、その前では左右の蓋高座にそれぞれ高僧が座している。そしてその後ろには聴衆がずらりと居並んでいる。

基壇と庭上に眼を移すと、そこには聴聞のためにきた裹頭姿の衆徒達が参集している。ところがそこには、またしても、五条袈裟を被った「女」か「稚児」か判らぬ者達が何人も裹頭の

●図2――『春日権現験記絵』巻一一より

衆徒達に混じって、その前列で維摩会の進行を見ている。『続大成』は、その者達のことを、

基壇の上や庭上には、裹頭袈裟に頭を包んだ大衆たちが、聴聞に参集している。鈍色の僧衣に交じって、稚児の派手な衣装がひときわ眼を引く。

と、やはり「稚児」であると説明している。

その描写を見ると、第一に、頭には五条袈裟を被っているが、その下から黒髪が長く出ている。従って、得度していない者であることは明瞭である。というより、このような髪の者は「女」か「稚児」しかない。第二に、その服装であるが、実に派手な色と模様であり、これまた「女」か「稚児」しかありえない。第三に、彼等は小柄である。これも右と同じことを意味するであろう。つまりこの画面からは、この派

●図3——『春日権現験記絵』巻七より

手な衣装に裏頭袈裟の人物達は、「女」か「稚児」かはっきりはしないのである。

蘭げげ　では次に、図3を見ることにしよう。その場面は、春日社の宝前において、狛近真が陵王の舞楽を奉じているところである。そこにも見物している裏頭袈裟の衆徒の中に、色鮮やかな衣装を身にまとった「女」か「稚児」か判断に迷う者達が七人程見える。彼等の特徴は、図1と同様である。したがって、それだけではやはり彼等が「女」か「稚児」か判断しがたいのである。そこでここでは彼等の足元に注目することにしたい。彼等が履くものは、普通の草履と異なり、円くて周りに藺か藁の端のようなものが羽毛のように出ている。極めて歩きにくそうな履き物である。『絵引』はこの履き物を、第五巻三四ページで次のように説明している。

　女たちは藺げげ（藺金剛ともいう）という草履をはいている。ずいぶん歩きにくいだろうと思われる。鼻緒で足の皮膚を傷つけることもあったと見えて、布をはさんではいている。

　被衣姿の女がはいているのである。『絵引』にはこの一例だけしか出ていないが、様々な絵巻物に見える。たとえば、『法然上人絵伝』巻六―第三段（図4）では二人の女が、同絵巻巻一〇―第一段（図5）でも二人の女がこの藺《い》げげをはいている。「げげ」というのは「下々」とも書き、『日本国語大辞典』では「（しもじものはく履物の意から）わらぞうり」のことであるとし、「藺げげ」は「藺で作った緒の細い女性用のぞうり」であると説明している。但し、「藺げげ」は「金剛」・「金剛草履」とも言うが、『日本国語大辞典』の「金剛草履」の項に見える図は絵巻物に見える「藺げげ」とは異なっているように思われる。しかし、潮田鉄雄氏の興味深い著書『はきもの』（ものと人間の文化史8）も平安時代の金剛として『北野天神縁起』のここで問題にしているのと同じ藺げげの図を示しているから（同書一九八

●図4――『法然上人絵伝』巻六より，藺げげをはく女

●図5――『法然上人絵伝』巻一〇より，藺げげ

ページ）、今は、『絵引』の説明に従っておくことにしよう。

ところで藺げげは、『日本国語大辞典』が女性の履き物であるとしているように、絵巻物に登場する藺げげをはいた人物は全て女かと言えば、そうではない。すなわち、この藺げげをはいているもうひとつの「人種」が見られるのである。それはやはり「稚児」なのであった。これも例を幾つか挙げておこう。『石山寺縁起』巻三―第一段（図6）には、二人の藺げげをはいた「稚児」と思われる人物が描かれている。また『芦引絵』には、何ヵ所にも藺げげをはいた「稚児」の姿が見られる（巻一―第六段（図7）・巻二―第二段（図8）。このように履き物のレベルでも、「女」と「稚児」は極めて近い、と言うより区別の付けにくい存在だったのである。従

●図7――『芦引絵』巻一より，藺げげをはく稚児

●図6――『石山寺縁起』巻三より，藺げげをはく二人の稚児のうちの一人

●図9――『法然上人絵伝』巻三〇より，武装した稚児

●図8――『芦引絵』巻二より

って、この点からも、派手な衣装に裹頭袈裟の者達は「女」か「稚児」か判断できない訳である。扇と化粧 では裹頭の中から僅かに見える眼のあたりから何か判断できる材料はないだろうか。しかし、稚児もまた化粧をするので、これまた絵からでは「女」か「稚児」か判断することはやはり出来ない。たとえば、『絵引』は前述したように『慕帰絵』の一場面（巻二―第二段）における、僧兵と共に鎧姿に武装している髪の長い、女のような顔に描かれている者を、女と見ているが、『法然上人絵伝』の巻三〇―第五段（図9）に見られるように「稚児」の武装した姿である可能性のほうが高いであろう。[*4]

そこで、もうひとつの着目点として考えられるのは、扇である。絵巻物をその視点から見切っている訳ではないから、軽々しくは言えないのではあるが、少なくとも『絵引』には扇が七〇例程見られる。そのうち五九例まで男が持っている場合であり、女が五例、少年が五例、不明一例である。女が持っているのは、全て室内で使っているような場合だけである。

このように、扇を外で持っているのは大部分が男なのであった。とすれば、例の華麗な衣装に裹頭姿の者達の持ち物に注目して見る必要があるだろう。既に見た図1には一〇名、図3には七名の「女」か「稚児」か判断に迷う者達を見ることが出来る。そのうち図2では二名、図3では一名が扇を手にしているのである。『絵引』の作業結果から推測すれば、このような扇の持ち方を衆徒と共にするこの者達は、「稚児」と考えられるのではあるまいか。稚児が扇をよく持っていることは、色々な絵巻物で明らかであり、実際、『絵引』の扇を持つ少年のうち四例が稚児なのである。

『法然上人絵伝』、『北野天神縁起』

『法然上人絵伝』は、小稿の観点からは実に興味深い絵巻物である。数ある絵巻物のうちで、これほど稚児の絵姿を多く描き込んだものは少ないのではないか。その中で、「女」か「稚児」か判断に迷う絵は図10である。画面は、法然上人が勝尾寺に施入した『一切経』を前に、この日は、法然が指名した聖覚法印が導師を勤めているところである。庭には、裹頭姿の衆徒が一一名ほど聴聞しており、その前列には、またしても衆徒に混じって三人の華麗な衣装の裹頭姿を見かける。『続大成』は、

庭上には、衆徒の一団が、いずれも裹頭包みに眼ばかりを光らせて聴聞している。はでな水干姿の稚児も、同じく裹頭袈裟。

と記して、これを稚児の姿であるとしているのである。見れば、衆徒の一人が、裹頭の下から

●図10――『法然上人絵伝』巻三六より，稚児の髪を手にとる僧がみえる

●図11――『北野天神縁起』巻二より

伸びている黒髪を手にとって見ている。もしもこの派手な衣装の裹頭姿が稚児であるならば、その髪を手にとる行為は、ホモセクシュアルな稚児趣味を表現しているのであろう。

次に『北野天神縁起』だが、同絵巻にも派手な衣装に裹頭姿の見える場面がある(図11)。場面は、菅原道真が、菅氏の氏寺でその五十賀を修しているところである。門の近くに裹頭姿の衆徒が三人、その前には例の派手な衣装の裹頭が一人いる。その描きかたに注目すれば、極端に小柄であり、やはり「稚児」かと思わせる。『大成』は、

腹巻鎧の上に僧衣をまとい、裹頭頭巾に顔を包む三人は、僧兵であろうか。腰には黒漆太刀を差している。前の稚児は、皆彫骨紅の扇を持っているが、ピンク地の小袿《こうちぎ》が色香を添えている。

と説明している。

既に扇については検討したから、此処では、いよいよ衣装について考えることにしたい。[*5] 裹頭姿の者達の派手な衣装は、小袿であると『大成』は言う。

『春日権現験記絵』や『法然上人絵伝』でも衣装は実に華やかなものであるが、いずれも小袿であろうか。小松茂美氏が「『芦引絵《あしびき》』の流行と享受」(『続大成』第二〇巻)で「稚児はもっぱら水干を着用した」と指摘しているように、絵巻物に見られる「稚児」の姿を観察すれば、「稚児」の通常の服装は水干姿であったことは明らかである。そして「この水干にはいろいろの織物があり、然も、季節にしたがって、千変万化、華麗なものが選ばれたようである。(中略)上衣も袴も同じ裂でつくった。つまり同色であるのが建て前であった」と言う。

しかし、かの裹頭姿の派手な衣装は、小袿であると『大成』は指摘している。確かに、それは水干ではない。[*6] 小袿と言うのは、たとえば『風俗辞典』によれば、「女子の袿の一種に小袿

と称するものがあり、普通の袿より幾分小さく出来ていて、家庭における婦女子が衣の上から着用した。女子の小袿姿は男子の直衣姿に匹敵するもので、着用範囲も広く、準正装ともなり、家居の服装ともなったが、小袿の上には唐衣や裳をつけないのが普通であった」と説明している。基本的には女子の服装であった。[*7] また、『平安朝服飾百科辞典』によれば、小袿は「唐衣の代りに用いたらしいことが、また正装に次ぐ小袿の装いとして裳と共に用いた場合のあることなどが用例に見られる。その他は、家着・宿直姿としても散見し、童・子供も着用している」と記している。このように小袿と考えられるならば、服装のレベルでは、例の派手な小袿の、裹頭姿の者達は、「女」かとも思えるのである。

けれども「稚児」もまた、小袿姿や打掛姿である時が見られる。すなわち『芦引絵』に見られる「稚児」の恰好は、「女」と殆ど変わらないと言えよう(図12)。つまり服装のレベルでも「女」か「稚児」かははっきりとはしないのである。

●図12――『芦引絵』巻二より，被衣を被って叡山にむかう稚児

『石山寺縁起』の裹頭の者達

実を言うと、この『石山寺縁起』の二場面の

うち図13は、派手な衣装に裹頭姿の者達と普通の稚児姿の者が混じっているように見える唯一の画面なのである。これを単なる例外として済ますことはもちろん出来ない。何故なら、この解釈次第で私の論旨は百八十度変わってしまうからである。逆に言えば、この画面を可能な限り読みとることで、「女」か「稚児」かの判断は恐らくずっと前進するに違いない。

しかしまずは図14から検討を始めることにしよう。この場面は、石山寺の常楽会が再興されたところが描かれている。金堂前の広庭には舞台が作られ、楽人が舞っている。老樹の木陰には見物人達が居並んでいる。そのうち、裹頭の衆徒の最前列には、例によって裹頭の「女」か「稚児」か判らない者達が四人座って居る。手には衆徒と同じように扇を持っており、その色鮮やかな衣装が眼に飛び込んで来る。この扇を持つ点からすれば、『春日権現験記絵』の分析で述べたように、彼等は「稚児」である可能性が高いであろう。尚、衆徒の右の方には、女性達と並んで稚児姿も見えるが、これは衆徒達の集団とは別であると思われる。

それに対して図13は、東三条院の再度の石山寺参詣の場面である。四方を開け放った金堂には、女院の一行が座を占める。その後ろに、衆徒達が一三名居並んでいる。その前列には、華やかな衣装で裹頭姿の例の者達が五名いる。但し、そこには、同じく華やかな衣装を身にまとった稚児が二人混じっているのである。この画面を一寸見ると、例の華麗な裹頭姿は、如何にも稚児とは区別される存在に見えるかもしれない。

●図13――『石山寺縁起』巻三より，派手な衣装に裹頭姿の者と稚児が同席する

●図14――『石山寺縁起』巻一より，常楽会の場面

では、彼等はやはり『絵引』の説のように「女」であろうか。そこで、画面全体に眼を向けて見よう。すると、金堂の内陣と外陣がいわゆる吹抜屋台の手法によって巧みに描き出されている。内陣には座主と思われる僧の顔が見える。恐らく女院の御願を受けて読経しているのであろう。外陣の板敷中央には、女院からの施入物たる「綾織物の御帳の帷」が前机の上にかけられている。それが女院の御願を象徴するこの画面の中心である。正面の上畳の上には、女院に付き従ってきた公卿・殿上人達が列座している。それに対して、衆徒達は前述したように公卿らの後ろに居並ぶ。そして女性達はと見れば、板敷の左右に座っている。画面の下のところには、若い公卿が、女性達に座るところを指示しているようである。すなわち、内陣に向かって正面が公卿・殿上人達、その背後の簀子が衆徒達、そして女性は、外陣の板敷の左右、というのが、この参詣における座の位置であった。

ということは、稚児も派手な衣装の裹頭姿の者達も、いずれも衆徒と同じ僧としての位置を占めていたことになろう。そして、例によって衆徒の前列に座っているのである。これまで私は『全集』・『大成』などの様々な絵巻物を観察してきたが、稚児姿の者は、顔を隠していない場合、殆ど衆徒や僧の背後や脇に控えている存在であった。眉墨を引いたり、白粉で化粧する稚児は、あくまでも出家前の存在であり、このような公卿以下の列座するような晴れがましい場で、衆徒の前に座る例は見られない。つまり、この二人の稚児はあくまでも例外なのであった。

彼等も本来は他の六人の派手な衣装の者達と同じく裹頭姿であるべきではなかったか。そう言えば、派手な衣装の裹頭姿のうち一人は扇を持っており、稚児姿の一人も同じく扇を手にしているのである。恐らく同質の存在なのであろう。では何故、わざと二人だけ裹頭にしなかったか。本当のところは、多分絵師に聞くしかあるまいが、あるいは絵師が、裹頭の内側に隠された稚児の表情を意識的に描いたのかも知れない。私は、以上のようにこの画面を考える。

裹頭の意味

以上、裹頭姿の「女」か「稚児」か判断に迷う画面を見てきた。扇や『石山寺縁起』の画面の検討などから私は、彼等はやはり「稚児」ではないかと考えるが、しかし、まだどちらとも言えそうな可能性が残っていそうである。

では、女だと仮定した場合、どんな不都合が生じるであろうか。改めてこれまで追ってきた裹頭姿の場面を並べて見ると、次のような共通点があることに気が付く。すなわち、例の裹頭姿の出てくる場面では、前述した『石山寺縁起』の一例を除いて、稚児姿を見ることができないのである。つまり、裹頭姿の「女」か「稚児」か迷う人物と稚児が同じ画面に登場することは殆どないということである。ということは、その裹頭姿がもし「女」だとすれば、彼女は極めて特殊な場合にのみ裹頭袈裟を被って現われ、それ以外には衆徒の身近に描かれることが皆無だということになり、稚児もその女がいる時は一人も描かれないことになる。これは如何に何でも不自然であろう。

それに対して、裹頭姿が「稚児」であるとすれば、稚児は、通常は裹頭せずに、水干姿で衆徒の後ろについている場合が多く、特別の場合にのみ裹頭袈裟を被ると言うことになろう。*8 そして、このように見る方が自然な解釈となると思われる。

だが、それでは何故「稚児」は、裹頭したのであろうか。こうして裹頭の意味が問われることになろう。この点は、究極的には、中世社会の特質を考えることにつながる大切な論点である。いわば「裹頭の社会史」とでも言うべき作業の遂行が必要となる。

だが此処では、裹頭袈裟は、「稚児」があたかも衆徒の一員として法会などで衆徒の前にいて見物するために、基本的に必要なことであったらしいと言いうるのみである。すなわち、通常は衆徒の背後に位置する稚児が、裹頭袈裟をした場合にのみ衆徒の前列に居並んでいる。出家前の存在である稚児は、裹頭袈裟を被ることによって一時的に衆徒に変身しえたのではないだろうか。そうすれば、派手な衣装でありながら、その点は問題にもされずに衆徒の前列にいることが出来たわけであった。

それにしても、何と「稚児」と言うのは「女」に近い存在であろうか。これまで見てきたように服装・化粧・履き物、そして「しぐさ」に至るまで、まさに殆ど「女」である。『芦引絵』(『続大成』第二〇巻)は、比叡山の若い僧と奈良の美しい稚児との恋愛物語であるが、そこに描かれている稚児の姿は、どれをとっても恋をしている少女のようである。感情の世界までも。たとえば、『芦引絵』巻二―第二段の、恋する侍従の君に逢おうと東大寺の東南院を抜けだして比叡山に向かった稚児の姿は、被衣を被った女の姿であろう(『続大成』第二〇巻一八ページ)。足元を見れば、藺げげをはいている。*9

このような疑似「女」の存在は、本来法会などには馴染まぬものであったはずであるが、裹頭袈裟をすれば衆徒の一員とみなされ、裹頭の衆徒の前列で見物出来たわけである。この場合、裹頭袈裟は、それをすることで、「稚児」を衆徒としてしまう変身の手段なのであった。

このことから私達は、今後二つのなすべき作業を抱え込む。ひとつは、裹頭姿をすることが、中世では如何なる象徴的な意味を持っていたのか、そしてそれは、中世社会の如何なる特質を示すものなのであろうか、という点である。裹頭は、それをすることで、本来そこに居てはならない人物をも、居ることを可能にする。日本中世は、裹頭ないし覆面の時代であった。*10また中世は基本的には被りもの＝帽子・冠をかぶる時代であり、それに対して近世は無帽＝露頭の時代であった。このような違いが、社会のどのような差異と結びついているのか、今後考えを詰めて行きたいと思う。

もう一つの点は、稚児や女の問題である。特に稚児については、その「あいまい」さについて見て行く必要があることは言うまでもないが、更に「童」「童子」の問題全体について検討を進めていかなければなるまい。そのための次の機会を待ちたい。

注

＊1――「上は六十歳、下は十五歳」(『歴史地理教育』三五九号)、「『童』と『翁』」(『歴史地理教育』三六〇号)

＊2――現在出版されている絵巻物の全集は、私達にとって貴重な史料集であることは言うまでもないが、絵画分析をする上ではまだまだ不十分な点が多い。歴史学が、独自の方法論で、絵巻物の史料集を出せるように早くなりたいものである。

＊3――維摩会の画面としては『天狗草紙』の興福寺の巻が重要である。

＊4――『法然上人絵伝』のその場面では、稚児達は、美しい髪を稚児髷に結っている。稚児が武装する場合には、それが普通であったのであろう。他にも例があり、たとえば『稚児観音縁起』(『大成』第二四巻)の四六ページにも、武装して、稚児髷姿の稚児が、裹頭袈裟の衆徒に付き従っているのが見える。

＊5――私の課題は、必然的に、従来は風俗史などの研究対象であった服飾の研究に向かわざるをえない。まだ素人であるから、まともな検討にはなりえていないが、『江馬務著作集2 服

装の歴史』を始めとする多くの成果に学びながら、今後を期したいと思う。
＊6──裹頭袈裟の派手な衣装は、観察した限りでは肩の部分が丸みを帯びており、水干とは異なっているようである。また、袴をつけていないように見える。
＊7──その他、たとえば『有職故実辞典』では小袿は「女子の褻の服装」であると説明している。
＊8──尚、水干姿に裹頭袈裟を被った稚児の例は、管見のかぎりでは、一例見出すことが出来る。それは『法然上人絵伝』巻一三─第六段に見られる。
＊9──『芦引絵』の例以外にも、たとえば『石山寺縁起』巻三─第一段に二ヵ所（『大成』第一八巻二七ページ、三二ページ）に見られる。前者は、女院の石山寺参詣の美々しい行列を見物している人々の中に見られ、桜襲の小袿を着て、髑げをはいている。後者は、石山寺の山門の前で行列の来るのを待ち構えている中にいる。これまた小袿を着て、扇を手にしているのは、本文での私の意見に見合う姿であろう。尚、『稚児観音縁起』では、小袖姿に袴の稚児が描かれている。
＊10──網野善彦氏の『扇の骨の間から見る』（『民具マンスリー』一七巻三号）などと、問題関心を同じくする点が多い。但し、この網野氏の説についての若干の疑問を「春の年中行事」（『嗜好』四九四号。本書に所収）という小文に書いた。

腰に差す物

『春日権現験記絵』第一四巻の第六段には実に興味深い場面がある。それは火災跡である。土蔵の前には急遽作られた仮屋があり、その一部に立てられたふすまには、貼紙の書状入れが付いている。これなどは、同絵巻に見られる壁に貼られた書状入れと共に、中世の状差しがどのようなものかを端的に示してくれている。

それ以上に興味深いのは、焼け跡で焼釘を拾う人々の姿である。まだ私が小学校に入ったばかりの一九五〇年代初め頃には、鉄クズや銅（アカ）を集めてクズ屋さんに持っていくことは、小遣い稼ぎのために皆でよくやったことだった。そんな経験とダブッて見えるこの場面は、中世における鉄の貴重さを示してくれていると言えるだろう。

だがしかし、そのような焼釘探しは、近世でも行われており、中世固有の風景とはもとより言いがたい。絵巻物は、古文書や古記録では明らかにしえない視覚的なデータを極めて豊富に我々に与えてくれるが、その解釈にあたっては、他の時代にもあることか否かを考えることが必要不可欠である。

ところで、絵を読むためにはカラー図版が欠かせないが、私達は、今や『日本絵巻大成』、『続日本絵巻大成』（中央公論社刊）によって、代表的な絵巻物のカラー図版を見ることができるようになった。また近世についても『近世風俗図譜』（小学館刊）が出ている。更に『新版絵巻物による日本常民生活絵引』（平凡社、以下『絵引』と略す）によって絵巻物を読むための「辞書」のような道具も座右におけるようになった。どんなに出来のよいカラー図版でも原本には及ぶべくもないことは勿論だが、しかし、こうして史料としての絵巻物を読む条件が急速に整ってきたのは何とも嬉しいことである。

絵が語る鉄の普及

鉄に話を戻すが、日本中世では果たしてどの程度の製鉄が行われていたのであろうか。絵巻物を見る限り製鉄の場面は見あたらないが、描かれている鍬や鋤などの農具類はいずれも鉄製である。大工道具もまた同様である。石工の絵は少ないが、『当麻曼荼羅縁起』に見える彼等も鉄製の鶴はしや玄能を使っている（図1）。中世民衆の家財道具を調べてみても五徳などを見出す。乞食さえ五徳を持っている。こうして絵巻物によって、中世における鉄器の普及度をはっきりと知ることができるのである。

●図1――『当麻曼荼羅縁起』(模写) 第三段絵より

このように鉄の道具に注目して絵巻物を眺めていると、それが人の体のどこにつけられるかが気になってくる。手に持つ物、肩に担ぐ物、頭にのせる物、色々あるが、鉄製の道具との関連で関心を引くのは腰であろう。

侍の腰には太刀があるが、それは従来から日本製鉄史のメインテーマの一つであった。しかし、もっと一般的な腰につける物はないだろうか。『絵引』を見ていると、腰刀が実に多く見られることに気付く。

『絵引』の索引を引くと、小袖などは実に数多くの場面に登場する。中世の代表的な衣服であるから当然であろう。ところが、あまり注意されてこなかったが、腰刀もまた実に多いのである。百ヵ所近くも出てくる。『絵引』の索引の一つの便利な見方としては、次のような点があるだろう。即ち、そこに取り上げられている事項のページ数の多さによって、その事物が中世社会でどれ程一般的であるかの見当をほぼ付けられるのである。そのような見方で『絵引』を見れば、中世の人々が腰刀を腰に差す姿は実に一般的であったことがわかる。もとよりこの索引のページ数は、ただちに『絵引』に登場している腰刀の総数を意味しない。むしろ数字を振られていない腰刀が相当数見られるのである。『絵引』は従って、画面に数字をつけて説明されている事物以外のものが何かを考えながら利用することが大切であると思うのだが、それはともかく、腰刀のこの多さは極めて印象的である。『絵巻大成』や『続絵巻大成』のカラフルな画面を見直すと、その点が確認しうる。もしかすると、日本中世の民衆にとって最も身近な道具ないし刃物はこの腰刀なのではないだろうか。

農民も腰刀を差す

刀剣といえば、近世では二本差しが武士身分の視覚的な象徴であった（但し、この二本差しや名字帯刀の意味付けが十分に行われているとは思われないが）。それでは中世ではどうであろうか。『絵引』によれば、中世の侍身分の視覚的な特徴は、まず侍烏帽子《さむらいえぼし》をかぶった本人が騎馬で太刀をはき、従者を引きつれて、その従者に弓と弓の弦などを持たせている姿を典型的には考えることができよう。

こうした侍の身分的な特徴は、その持ち物のレベルでは、太刀と弓と乗馬によって示される。それに対して中世の民衆は、様々な身分的特徴を示しているのであるが、その共通とも言えそうなところが腰に物を差すことである。そして、その大部分は腰刀と呼ばれる短い刀であり、その差しかたは、腰の後ろに差すものが多い。それが、腰刀を差す一般的な作法であったと見られる。最近では余り見掛けなくなったが、手拭を腰にぶら下げるのとつながる点なのである。

この腰刀は、いくつかの問題点を私達に提起する。一つは、古代のいわゆる刀子《とうす》とどう結び付くのかである。これは、今後の検討課題としよう。

二つめは、どのような身分の者達が、腰に腰刀を差していたのかということである。この点は、絵巻物を読んでいるとすぐに気付くのであるが、従者・所従とおぼしき人物、下人、山臥、猟師、職人、行商人、農民、あるいは寺の坊主にいたるまで、極端に言えば、貴族や僧侶などの支配層を除くどの身分でも、皆腰に短い刀を差していたことが、この絵巻物からわかるのである（図2・3）。

このような腰刀は、単に武器としてだけ使われたわけではない。絵巻物によれば、木の枝落としにも使われていたし、職人達の場合、工具としても使われたに違いあるまい。こうした腰刀の使われかたを示唆するのは、鎌が同様の差しかたをされるということである。

別に改めて考察すべき道具であるが、鎌もまた、絵巻物によると同じように腰の後ろに差している。別の所で疑問を呈したのであるが、中世のいわゆる追捕物注文に何故鎌が見られないのかが、かねてより疑問であった。少なくとも百姓にとって必要不可欠なものだからである。

しかし、腰に注目してから改めて追捕物注文を見ると、絵巻物ではこのようにポピュラーな腰刀もやはり見られない。とすれば、鎌や腰刀は、普段から腰に差しているものなので、そのような時でも追捕されないのだと見ることが可能であろう。

おそらく、中世の民衆にとって、腰刀や鎌は、いわば手の延長であり、それを腰に差す作法は、最も身近なものであったと見られる。『結城氏新法度』（七三〜七六条）によると、荷留の法

●図2——旅人が腰に短い刀を差す姿。『慕帰絵』（模写）巻七より

●図3——農民が腰刀を差して仕事をする姿。『慕帰絵』（模写）巻四より

度に抵触した場合、結城家膝下の者に対してだけ、荷物・馬だけでなく、腰刀以下をことごとく押収することになっている。これなどは、腰刀が身に付けている物の中で、極めて重要な意味を持つものであることを示唆してくれよう。

このように絵巻物を見るかぎり、日本中世は、いわば民衆が腰刀を差す作法の時代と言えそうである。とすれば、近世ではどうであろうか。常識にとらわれずに、近世民衆の身に付けている武器や道具の世界を見つめることが大切であろう。

巫女のイメージ

熊野那智参詣曼荼羅や熊野観心十界曼荼羅を見てから、すっかり熊野信仰の世界の魅力にとりつかれて、熊野比丘尼などの画像を気にするようになってしまった。[*1] そのような関心と眼でもって絵巻物を見ていくと、幾つかの興味深い画像にぶつかる。その第一は、勿論、いわゆる「口寄せ巫女」・「歩き巫女」のような民間的・民衆的な巫女の姿であるが、それ以外に気になることが出てきた。

それは、神社における人の姿である。つまり、神主・神官などの姿は眼に付くが、いわゆる巫女の姿は、描かれることが極めて稀であることに気付かされたのである。その時点で思いついたのは、巫女と言えばすぐに現代の我々がイメージに浮かべるような例の白い着物に赤い（緋色）袴の「巫女」の姿なるものは、一体何時作りだされてきたのか、[*2] そして中世社会にはどのような巫女の姿を見ることが出来るのであろうか、という疑問だった。

この点についての疑問は別の機会に確かめることにして、ここでは、絵巻物を中心とした絵画史料の世界における巫女（ミコ・カンナギ・イチドノ）の画像を追ってみたいと思う。

不確かな巫女の姿

早速開くべき絵巻物は『一遍聖絵』（『日本絵巻大成』別巻）あたりであろうが、その前に見ておくべきものがある。『新版絵巻物による日本常民生活絵引』（以下『絵引』と略す）である。その索引を見ると、九ヵ所に巫女が見られる。

第一は、『北野天神縁起』第八巻の出産の場面における巫女の姿であり、彼女は、垂髪《すいはつ》で、小袖《こそで》に袿《うちき》姿で、肩には数珠《じゅず》を掛けている。産婆と共に、出産には欠かせない存在であった（『絵引』第一巻一八七ページ）。

第二は、『一遍聖絵』第九巻の岩清水《いわしみず》八幡宮の境内における巫女の姿で、本殿の縁にいる二人の女が、その座っている位置から巫女と推定されている（『絵引』第二巻二三二ページ）。そしてそれは神社に仕えた巫女の画像として注目されているのである。

第三は、『馬医草紙』における大汝と言われる馬医が巫女の姿に描かれているとする（『絵引』第三巻八五ページ）。「広袖の白衣を着、掛襷《かけだすき》をかけ、手に鼓《つづみ》をもっている。鼓をうちつつ舞い、かつ神がかりしたものであろう。左の女は侍女、折本のようなものをささげている」と説明している。

第四は、『石山寺縁起』第五巻の石山寺の総門のところで、市女笠《いちめがさ》をかぶった女が一人鼓を打っているのを、巫女と見ているのである（『絵引』同二五三ページ）。かかる場所で鼓を打っていることと鹿皮に座っていることが根拠であろうか。

第五は、『直幹申文絵詞《なおもともうしぶみ》』の一場面である（『絵引』第四巻一一三ページ）。小さな祠を拝んでいる「下げ髪」に市女笠、小袖に袿姿で数珠をもった女を巫女と推定している。

第六は、『春日権現験記絵』の一場面で、病気平癒の祈禱に招かれた山臥《やまぶし》と巫女が描かれている（『絵引』同二一一ページ）。肩には数珠が掛けてあり、鼓と扇子が持ち物である。

第七も、同絵巻の祈禱している巫女の姿である（『絵引』同二一三ページ）。前に盛砂を置き、肩に数珠を掛け、鼓を打っている。第六と共に典型的な巫女の姿というべきであろう。

第八に、同絵巻の琴をひく巫女の姿を描いている場面である（『絵引』同二二四ページ）。

第九は、『融通念仏縁起』の上巻第三段の女性を巫女ではないかとしている（『絵引』第五巻一九七ページ）。

以上が、『絵引』における巫女像である。簡単に整理すると、小袖に袿姿で、数珠を肩に掛け、鼓を持っている女は、巫女である可能性が極めて高いということになろう。そして巫女は、出産や病気の祈禱の場面に最も頻繁に現われると言えるようである。

しかし、『絵引』については、以前にも指摘したことであるが、一つの弱点がある。それは、その絵姿が何故他ならぬ巫女と言えるのか、その理由ないし根拠を示してくれないことである。達人的な判断など絶対に期待出来ない我々の、これからの絵巻物などの研究に不可欠なのは、何よりもそのような根拠の明示であろう。これを最低限の条件としなければ絵画史料研究の発展はありえない。そして、そのような視点からすれば、まずその画面と不可分の詞書の中に、その人物が巫女であることを明示してあるものを選んで検討し、然る後にそのような画像と共通する条件（もちろん服装や持ち物に限らない。その登場している場面・状況から推定することが可能になる場合も多い）の巫女を見いだしていくべきであろうと思われる。

そのように見れば、『絵引』の説明は、一応棚上げにしておいて、自分なりの巫女の画像の探索を行っていくべきであろう。特に第四・五・九などは、当面、『絵引』の推定で良いものか否か判断を留保せざるを得ないだろう。また、第二と第八の場面の巫女の姿は、所謂神社に仕える巫女（仮にこれからは神社巫女と称することにしたい）の姿を描いているものと思われるが、その点は後に触れることにしたい。

鼓と琴と鈴と

さて、それでは何処から出発することにしようか。

一番素直なのはやはり一連の職人歌合《うたあわせ》の中の巫女像がよく知られており、その画像を確かめることから始めることであろう。私もそこから出発するのでもよいと思うのだが、先程の提言を実践しようと思うのと、職人歌合のような便利なものにすぐにより掛かることは避けたいという二つの理由で、まずは絵巻物に登場する巫女の画像をピックアップすることから出発することにしたい。

●図1——『春日権現験記絵』巻八より，壱和僧都と巫女

最初の絵巻物として『春日権現験記絵』を選ぶことにしよう。この絵巻物は実に多くの巫女の姿を見ることができるものであり、その点で巫女の画像の宝庫と言えるからである。

第一の画面は、巻八—第五段の壱和僧都の話である（図1）。彼は才智比類ない高徳の僧であったが、望んでいた維摩会《ゆいまえ》の講師の役を祥延という人に先になられてしまった。「そのうらみしのひかたくおほえければ、なか〳〵本寺論談の交はりを辞して」寺を離れて修行に出た。第五段の詞書には、

熱田の社にまいりてしは〳〵法施をたむく

る程に、けしかる聖来て壱和をさしていふやう、なんちうらみをふくむことありて、本寺をはなれてまとへり、人の習、うらみにはたえぬ物なれは、ことはりなれとも心にかなはぬは此世のともなり、（中略）いそき本寺に帰て、日来の望をとくへしと仰らるれは、壱和かうへをたれて、おもひもよらぬ仰かな、かかる乞食行者になにのうらみか侍へき、あるへくもなきことなり、いかにかくはと申とき、かんなき大にあさけりて、

つつめともかくれぬものはなつむしの身よりあまれる思なりけり

と云歌うらをいたして、なんち、心おさなくも我をうたかひおもふかは、いささらはいひてきかせん、

と春日権現の託宣を聞かせたという場面である。

壱和の背後にあるのは笠などの旅道具で、彼の旅修行を物語っているのだが、その前には朱の小袿を着て立っている巫女の姿が描かれているのである。顔が隠れているので年恰好は判らないが、手には鈴をもっており、巫女のスタイルと持ち物を知ることのできる画像である。中世の熱田社の巫女の姿はこのようなものであった。

第二の画面は、巻一〇—第一段の林懐僧都が若宮経所で論義を暗誦していると、宮人達が「鼓をならし、鈴をふりて、念誦をさまたけ」たところである（図2）。画面手前の背後に稚児を従えた僧が彼である。後年寺務となった林懐は、「社の司におほせて、鼓のこゑをとゝ」め

●図2──『春日権現験記絵』巻一〇より，琴をひく巫女

た。すると春日権現が降り下って「鼕〻と打つ鼓は法性のみやこに聞へ、瓅〻と振る鈴は四智円明のかゝみにうつる」と言って隠れた。後悔した林懐は早速鼓の声の停止を撤回したのである。

この宮人というのが、画面を見るかぎり、巫女であることは確かである。詞書では鼓と鈴であるが、そこには四人の巫女がおり、その内の一人が琴を弾いている。神社に仕える巫女達のあやつる楽器が鼓・鈴・琴であることが判るであろう。また彼女等の着ている衣服がさまざまな模様と色彩であることも確かめられる。やはり小袿姿である。

第三の画面は、巻一三─第三段の少年時代の晴雅が、託宣によって若宮の御前で、霊山御山の五葉松という今様を両三返歌っている

●図３——『春日権現験記絵』巻一三より，琴と鼓の前に五人の巫女

ところである（図３）。その場所は第二画面と同一の構図であり、同じ所であるが、詞書によれば、

ここに巫女又云、汝いのり申事あり、このたひはさらにたたりおはしますよし、きなり、とく〱本意をとくへし、

と語った。「巫女又云」とあるから、その前の託宣も同じく巫女によるものであったことは間違いない。画面では、晴雅少年が今様を歌っている。その手前には母が乗っている輿があり、周りには従者が四人描かれている。幣殿の中には、合わせて五人の巫女がおり、年輩の巫女からまだ幼い表情の小袿を着ていない少女も見られる。彼女等の服装からは巫女とは判断しにくいが、やはりそこには琴と鼓が見えており、何よりも詞書が巫女であることを示している。第二場面と共に、春日権現に仕える巫女の姿なのである。

●図4——『春日権現験記絵』巻六より，盛砂をし，鼓を置いて祈禱する巫女

以上の三場面に登場するのが神社に仕える、言わば神社巫女の姿であるとすれば、彼女等は、琴・鼓・鈴による楽によって神に仕える存在であり、その服装は基本的には小袖に小袿姿で、様々な色と模様のものを着ており、特に巫女らしさが明確なものではないことが判る。そしてこの絵巻物では、主に託宣を伝える存在として登場しているのである。

それに対して、これからの三場面は神社巫女ではなく、所謂民間の、治病の祈禱活動をしている口寄せ巫女達である。

第四の画面は、巻六—第三段の般若心経を飲んだ蛇を苛めた少年達の中の餓鬼大将株の子が病気になって寝込んでしまっているところである（図4）。詞書によれば、「重病をうけゝるほとに、護法うらをすれは、大明神おりさせ給て、つけさせ給やう、（中略）大般若一部をよまは存命すへしと仰らる、やかて転読すれは平癒しけり」とある。寝込んでいるのは、その服の模様からも蛇苛めの中心にいた少年であることが判る。巫女は、前の曲物《まげもの》の上に折敷《おしき》を置き、その上に盛砂をしている。肩には数珠を掛け、鼓を脇に置いている。この場合の「護法占」というのは、祈禱によって病気などを調伏する法力、またはそれにより神仏が人にのりうつることであるから、やはり神降ろしと同様のことであろう。相棒に山臥がついているのも興味深い。

第五は、巻一五―第二段で、唐院得業という者が春日社で休んでいる修学者（実は春日権現）の頭をけとばした結果、病気になってしまったところである（図5）。詞書では、

此得業、病をうけて大事なりける時、みこをよひて、大明神をおろしたてまつりけれは、このみこのいひけるは、なんち奇怪の事ありしかは、一切にたすけおはしますましき也といふに、つや〳〵思わすれて、こは何事に候らんと申けれは、唯識論によみくたひれて、小生のねたりしを、たうとしとおもひしを、けたりし、返々奇怪也と仰られけるにそ、

とある。巫女が神降ろしのために呼ばれてきている。奥の部屋で寝込んでいるのが唐院得業で、その右側に年輩の巫女が前に盛砂を置いて鼓を打って神降ろしをしている最中である。縁のところには、巫女の供だと思われる女が前に笠をおき、縁に肘をついて待っている。既述した『絵引』の第七例がこの場面である。詞書からも紛れもない巫女の画像であろう。

●図5——『春日権現験記絵』巻一五より，鼓を打って神降ろしをする巫女

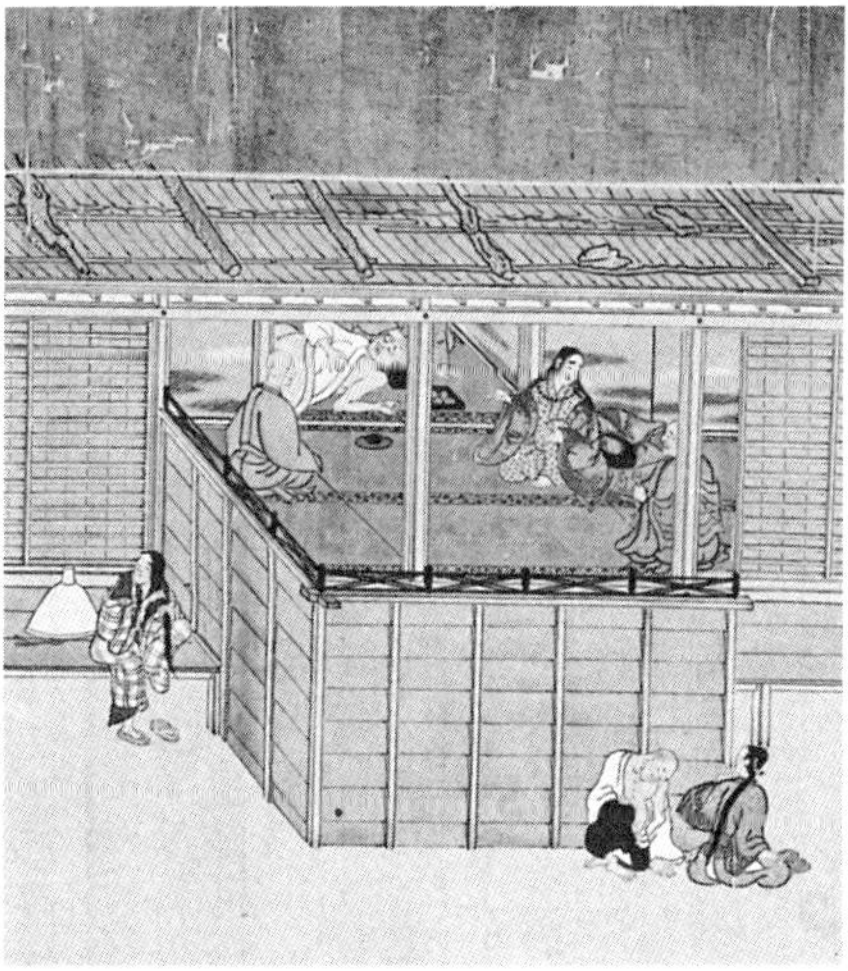

●図6——『春日権現験記絵』巻一五より，小袿を着，数珠をかける巫女

第六の画面は、巻一五―第六段の清増法橋が重病にかかり、春日大明神によって助かるところである（図6）。これまた詞書では、

三綱清増法橋、（中略）万死一生なりしかは、大明神をおろしたてまつりて、護法うらをとひけるに、物つきに託し給やう、此病者は不用の人なり、さはあれとも（中略）あはれにおほしめすなり、またくへちの事あるへからす、おほしめしはなつましきなりと仰られけり、

とある。巫女が神降ろしをしているのであり、肩には数珠を掛けている。小袖に小袿を着ているが、鼓を持ってはいない。或いは祈禱の終わった後であろうか。というのは、僧の従者の中の一人は、待ちくたびれたか居眠りしており、また巫女のお供と思われる市女笠《いちめがさ》を預かっている女も、髪をすいて待っている。ともに時間の経過を物語っていよう。

なおこの二例だけではまだ確かとは言えないが、このような病気の治療行為をする巫女は、供を連れているのが普通であったのではあるまいか。

以上の計六場面が『春日権現験記絵』における巫女の画像であるが、これらの例からは次の五点ほどのことが指摘出来よう。すなわち、①神社巫女とそれ以外の巫女がいること、②前者は小袖に小袿姿であり、琴・鼓・鈴を持っており、後者はやはり小袖に小袿姿であるが、肩には数珠を掛けており、持っている楽器は鼓である。③神降ろしをして神意を人々に伝えている

点では両者共通である。④神社巫女の方は楽と舞によって神を喜ばせる存在でもあった。それに対して後者は、何れも病気治療と係わる者として登場しているのである。そして⑤両者ともに小袖や小袿の色や模様には制約がみられない。

このような『春日権現験記絵』の巫女像が鎌倉時代のそれを示す代表的な画像であると私は考えるが、それではかかる画像はどこまで遡れるのか、絵巻物からもう少し類例をひろってみよう。

平安期の巫女像

そのような関心で見た絵巻物の中で、最も古いのは『年中行事絵巻』ではあるまいか。そこには、これまた実に多くの巫女の画像が登場する。

第一は、鶏合の場面である（図7）。とある神社では折しも境内で鶏合が行われている。人垣の実に様々な人々の姿の検討もしてみたいが、ここでは二種類の巫女の姿が対照的に描かれていることに注目したい。すなわち右側の家の中には、年老いた巫女が今しも女客を前にして鼓を打って神降ろしをしている最中である。前においてあるのは盛砂をする台であろうか。それに対して左側の明神の社の脇には、これまた年老いた巫女が、こちらは鼓を抱えてむしろに座っている。横にいるのは仲間の巫女であろうか。こちらには客もいない。このように一二世紀

●図7――『年中行事絵巻』より，鶏合の場面。右手の家には神降ろしをしている巫女がおり（拡大図），下図の左上の小祠の前にはむしろに座る巫女がいる

の巫女には既にこのような神社の境内に家を持つ巫女と、むしろと鼓と、それから生活道具を入れた曲物の入れ物だけの乞食同然の巫女とがおり、両者共に客の希望によって神降ろし・口寄せによる祈禱行為などを行っていたのである。その場合、鼓が両者に共通の楽器であった。

●図８——『年中行事絵巻』より，法師田楽の場面。神社の建物の中に巫女達がいる

第二の場面は、法師《ほうし》田楽《でんがく》が行われているところである（図８）。第一の例の神社に比べてかなり大きな神社である。建物の中には、一五人の女性の姿が見える。かなり年老いた女性からまだうら若いものまで、神社の建物内に居並んで見物しているのであるから、彼女等はこの神社に仕える巫女だと見るのが自然であろう。髪を束ねてしばっている。袿姿であるが、たすきのような物を肩に掛けて胸元で結んでいる。

第三は、今宮祭りと推定されている場面である（図９）。神殿前の斎場《さにわ》では丁度巫女達による神楽《かぐら》が行われているところである。左右に六人の老若の巫女が並び、鼓と扇子で拍子をとりながら神楽歌を歌い、真ん中の若い巫女が鈴を振りながら舞っている。これは中世成立期の神社巫女の典型的な姿であると言えよう。手前の長

●図9——『年中行事絵巻』より，今宮祭りの場面。巫女神楽が行われている

い板葺屋根の長床《ながとこ》のような建物では既に宴が始まっているようである。彼女等のスタイルも、はっきりとはしないが、どうやら小袖に小袿姿であり、袴などははいていない。

第四は、稲荷祭りの場面であり（図10）、風流傘をさして馬に乗った巫女であり、その姿は斎王の群行における騎乗の有様をほうふつさせるものがある（傘の持つ意味については別の機会に論じることにする）。

第五も、同じく騎乗姿の巫女であり、祇園祭りにもこのような騎乗の巫女の姿が見られたのであった。こうした巫女の姿も祭りの時の神社巫女の晴れ姿であろうが、そのような巫女達とは別に、祭りの空間の隅、周縁には第六のような巫女の姿を見ることができるのである。すなわちこれは、城南宮祭かと推定されている場面（図11）なのであるが、今しも斎場では田楽が行われており、人々が群集しているが、その裏側には二人の巫女が鼓を持ち、前にはむしろに何やらおいて客相手に営業している。彼女等も第一場面の左側のむしろに座った巫女と同

●図10――『年中行事絵巻』より，稲荷祭りの場面。風流傘をさし馬に乗る巫女

●図11――『年中行事絵巻』より，城南宮祭とされる場面。左端に鼓をもって座る二人の巫女がみえる

様に乞食と紙一重の存在ではないだろうか。

このように平安末期の絵巻物にも確かに大別すれば二種類の巫女の姿を見ることができるのである。前者は祭りに神楽を舞ったり、騎乗して行進する神社巫女であが、後者の、祭りの裏とか横の空間で客相手の営業をするその姿は、「口寄せ巫女」・「歩き巫女」と呼ばれている存在に近いのではあるまいか。

鎌倉期の巫女

こうして平安末期にまで遡って巫女の画像を確かめた上で、再度鎌倉期の代表的な絵巻物の二、三から巫女の姿を抽出してみることにしたい。

まずは『一遍聖絵』の一場面である（図12、『日本絵巻大成』別巻二三四ページ）。この二人の巫女と思われる女性については、前述したように既に『絵引』が推定している。これまでの検討から私もこの二人は巫女であると考えたい。その理由は、第一に、二人が摂社に座っていること、そして第二に、参詣者と相対していることからである。もとより服装の点でも問題はないだろう。

とすれば二人は、石清水八幡宮の巫女つまり神社巫女の姿であるということになろう。そして彼女らは、石清水八幡宮が託宣の神として知られる訳であるから、神の憑依《ひょうい》の対象となって

●図12――『一遍聖絵』巻九より，石清水八幡宮の場面。右方の社殿に二人の巫女が認められる（拡大図）

●図13——『弘法大師行状絵詞』巻七より

託宣を伝える存在と見ることができよう。

次に『弘法大師行状絵詞』巻七—第二段（『続日本絵巻大成』第五巻九四ページ）の画面である（図13）。そこには中央に禰宜《ねぎ》がおり、その両側に二人の女が並んでいる。左は若いが、右の女は年老いている。詞書によると、

明神、巫祝に託して、妾、神道にありて威福をのそむ事久し。まさに今、菩薩此山にいたれる、妾か幸なり。（中略）との給き。

とあり、二人が巫女であることはこの詞書から明らかである。二人は共に白い袿を着ている。彼女等の中で、明神の託宣をしたのは、弘法大師の正面に描かれているところからも、左側の若い巫女であったと思われる。

第三に、『絵引』が巫女とした画像の中で、第一例の『北野天神縁起』巻八の出産の場面の

●図14――『北野天神縁起』巻八より，出産の場面（『新版絵巻物による日本常民生活絵引』より）

●図15――『石山寺縁起』巻五（『新版絵巻物による日本常民生活絵引』より）

それは（図14）、周囲の陰陽師・柿衣の山臥の存在、そして魔除けの鳴弦と合わせて見れば、巫女であることは動かないであろう。

また、『絵引』の第四例の『石山寺縁起』第五巻の石山寺総門で鼓を打っている女性も巫女と見てよいであろう（図15）。

職人歌合では

こうして平安末期から鎌倉時代にかけての巫女の姿を確かめた上は、いよいよ職人歌合における巫女の姿に向かいあうことにしよう。

まず最初に見られるのは、一四世紀中葉以前の作品とされる『東北院職人歌合』の第四番左の「巫女」である（図16、『新修日本絵巻物全集』第二八巻オフセットカラー8）。見る通り年老いた巫女の姿であるが、白い小袖と赤い袴に白い袿の姿である。肩には数珠を掛け、手には鼓を抱えている。その姿は、これまで見てきた巫女の二類型の内では、もちろん前者の神社巫女ではない。典型的な「口寄せ巫女」的な姿である。そのことは、右が博打《ばくち》であることからも推察できるだろう。その歌を見れば、

四番

左

ひくしめのうちへないりそ夜半の月さはかり雲のこころゆかぬに
君とわれくちをよせてそねまほしき鼓もはらもうちたたきつつ

とあるように、「口寄せ巫女」の「鼓」を持つ特徴が巧みに表現されていると言えよう。

次の巫女（図17）は、『七十一番職人歌合』六十二番右のそれであるが、「神はやたちまふ。袖のをひ風に。かんなぎ」とあるように、手に持った鈴を振って神楽を舞う巫女の姿であり、これは、神社巫女の姿なのである。その左の相手が「ねき（禰宜）」であることからも判るであろう。

●図16——『東北院職人歌合』より，第四番「巫女」

●図17——『七十一番職人歌合』より，第六十二番「巫女」と「ねき」

●図18——「七十一番職人歌合」より，第六十一番，山臥と対になった「地しゃ」

こうして同じく職人歌合の類にある「巫女」の画像だといっても、両者は全然別の画像と見なければならないのである。確かに職人歌合は、諸職人などの姿を知る上で極めて便利であるが、その画像だけで満足することは絶対に避けるべきであろう。

では、『七十一番職人歌合』には「歩き巫女」的ないし民間の巫女の画像が見られないのであろうか。そうではない。それは「あらおんかなく〳〵。二所みしまも御らんぜよ」とある六十一番右の「地しゃ」の姿ではなかろうか（図18）。確かに肩に数珠を掛けたその姿は「歩き巫女」に近いと言えよう。山臥と対になっているところも『春日権現験記絵』の第四場面の巫女と山臥の姿を思い浮かばせるであろう。がしかし、鼓が描かれない点で「口寄せ巫女」との距離を感じさせる。「地しゃ」の研究が今後必要である。またもう一人は二十五番右の「女盲」である。鼓を持つその姿と「歩き巫女」との距離は近いが、しかし「宇多天皇に十一代の後胤。いとうがちゃくしにかはづの三郎とて」と詞書にあるように、巫女の営業内容とは異なる。

以上のように巫女の画像を追ってくると、巫女のスタイルというのは、中世を通じて、様々な色と模様の小袖と袿を着ており、その持ち物は鼓・琴・鈴であったと言えるだろう。そして既に平安末期には、「歩き巫女」的ないし「口寄せ巫女」的な病気治療などの祈禱をこととするような民間の巫女と、神社で鼓や琴の音に合わせながら鈴を振りつつ舞い、神を楽しませる神社巫女との二種類の巫女に分かれていた。両者の共通点は、共に神の託宣を伝えることであった。もとより民間の巫女も、神社の巫女も、共に幅のある存在であり、たとえば前者の貧しい者は乞食非人と殆ど変わらない生活状態であったようである。

中世後期における巫女の変貌は、『七十一番職人歌合』の「巫女」と「地しゃ」の差としてとりあえず理解できようか。

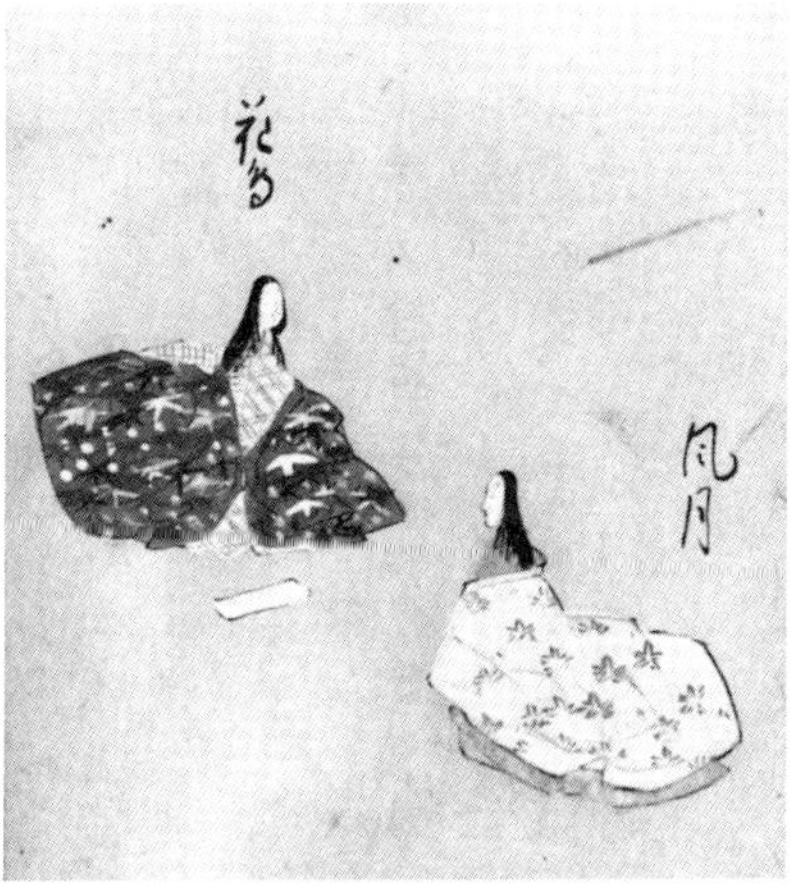

●図19——御伽草子『花鳥風月』より

梓巫女の登場

さてしかし、このように見てきて改めて確認されるのは、絵巻物から職人歌合の類に至るまで、巫女が持つ楽器は鼓と琴と鈴であるということである。そして「梓《あずさ》巫女」のような梓弓を持つ巫女の姿は認められないのである。

しかし、御伽草子の類に注目すれば事情は一変する。そこに登場するのは「梓巫女」達である。その点を注目してみよう。

まず『花鳥風月』に登場する花鳥と風月の二人が梓弓にかけて口寄せする「梓巫女」であっ

た（図19）。話は、花園天皇の時代のこととされている。葉室中納言の邸で扇合わせが行われたが、扇に描かれた人物をめぐって、在原業平と見る側と光源氏と見る側とに分かれた。そこで、花鳥と風月という二人の巫女を呼んで占わせることになる。早速花鳥風月は梓弓を鳴らして口寄せを行い、見事に貴族達の希望を叶えたのである。この場面は、当時の梓巫女の生態・活動ぶりを示してくれる。詞書を見よう。

Aはむろのちうなこんのいけんには、しょせん、このゑのふしんを、はれ候はんするやう候なり、それをいかにと申に、こゝにきたいの、ものゝしやうすのみこ候、もとは、てはのはくろのものにて候、（中略）とりわき、人をあつさにかけて、くちをよすること、しんぺんふしきのみこにて候、

Bさるほとに、みこおとゝひ、まいりたり、あねは、やなきうらの、さくらきぬの、にほひことなるに、くれなゐのはかまきて、たんくはのくちひる、せいたいのまゆすみ、ほの〳〵とさしいてたれは、なにしほふ花鳥の、はつねもふかき春の、はつねのけふの、たまさかにさきそめたる、春の花よりも猶めつらかなる、いもうとの風月は、もみちかさねの二きぬに、こうはいのはかまきて、しらゆきのはたへすきとをり、玉のかんさしゆりかけて、らんしやのにほひかうはしく、さかのゝはらのをみなへし、露をもけなるふせいして、ゆるきいてたるありさま、なにしおふ風月、

けにもとおもはるゝはかりなり、

Cわらは、あつさにかけて、こたへ申さんするにて候、風月、とひてになり給へと、あつさのまゆみうちならし、(中略)

さ候へはこそ、うらのおもて、あつさのゆみにも、まことにたつね給ふ人は、あらはれいてす候らめと、申けれは、このよし、人々きゝて、身のりもよたつはかりにて、(下略)

ほんの一部だけの引用だが、花鳥風月姉妹が「梓巫女」であること、そしてその姿がどのようなものであるかが判るであろう。つまり第一に注目されるのは、邸に上ってからは十二単のような姿で描かれているが、呼ばれてくる場面では彼女等が袴姿(紅・紅梅)である点が注意されよう。すなわち、巫女の袴姿が、ここに明瞭となってくるように思われる。

第二には、花鳥風月姉妹が、詞書によると元々は出羽の羽黒の出身であるとされていることと、どうやら都で評判の巫女となっているとされていることに注目すべきであると思う。すなわち、「梓巫女」というのは、「関東地方から東北地方にかけて分布する巫女の名称。梓弓は古代より霊を招くために使われた巫具で、これを用いてカミオロシ、ホトケオロシをすることから梓巫女の名がおこった。能の〈葵上〉には照日と呼ばれる巫女が梓弓の弦をはじいて口寄せする謡がある。(中略)梓巫女は竹の棒で棒弓の弦を打ち、ブルンブルンと発する音によって神がかるのである。（下略）」（平凡社『大百科事典』「あずさみこ」の項）とされるように、東国的な存在なのであるが、こうした「梓巫女」がその画像の登場と共に、詞書で出身地が何処かが態々《わざわざ》述べられている訳である。そのことは、こうした「梓巫女」が、この作品の作られた時代にも東国的な存在として意識されていることを示しているであろう。そして話の舞台である京都を中心とする畿内近国では、そうした「梓巫女」達の「口寄せ」の力が新鮮な驚きを呼び起こし、評判となってきていたことを意味するのではないだろうか。

次に『鼠草紙』にも「梓巫女」が現われる。これには東京国立博物館本・サントリー美術館本・スペンサーコレクション本及び天理図書館本などがある。そのうち前三本は、図様・詞書そして書き込まれている台詞までほぼ一致するとされている。天理図書館本だけは別系統である。天理本の方が若干古いと推定されているが、此処では東京国立博物館本によることにする。

場面（図20）は、姫君に逃げられて悲嘆にくれる鼠の権頭が算木の占いにたけた者のあとに呼んだのが巫女であったが、その巫女が梓弓をうって姫君の口寄せをしているところが描かれている。その巫女の緋の袴が印象的である。「梓巫女」の前には、小型の梓弓が置かれており、それを打ちながら次の詞書のように「口寄せ」をしていたのである。

いそきさんをはらはれける、こんのかみ、うらかたのたのみ事つきて、あまりのかなしさに、又あつさにかけて口にこそよせさせ給ひけれ、うちならしさふらふそや、かきならしさふらふそや、あゝさんまれなあ、伊豆の山のこんけん、あしから・はこねのこんけん、三島の大明神もきこしめせ、恋のかたにとりては、きふねや三輪の明神をはしめまいらせて、日本国の神をこゝ八と、そしやうし申しける、

さてより人のことのはに、ひめ君のたまひけるは、たかゑほうしのとし月の御ねんころわするゝ事はなけれとも、いまは又世にある人になれまいらせて候へは、我身の事はかさねておほしめし出し候まし、御心にかけ給ふ露の御こゝろものこり候はゝ、ねことのをかけてまいらせんとて、神はあからせ給ひけり、

●図20——『鼠草紙』より，弓を打って口寄せをする梓巫女

このように算木による占いの後には、「梓巫女」の口寄せに頼るしかなかったのであった。

さて、問題はそのような「梓巫女」の登場の時期である。この『花鳥風月』は一六世紀の作品とされており、『鼠草紙』もまた一六世紀の作品である。この二点だけでは問題が残るであ

ろうが、ともかくこの時期頃から「梓巫女」の姿が絵画史料上に登場してくる訳である。東国での「梓巫女」の、それ以前の姿は判らないが、ともかく絵画史料の世界には一六世紀に登場することが重要であろう。もちろん、照日の巫という「隠れなき梓の上手」の登場することで知られる謡曲の〈葵上〉は一応近江系の能に世阿弥が手を入れたものとされている。私にはよく判らないが、この世阿弥の時代頃から「梓巫女」の姿が畿内近国では次第に顕著に見られるようになってくるのではないだろうか。

このように御伽草子の中では「梓巫女」の姿が極めて鮮明なのである。*3 また、そのスタイルは、二例だけでは何ともいえないが、赤い袴姿のイメージとなってくるのではないだろうか。

ところで、「梓巫女」の姿が御伽草子の類に至って絵画史料に現われてくるということは、一体どのような理由によるものであろうか。この点は、『万葉集』の梓弓から一気に近世以降の「梓巫女」へとつなげかねない従来の巫女史研究にとって反省点となろう。今の私には結論的なことは何一つ言えないが、「梓巫女」達の姿＝画像が意外に新しいものであることだけは強調しておきたい。

巫女の画像を追跡して「梓巫女」の姿に至った。しかし、中世末期から近世初頭の絵画史料は御伽草子だけではない。たとえば一連の洛中洛外図には、手に鈴を持って町を行く「歩き巫女」の画像がしばしば見られるし、また祇園社大政所絵図などには、探湯《くがたち》における神社巫女の姿が描かれているのである。従って、まだ巫女の画像をめぐって論ずべき点は多いが、ひとまずこの小稿を閉じることにしたい。次の機会には、近世における巫女の画像を中心に考えることになろう。

注

＊1――当面は「熊野那智参詣曼荼羅を読む」（『思想』一九八六年二月号所収）を参照されたい。

＊2――巫女は歴史的な存在でもある。しかし、われわれの脳裏の中では、このようなイメージしか浮かばないとすれば、明治時代の規定性の重みを痛感せざるを得ない。

＊3――もちろん御伽草子に登場するのは「梓巫女」だけではない。これまで述べてきた口寄せ巫女などの姿も見られることは言うまでもないことであろう。たとえば『蛙草紙』（根津美術館蔵、『御伽草子絵巻』九九ページ下段）には、一人は鼓を持ち、もう一人は鈴を振って神楽を奏している姿が描かれているし、『俵藤太絵巻』下巻（『御伽草子絵巻』七六ページ中段）には、離宮明神の前で祈る巫女の姿が見られる。また、『浦島明神縁起』（『日本絵巻大成』第二二巻七一ページ）には、筒川大明神をまつる白い狩衣に立烏帽子の神主とその横の赤い小袖に白い袿の巫女が描かれているのである。更には、『玉藻前草紙』（常在院蔵、『御伽草子絵巻』カラー図版39）の御幣を持つ玉藻前の姿も巫女の姿と言えよう。

中世の旅姿をめぐって

日本中世の旅とは何かを古道の踏査を軸に解明しつつあるのは戸田芳実氏であるが[*1]、私も一連の絵巻物に現われる中世の人々の旅姿には興味をもってきた。中でも、中世の旅の動機のうちではとりわけ強烈なものであった宗教的な理由・目的による旅の姿については、特に興味を抱いて絵画史料を見てきたと言ってもよい。

中世の宗教的な旅姿とは言っても、私の関心は、一遍のような僧のそれではなく、中世のもっと一般的な人々の旅姿であり、その代表は熊野参詣の道者姿と巡礼姿である。前者は中世前期を代表する宗教的な旅のスタイルであり、後者は後期を代表するそのスタイルといえるだろう。

私は、この両者を言わば対比的に扱うことで、中世の旅の一面を浮かび上がらせてみたいと思う。

道者の姿とは

絵巻物などの絵画史料の中で、どのようなスタイルが如何なる目的の旅姿であるといえるかといったことは、『新版絵巻物による日本常民生活絵引』（以下『絵引』と略す）なども十分には取り上げてこなかったと言えるだろう。[*2] しかし、絵巻物に描かれている人々＝画像の諸特徴を検討して行くと、その中にどうしても「一時的」な存在（巡礼はそうとばかりは言えないが）としての旅姿の者達の画像を確かめておかなければならなくなる。その作業を通じて一群の特徴のあるスタイルを摘出することになったのである。

もう一つには、中世熊野詣での盛行を考える時、それでは熊野参詣にふさわしい姿とはどのようなものかと考えた場合、当然絵画史料中のそれらしきスタイルの検討をしなければならなくなるのである。そのような熊野参詣の人々はどのようなスタイルであったのかを絵巻物の中で追ってみることにしたい。

さて、最初に見るべきはどのような場面であろうか。

それは言うまでもなく『一遍聖絵』（『一遍上人絵伝』）・『遊行上人縁起絵』の両絵巻物に見られる一遍の熊野参詣の場面であろう。何故なら、中世における道と旅を最もリアルに描いているのがこの両絵巻物であり、かつ熊野参詣をこれほど詳しく描写している絵画史料は他にはないので、そこにこそ中世の参詣姿を見出すことが出来るはずだからである。

●図1――『一遍聖絵』巻三より，熊野川を船で下る人々

まずは『一遍聖絵』から見ていこう。同絵巻の巻三―第一段は、一遍が熊野に詣でて、熊野権現に託宣を受ける有名な場面である。ここでは五場面（四図）に分けて検討することにしたい。

第一場面（図1）は熊野川の船の描写である。ここで注意すべきは、船頭以外は殆ど皆白い浄衣であるということと、船三隻の乗客一五人の中で三人は市女《いちめ》笠《がさ》のような物を被っており、どうやら女らしいことの二点であろう。*3

第二場面（図2）は熊野新宮の場面であるが、此処でも僧侶と柿衣の山臥《やまぶし》などを除くと殆どが白色浄衣である。右には熊野川を下ってきた船から丁度乗客が降りようとしているのが見えるが、その一人である市女笠を被った者は、船から降りるのに手をとって貰っている。やはり女性と見てよいのではないだろうか。このような笠を被った者がこの場面でも四人いる。

●図２――『一遍聖絵』巻三より，熊野新宮の場面と川船の拡大図

第三場面は那智社の光景であるが、登場人物が小さくまた特色もないので省略し、第四場面（図3）に進むことにしよう。それは次の詞書に対応する場面である。

ここに一人の僧あり。聖、勧めての給はく、一念の信を起こして南無阿弥陀仏と唱へて、この札を受け給べし、と。僧云、今一念の信心起こり侍らず。受けば妄語なるべし、とて受けず。聖の給はく、仏教を信ずる心御坐まさずや、などか受け給はざるべき。僧云、経教を疑はずと雖も、信心の起こらざる事は、力及ばざる事なり、と。時に若干の道者集まれり。此僧もし受けずば、皆受くまじきにて侍りければ、本意に非ずながら、信心起こらんと受け給へ、とて、僧に札を渡し給けり。これを見て道者皆悉く受け侍りぬ。僧は行く方を知らず。

とある場面である。ここに登場している僧は、次の場面の詞書で明らかなように熊野権現なのであるが、ここでの関心から重要なのは、その周囲に描かれている人々が「道者」であるとされていることとである。画面に注目すれば、そこには、一遍一行四人と僧以外に、三組の人々、計一二人が描かれている。それらの人々が熊野参詣の「道者」なのであった。

まず一番遠くにいる二人連れは侍《さむらいえ》烏帽子《ぼし》に白い浄衣姿である。後ろに従うのが荷物担ぎの従者であろう。*4 次の集団は、二人が頭巾《ずきん》に白い浄衣姿であり、後に従うのが侍烏帽子姿の二人の従者らしい者達と坊主姿に見える少年である。古記録によれば、熊野参詣のスタイルは白い

●図3――『一遍聖絵』巻三より，一遍らが熊野権現に出会う場面

浄衣の山臥姿と決まっていたようであるから[*5]、これらの画像は、そのような熊野参詣の道者姿を典型的に描きだしていると見てよいだろう。第三の集団は、かの僧の背後に描かれているので、一寸見には、熊野権現に従っている者達に見えようが、しかし、詞書には特にそのような記載は見られないので、これまた道者の集団と見てよいと思われる。

　すると、こちらの集団は実に興味深いスタイルであることに気付く。すなわち、先頭の二人は、いずれも市女笠に虫垂絹《むしのたれぎぬ》を垂らした姿であるが、その虫垂絹は異様な程長く、足元まで垂れている。その後には一人、これまた市女笠に虫垂絹を下げているが、こちらの方は短く、胸の辺りまでしかない。そして後の二人は坊主頭の従者であるらしい。この市女笠のスタイルについては、後で比較検討することにして、ここではこの一行が女達の熊野道者姿であろうことを指摘する

に留めておく。なお、二人の従者が坊主姿であるのは、この一行が女達だけの道者であること
に関係あるのではあるまいか。

さて、いよいよこの段のクライマックスである第五の場面（図4）に入るとしよう。そこは、
熊野本宮の社殿の場面であり、そこには実に多くの道者達などが描き込まれている。

詞書には、

この事思惟するに、故無きに非ず、勧進の趣冥慮を仰ぐべしと思給て、（a）本宮証誠殿の御前にして、願意を祈請し、目を閉ぢて未だ微睡まざるに、御殿の御戸を押し開きて、白髪なる山臥の長頭巾掛けて出給ふ。（b）長床には、山臥三百人許り、首を地につけて礼敬し奉る。（c）この時、権現の御坐しましけると思給て、信仰し入りて恩坐しけるに、彼の山臥聖の前に歩み寄り給ての給はく、融通念仏勧むる聖、いかに念仏をば悪しく勧めらるるぞ。御房の勧めによりて、一切衆生初めて往生すべきに非ず。阿弥陀仏の十劫正覚に、一切衆生の往生は南無阿弥陀仏と決定する所也。信不信を選ばず、浄不浄を嫌はず、その札を配るべし、と示し給ふ。（d）後に目を開きて見給ければ、十二、三許りなる童子、百人許り来りて、手を捧げて、その念仏受けむ、と云ひて、札を取りて、南無阿弥陀仏と申て、何処とも無く去りにけり。

とある。この（a）～（d）の詞書に対応する光景は一目瞭然であろう。中央には、長頭巾に

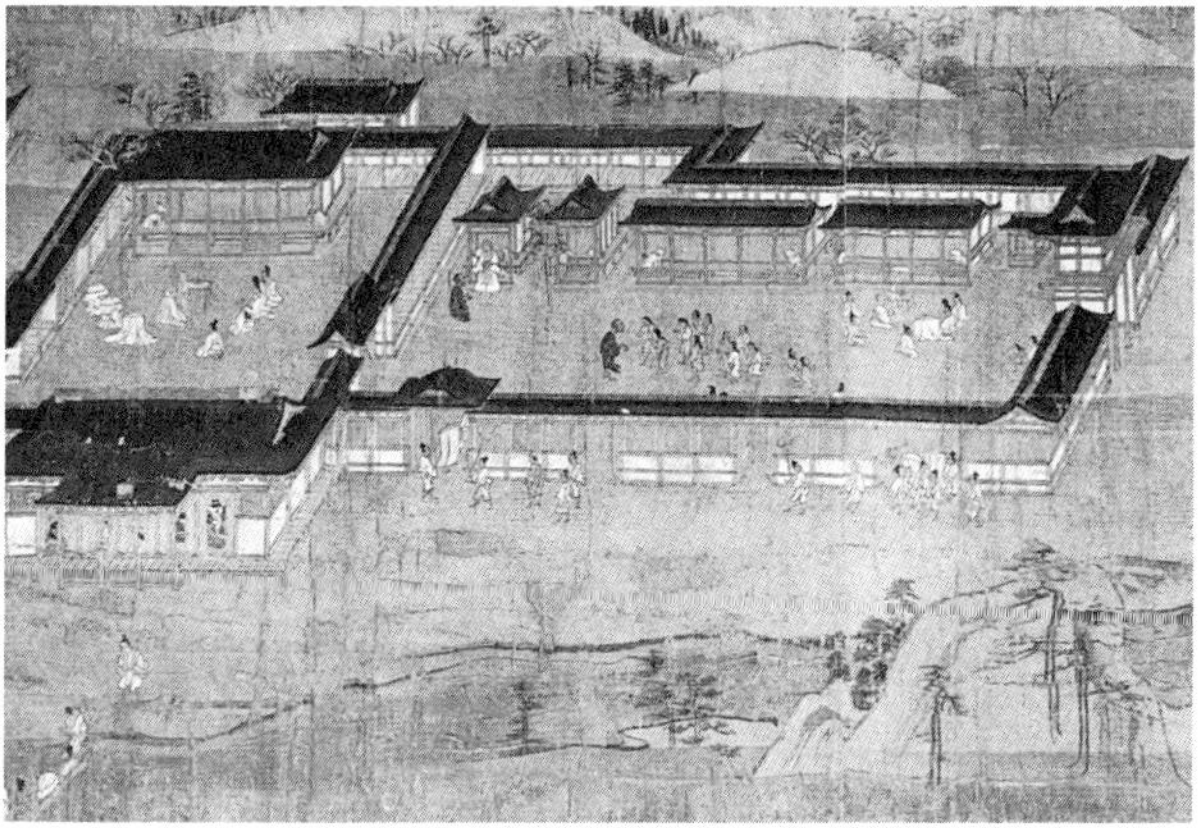

●図4――『一遍聖絵』巻三より，熊野本宮の場面

袈裟をつけた山臥《やまぶし》姿の権現と一遍が向かい合っているところであり、その右には一遍と札を貰いにきた童子達の姿が描かれている。

あとは、この小稿での関心である道者姿と柿衣の山臥達ばかりと言ってもよかろう。熊野本宮の社殿は二つに分かれている。左（西）の方には、結宮（西御前）と速玉宮（中御前）の二柱をまつる社殿があり、その前では僧綱襟の浄衣の僧が御幣を持って拝んでおり、その僧を囲んで七人の道者達が座っている。向かって右には立烏帽子《たてえぼし》の人を中心に四人の男達がおり、左には例の市女笠に虫垂絹を垂らした三人の女達が並んでいる。さすればこの一行は女連れで遥々参詣にやってきたに違いない。

右の方では、これまた僧綱襟の僧が御幣を持ち拝んでいる。そちらは、向かって右に立烏帽子の男と市女笠に虫垂絹の女が並び（彼等は夫婦であろうか）、その両横に侍烏帽子の男が二人いる。左には、女を中にして三人が並んでいる。

回廊の外には、二組の参詣の道者達が社殿に向かっており、岸には更に二隻の船が着岸しているところで、その船にも道者の姿が見える。

こうして、この巻三―第一段の画面には、実に多くの熊野の道者達の姿が描き出されているのである。

では、同じく一遍の熊野参詣の場面を描いている『遊行上人縁起絵』では、どのような道者姿を見ることが出来るであろうか。『一遍聖絵』の他の場面に移る前に、そちらの絵巻における熊野参詣の場面の検討を行っていくことにしたい。

『遊行上人縁起絵』は、甲・乙・丙の三つの系統に分類されているが、その内で、ここでは乙本の山形の光明寺本と甲本の神戸の真光寺本を利用したいと思う。[*6] 図5は、光明寺本の一遍の熊野参詣の場面である（『新修日本絵巻物全集』第二三巻三七ページ）。また図6は、真光寺本の同じ場面である（同巻、オフセットカラー1）。『遊行上人縁起絵』の詞書は極めて簡単だが、次のような内容である。

建治二年の夏、熊野へ参詣し給。（中略）かくて次第に詣給程に、律僧の行逢けるに、聖勧云、一念信をおこして、南无阿弥陀仏と唱て、此算をうけ給へと。僧答て云、只今一念の

●図5——『遊行上人縁起絵』(光明寺本) 巻一より,一遍が熊野参詣の途中で僧に出会う場面

●図6——『遊行上人縁起絵』(真光寺本) 巻一より,一遍が僧に出会う場面

信心おこり侍らす、うけは即妄語なるへし、とて承引せす。然にこの僧念仏をうけは、若干の道者同くうくへかりける間、念仏勧進の方便のために、必信心おこらすとも、只南無阿弥陀仏と申て算をうけ給へし、といはれけるに、しからハとてうけゝれは、のこりの道者おなしく札をうけぬ。

このように、『一遍聖絵』ではただ「僧」とあったのが、ここでは「律僧」となっている位で大きな違いはなく、やはり「道者」達の存在が書かれているのである。画面を見ると、図5（光明寺本）の方では、時衆は一遍一人となり、律僧は二人描かれている。そして一遍の背後には、道者が約一二人、先頭の二人が山臥姿であり、後の方には市女笠に虫垂絹を垂らした女性が四人いる。律僧の背後には、計一四人、後の方には武装した者達が従っている。

図6（真光寺本）の方も、時衆は一遍一人、律僧は二人である点は同様である。そして、一遍の背後には、二二人の道者の一行が描かれている。内、九人は市女笠に虫垂絹を垂らした女性達であり、その中の一人は手輿に乗っているようである。また律僧の背後には、八人の道者が描かれている。こちらには、女性はいない。なお、そのいずれにも武装した従者が従っており、旅の安全を図っている訳である。

次に熊野本宮の社殿の光景であるが、これについては光明寺本（図7）と真光寺本共殆ど同じ構図であると言えよう。道者については、前者が一三人で、先頭には御幣を担いだ坊主と供

●図7――『遊行上人縁起絵』(光明寺本) 巻一より，熊野本宮の場面

え物を持った神人がおり、その後に二人の山臥姿の者が続き、一寸間を置いて三人の市女笠に虫垂絹姿がいて、最後に山臥姿も含めて六人程の者達がいる。それに対して後者では、市女笠に虫垂絹姿が五人となる点だけが異なる。

このように見てみると、熊野参詣の道者姿というのは、一定のスタイルをしていたことが絵巻物の画像によって明らかであろう。このような道者の画像の確認からは、次の二点を追跡したくなる。一つは、このような画像が絵巻物の世界のどのような場面に出てくるかということである。思わぬところで道者姿を見付けられないだろうか。もう一つは、女性の道者の特徴あるスタイルについて今少し確かめてみたいと思うのが人情というものではあるまいか。

そこで次には、まず女性の道者姿についての検討を試みることにしよう。

女性の道者スタイル

女性の道者スタイルの場合、まず注目すべきなのは、この画面を見るかぎりでは、そのスタイルには二種類あったと思われる点であろう。すなわち図8に認められるようなAとBのスタイルであるが、次のようにその特徴を整理出来る。

第一に、両者の共通点であるが、共に白い浄衣姿であり、旅に相応しい袴姿である。

第二に、両者の相違点であるが、誰しも気付くのは、市女笠と虫垂絹の違いであろう。Aのスタイルでは、市女笠が浅く、虫垂絹が膝の下辺りまで垂れている。それに対してBでは、市女笠は通常絵巻物に見られる深い型であり、虫垂絹も肩の辺りまでのものである。つまり、同じく女性の道者姿・道者スタイルとはいっても、この二つのタイプがあった訳である。この描き分けは『一遍聖絵』と『遊行上人縁起絵』の両方共に行っており、このような二タイプがあったことは確かであろう。『絵引』第二巻の七四ページにも、三島明神境内の光景の中でこの二タイプのスタイルに注目して、次のように説明を加えている。

興味深いのはかぶりもののいろいろで、虫垂にもいろいろの様式のあったことがわかる。左端の虫垂は深い市女笠についている。そしてその垂布はそれほど長くない。しかもこの市女笠の人は袴をつけていて一見男とも見られる。その右隣りの二人の市女笠は形は浅く、垂布が実に長い。このような市女笠を被った女は熊野参詣の場面にもかかれている。小幅の布を何枚も垂れ、それをつぎ、正面だけあけて前方が見られるようになっている。こうした笠は虫をよけるためのものというよりも一種の装飾といってもよいのではないかと思われる。そして虫をさけるというよりも顔をみられまいとする気持ちがつよくなっていたのではあるまいか。

ここでの問題点は、深い市女笠に短い虫垂絹の者（私のいうBタイプ）だけが袴をつけているかに記述されているのであるが、浅い市女笠に長い虫垂絹（Aタイプ）もまた袴をつけているのである。従って、その点での区別は付けられない。

●図8——『一遍聖絵』巻六（『絵引』）より，三島社に詣でる人々。左から二，三番目の女の道者がAのスタイル，左はしの女がBのスタイル

●図9——『道成寺縁起絵巻』より，夫婦連れの道者

第三に、今度は両者の関係である。私が見た限りでは、前者すなわち浅い市女笠に長い虫垂絹の方が、後者すなわち深い市女笠に短い虫垂絹姿よりも、身分的にかどうかは断定しにくいが、何等かの意味でより高い「地位」のスタイルであると思われる。その理由をいくつか挙げておこう。第一点は、図3（『一遍聖絵』）の、僧と一遍が出会ったところでは、僧＝権現の背後に二人並んでいるのはAのスタイルの足元まで虫垂絹を垂らした姿であり、Bのスタイルの者はあたかも従者の様に後に従っているのである。第二点は、図6（真光寺本）のそれと同じ場面において、手輿に乗っているのはただ一人、Aのスタイルなのである。第三点として、管見では、Aは単独では現われず、必ずその脇ないし背後にBを描く。それに対してBはAなしの画面に山臥姿の男と一緒にいるところが描かれている場合がある。つまりBの方がAより身軽な、何等かの意味でより低い「地位」のスタイルであると思われる。

つまりAのスタイルは、異様なまでに長い虫垂絹を垂らしたその姿からして、やはり限られた存在であったのではないだろうか。それに対してBは、最も一般的な女性の道者スタイルではなかったかと思われる。すなわちこのBのスタイルは、たとえば図9の『道成寺縁起絵巻』に見られる夫婦連れの道者のスタイルと一致するのである。更にこのスタイルは、熊野参詣曼荼羅に登場する女性の道者姿に連なっていくのである。

ところで最近、網野善彦氏は「童形・鹿杖・門前」（『新版絵巻物による日本常民生活絵引　総索引』）で、中世の女性の一人旅について触れられ、次のような議論を展開されている。

すなわち、絵巻物には女性の一人旅の姿がいたるところに現われていることに注目され、そこに登場する旅姿を、①虫垂絹のついた市女笠を被り、乗馬して、伴を連れた地位の高い女性の場合（『絵引』第三巻一五～一六ページ）、②市女笠を被り、袿を着て、掛だすきをかけ、脛巾をつけて草鞋《わらじ》をはいた女性（同第一巻五ページ）、③壺装束の女達（同第二巻七〇ページ）、④市女笠を被り杖をつく女性（同第二巻一三二・一三六ページ）、⑤壺装束で物詣での旅をする女性（同第三巻一八六ページ、第四巻一四八・二六七ページ）、⑥頭上に桶をいただく女商人（同第四巻二八三ページ）、⑦高下駄をはいて杖をつく盲女（同第三巻六五ページ）、などの姿を挙げられている。その内、②～⑤を普通の庶民の女性の旅姿とみてよいとされる。その共通点は、深い市女笠で全く顔を隠し、掛だすきをするスタイルであり、鎌倉末期以降、市女笠に頭巾をつけたり、手甲に近い指先だけだした手袋をはめるなどの服装の変化は見られるものの、軽装で女性達が盛んに旅をしている点は変わりないとする。こうした女性の旅姿を確かめた後で、網野氏独自の女性論が展開されるのだが、その点はここでは触れない。ここでの論点は、果して右のような共通点の指摘で良いのかと言うことなのである。私はそうは思わない。肝心な足元を忘れてはいないだろうか。

たとえば壺装束でも、旅姿とは限らないのであり、近くの寺社に参詣に行くのであれば、壺装束で行っても旅とは言うまい。『絵引』は、第一巻の五六ページで「壺装束は女の旅行時の服装で、市女笠をかぶり、小袖の上に広袖の袿を着、紐で短くたくりあげて結んでいる」と説明しているが、そこに描かれている壺装束すがたのきつねは草履《ぞうり》ばきなのである。旅は長期になればなるほど足元が肝心であり、このような草履姿を旅姿とは到底言えまい。壺装束の通常の説明では、中流以上の女性が徒歩で外出する時の服装なのであり、それを全て旅姿とするのは明らかに行き過ぎであろう。*7 ちなみに『絵引』の索引に挙げられている壺装束八例の内、草鞋をはいているのは三例だけである。このような足元に注目すれば、網野氏の挙げられた例のうち、③⑥⑦の例と⑤の一例が旅姿とは言えなくなるのである。従って、旅姿であるか否かは、少なくとも壺装束であれば、脛巾と草鞋に注目して判断すべきであろう。*8

また、網野氏の女性の一人旅の議論は、主として『絵引』の記述に依拠しておられるようなので、この小稿での女性の道者スタイルや巡礼などは抜け落ちてしまっている。それは止むを得ないことかもしれない。しかし、『絵引』第二巻は全て『一遍聖絵』によるものであり、そこには女性の旅姿としては不可欠であろう道者姿が数ヵ所に見られるのである。これは何も網野氏を非難するつもりではない。『絵引』の記述は、あくまでも一定の角度からの視線と関心によって記述されていることを銘記しておきたいのである。別に絵画史料だけには限らないのであるが、とりわけ絵画史料は、視線・視角の違いによって様々な事柄・様相が読みとれるのであり、視点と問題の所在がはっきりしたら、『絵引』の記述にとらわれることなく『絵引』全体の見直しを行なう必要がある訳である。もちろん、更に個々の絵巻物の検討に向かうことは言うまでもあるまい。

それにしても、女性の旅一つをとっても簡単にはいかないだろう。何故なら、それがどの程度の旅であるのかを、そしてどのような目的の旅なのであるかを検討することなく、女性の旅を明確に論じることは極めて難しいことではあるまいか。私は、女性の旅をめぐる深い議論の前に、まずはこのような道者スタイルの確認から出発したいと思う。

そこにも道者姿がいた

このように『一遍聖絵』や『遊行上人縁起絵』を眺めていると、そこには白い道者服姿の人々の一群が描かれていることが確認できた。かくして確実な画像としての熊野参詣の道者姿を確認した後で一連の絵巻物を見て行くと、思わぬところに道者姿を見出すことが出来る。今度は、そのような道者スタイルの人々が登場する他の画面を追って行くことにしたい。

図10は、伊予国の菅生の岩屋の場面である（『日本絵巻大成』別巻四一ページ、『絵引』第二巻一六一ページ）。この部分は傷んでいるのではっきりとはしないが、そこには白色浄衣の人物達八人が拝んでいる。また、岩山の上の鎮守の前にも、白い浄衣の男が一人拝んでいるのが見える。

●図10——『一遍聖絵』巻二より，菅生の岩屋の場面

これらの人々は、観音の霊地である菅生寺に参詣にやってきたのであろう。彼等の中には、Aタイプの市女笠に長い虫垂絹を垂らした女性が一人とBタイプの市女笠に短い虫垂絹の女性が二人混じっている。詞書には、「又、土佐国の女人なり。観音の効験有ると聞きて、かの巌窟に籠り、五障の女身を厭離せむ為に、経典を読誦しけるが、法華三昧成就して、飛行自在の身を得たり」とあるように、この地は女性の参詣が認められているところであった。*9

図11は、図8の全景にあたり伊豆の三島大明神の境内である（同一五〇～一五一ページ）。この場面については、既述したように『絵引』第二巻七四ページに、図版と説明がある。そこには、鳥居を入って本殿に向かう人々の姿が描かれており、橋の上にはAタイプとBタイプの服装の人物がいる。問題は、この人物達が何人連れであるのかだが、一応七人連れではないかと考えたい。まず道者姿の中心にはAタイプの女性が二人とその脇にBタイプの女性が一人いる。A

タイプの女性の両脇には侍烏帽子の男が二人おり、末尾には白い浄衣の山臥姿が立っている。先頭は、橋のたもとで二人の立烏帽子の神主と話をしている、侍烏帽子に浄衣姿で手には扇を持っている男であろう。もとより推測に過ぎないが、そのように見ておく。

図12は、天王寺境内の場面である（同五二ページ）。今しも鳥居を潜っている三人の白い浄衣姿に注目したい。その中の二人は、明らかにBタイプの女性道者の姿である。その後の馬をひく男も白い浄衣であるから、或いは四人連れではなかろうか。こうした天王寺境内における道者姿は『遊行上人縁起絵』にも見られる。光明寺本（図13）と真光寺本がそれである。図13には、五人連れの浄衣姿が見られる。二人はBタイプの女性道者スタイルであり、後の三人の中の二人は侍烏帽子を被っている。真光寺本は、四人連れであり、前を行く二人はBタイプの女性道者であり、後には侍烏帽子の二人の男が続いている。『一遍聖絵』・『遊行上人縁起絵』のいずれも、詞書にはこうした道者に関係ある記述は一切ない。従って、このような道者達は天王寺の光景の中の不可欠ないしはポピュラーな姿なのであり、天王寺の境内らしさを出すために描き込まれたのではなかったか。ともかく、天王寺は道者姿がよく見られる場所であったようである。

図14（『一遍聖絵』一八六〜一八七ページ）は、京の四条京極釈迦堂での踊り念仏と一遍が肩車に乗って人々に札を配っているのを見物している人達の姿の一部である。見ると、画面の下の部

●図11――『一遍聖絵』巻六より，三島社前の光景

●図13――『遊行上人縁起絵』（光明寺本）巻四より，天王寺境内の道者たち

●図12――『一遍聖絵』巻二より，天王寺境内の図

分には、見物人の中にBタイプの女性道者姿が二人見られるではないか。思わぬ場所に道者姿を見出すことが出来る。

このように『一遍聖絵』・『遊行上人縁起絵』の何れでも同一の画像としての道者姿を、様々なところで見出すことが可能なのである。

こうした道者姿は、旅人の姿を最もよく描いているこれら一遍の絵伝以外にもやはり見ることが出来る。その代表的な画像が一三世紀半ば頃の作品とされる『西行法師物語絵巻』の一場面であろう。図15がそれである（『日本絵巻大成』第二六巻、四五ページ）。紀伊国千里の浜の光景であり、馬に乗った熊野参詣の女道者の姿が鮮やかに描き込まれている。この恰好は『一遍聖絵』などで見てきた白い浄衣（山臥）姿に深い市女笠と短い虫垂絹であり、Bの典型的なスタイルなのである。その他にも、たとえば『長谷寺縁起』（『社寺縁起絵』二六六ページ）におけるBのスタイルで、やはり山臥達と一緒に描かれている。そこでも、道者は基本的には山臥姿であり、白い浄衣であった。またもう一例を挙げると、『真如堂縁起』（『社寺縁起絵』二〇六ページ）にも、Bのスタイルの女性が描かれている。こうして中世の最もポピュラーな参詣の姿の一つとして、道者姿を認めることができよう。

但し、もとより寺院や堂への参籠・参詣については、このようなスタイルではない。その点を幾つかの参籠風景で示しておこう。

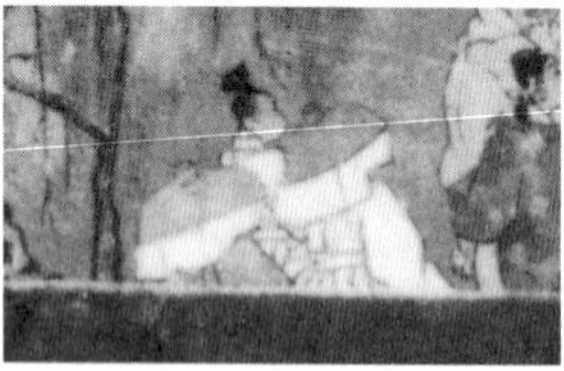

●図14――『一遍聖絵』巻七より，京の四条京極釈迦堂に集まる人々。画面下の木の下に二人の女性道者がみられる（拡大図）

●図15――『西行法師物語絵巻』より

すなわち次の場面（図16）は、『石山寺縁起』の巻二―第一段（『日本絵巻大成』第一八巻一五～一六ページ）であり、人々はそれぞれ思い思いの姿勢で何やら祈願をしているが、その服装に注目すれば、そこには一人も道者姿を見ることはない。同絵巻の他の参籠の場面（巻四―第六段、巻五―第一段・四段）でも同様である。また、『善信聖人絵』上巻―第二段の六角堂の参籠の場面

●図16――『石山寺縁起』巻二より，石山寺に参籠する人々

（『新修日本絵巻物全集』第二〇巻、オフセットカラー3）や『融通念仏縁起』上巻―第五段の鞍馬寺の参籠の場面（『続日本絵巻大成』第一一巻四〇・四一ページ）などにも道者姿は見られない。

このように見てくると、白衣の道者姿は、先達に導かれての参詣、特に熊野参詣などにふさわしい姿であったらしいのである。

ついでにもう一つ指摘しておこう。それは徒歩以外の旅についても独自に検討すべきなのである。女性の輿に乗っての旅は『粉河寺縁起』の場面（第五段、『日本絵巻大成』第五巻五一ページ。なお『絵引』第三巻五ページは、長者の娘が乗馬したと記述しているが、これは誤りである）や『春日権現験記絵』の巻一三―第一段（『続日本絵巻大成』第一四巻八二～八三ページ）の場面、そして『石山寺縁起』の巻三―第三段の場面がある。

いずれも供の女は乗馬している点が注目されよう。つまり、『春日権現験記絵』では、二人の供の女が袴を着けて馬に乗って従っており、一人は靴をはき、もう一人は草鞋ばきである。『石山寺縁起』の菅原孝標女の乗る輿に従う供の女も乗馬姿である。単独で乗馬しているのは『信貴山縁起』の尼公の場合の他にはあまり見られないのではあるまいか。つまり乗馬の場合、『石山寺縁起』や『春日権現験記絵』の例のように、輿に乗る女主人の供のためであることに注意したい。しかし、多くはこれから明らかにすべき課題である。

巡礼姿の登場

以上のような道者姿に対して、中世後期の宗教的な旅姿として際立ってくるのはやはり巡礼の姿である。

巡礼についての概括的知識は、平凡社『大百科事典』の「巡礼」の項を一覧するのが便利であろう。そこでは、

日本では、順礼とも書き、西国、坂東、秩父などの三十三観音巡礼や四国八十八ヵ所巡拝のように、巡る寺々ばかりでなく、その順序まで番号順に定まっているものから、日本全国六六ヵ国の代表的聖地に、法華経を一部ずつ奉納する六十六部のように、巡拝のコースはもちろんのこと、対象となる神社寺院さえもはっきりとは決まっていないものまで、さ

まざまな巡礼がある。さらには、とくに巡拝地を定めず、単に各地に散在する聖地を巡り歩く、巡礼霊場としてのまとまりをほとんどもたない巡拝にも、古くから〈巡礼〉のことばが使われてきた。

として、巡拝する聖地の性格から、①本尊巡礼、②祖師巡礼、③名跡巡礼の三つに分類されている。そして、

巡礼装束としては白い行衣に笈摺を着、笠、杖を持つという姿が一般的である。杖は上端に五輪塔をかたどったものが多く、途中で行き倒れたときには仮の墓標とされることもあった。また四国遍路では杖は弘法大師自身といわれ、巡礼はこれを非常にたいせつにとり扱う。杖や笠に〈同行二人〉と記すのは、つねに弘法大師と二人連れという意味で、この考え方は四国遍路に始まったと考えられるが、のちには巡礼一般に広まった。また笠には〈迷故三界城、悟故十方空、本来無東西、何処有南北〉と書く。この文言は真言宗や禅宗の葬儀で棺や天蓋に書く四句の偈で、死装束にもなる白衣や杖とあわせて巡礼者の死を象徴している。

とされる。

それではこのような巡礼は一体何時ごろから、そのポピュラーな姿を見せるようになるのであろうか。少なくとも鎌倉時代の絵巻物にその姿を見出すことはない。南北朝期にもやはり見

出すことが出来ない。その特徴的な画像＝姿はやはり室町時代、それも後半になると俄然、絵画史料上に出現してくるのである。それは実に絵画史料に一斉に登場してくるという印象を与える。

たとえば、『三十二番職人歌合』は室町後期の歌合であるが、その七番左には高野聖、右には、図17（『新修日本絵巻物全集』第二八巻四七ページ）のような、杖・笠・柄杓《ひしやく》と巡礼札を側に置いて休んでいる巡礼の姿が描かれていることは余りにもよく知られている。その歌とは、次のようなものである。

七番

左

たかのやま修行せぬまも宿かせと坊をうかれて花やたつねむ

右

おいすりに花の香しめて中いりの都の人の袖にくらへん

その特徴を見ると、まず第一に指摘しなければならないのは、この歌にもあるような彼等の笈摺姿である。*10 すなわち背中に「三十三所巡礼同行三人」と書いた笈摺が何と言っても巡礼姿を印象付けるものである。第二には、その笠と杖そして腰につけた薦《こも》であろう。また物乞いに必要な柄杓もある。これらを身につけた姿が室町末期に急激に現われてくる訳である。

●図17――『三十二番職人歌合』より，七番「高野聖」と「巡礼」

●図18――『釈迦堂縁起』巻五より，門前で物乞いする巡礼

その巡礼姿は、室町後期の絵巻物などに実に頻繁に登場してくる。たとえば『釈迦堂縁起』は室町後期の作品とされているが、そこにも図18のように門前で物乞いする巡礼二人の姿が描かれている。また、町田本を始めとする洛中洛外図屏風の中には不可欠の登場人物として、極めて多くの巡礼達が描きこまれていることはよく知られている。たとえば町田本では、私の見ているのが良質の図版ではないので正確ではないかも知れないが、左隻二ヵ所と右隻三ヵ所に計九人の巡礼を描き、上杉本(『標注洛中洛外屏風　上杉本』による)では、一四ページ右下(三人?)・二二ページ上部(二人)・三〇ページ右下(二人)・三八ページ右下(一人)・四四ページ右(二人?)・五一ページ左下(三人)・五三ページ中央(三人)・七五ページ中央(一人)・一〇七ページ中央下(八人)・一一二ページ左下(二人)・一二二ページ中央下(二人?)の、以上一一ヵ所、約二六人の巡礼姿を描き込んでいる。こうして巡礼は、一六世紀の初頭ないし前半には、京の風景のポピュラーな姿となっているのである。その後の洛中洛外屏風でも同様であり、八坂神社本や守護家本では女の巡礼を描いている。

また、四条河原図・京名所図・東山名所図・東山遊楽図・三十三間堂図など様々な屏風絵の中にも、巡礼姿はいわば不可欠な画像として描き込まれているのである。

このような巡礼姿の有無は、その絵画史料の成立年代を推定する有力な材料となるといえるくらいなのである。

反対に、もはや道者姿は洛中洛外図では見られない。それは存在しなくなるのではないだろうが、しかし、描かれなくなるほどに比重が低下していくのであろう。熊野那智参詣曼荼羅の諸本を見るとき、聖地那智山の光景の中に登場する参詣者の姿は、道者よりも巡礼の方が多い。かくして中世末期になると、道者姿の減少と巡礼姿の急激な増大が極めて明瞭に絵画史料に現われてくるのである。

新城常三氏の大著『新稿社寺参詣の社会経済史的研究』は、中世〜近世の宗教的な旅を考える際の最も基本的な成果であるが、その第三章中世参詣の諸相の第三節巡礼の記述では、明応・永正前後（一五世紀末〜一六世紀初め）に集中する巡礼札の残り方などを指摘されながら、ほぼ一五世紀の末期から一六世紀の初頭が、俗家（民衆）による西国巡礼・六十六部・四国遍路の展開の画期であるとされているように思われる。そうであれば、こうした絵画史料上での巡礼姿の急激な登場という此処での論旨は氏の推定と一致するであろう。

もとより、民衆の旅姿のイメージを多面的に明らかにすることは、これからの課題である。中世末期に登場する旅姿だけを考えてみても、確かめるべき課題は実に多い。たとえば一六世紀初頭以降の女性の寺社参詣の画像を見ていると、その被っている市女笠は、それ以前の絵巻物に描かれているのとは随分異なる形をしているのである。そのことは、『真如堂縁起』のような絵巻物から『物くさ太郎』のような御伽草子、そして洛中洛外図のような風俗図屏風の類、更には寺社参詣図に至るまで共通する。このような物やスタイルの変化が実際上の変化かそれとも描法上の変化なのかを明らかにしなければなるまい。また、六十六部の画像なども寺社参詣図その他に登場するが、その検討も今後の課題となろう。こうした民衆の様々な旅姿の視覚的解明を、新城氏の豊かな成果に学びながら進めたいものである。

注

＊1――戸田芳実「院政期熊野詣と公家領荘園」（『中世日本の歴史像』所収）・同「古道踏査と中世史研究」（『日本史研究』二三三号）・同「歩いて学ぶ歴史」（『新編日本史研究入門』所収）・同『中右記―躍動する院政時代の群像―』など、一連の仕事が蓄積されつつある。

＊2――この『絵引』の説明が常民生活史に視点を置いているのは当然であり、旅、それも宗教的な旅についての解明は、むしろわれわれ後学の担うべき仕事なのであろう。

＊3――この場面について『絵引』第二巻一四二ページは、熊野川をさかのぼる川船についての説明を加えている。

＊4――『絵引』第二巻一三〇ページは、「神職の神詣姿であるが白い水干を着て烏帽子をかぶり、おなじく水干を着た従者をつれている」とする。意見を異にするところである。

＊5――たとえば『長秋記』大治五年一一月二七日条に「山臥装束事仰付也」、同一二月一日条には「女院山臥装束調備」とあり、『本朝世紀』康治二年閏二月五日条に「法皇白布御浄衣、同

頭巾、絹小袈裟、令持御杖給、上皇白生絹御浄衣、狩衣、袴、脛巾、藁履、御杖等」とある。このように男も女も白の浄衣姿となっているのである。

＊6——宮次男氏の分類である。同氏の「遊行上人縁起絵の成立と諸本をめぐって」・「宗俊本遊行上人縁起絵諸本略解」（『新修日本絵巻物全集』第二三巻『遊行上人縁起絵』所収）、「一遍上人絵詞伝」（至文堂、日本の美術五六号『一遍上人絵伝』）を参照されたい。なお、角川源義氏は「時衆文芸の成立」（『新修日本絵巻物全集』第二三巻所収）で若干異なる分類を示されている。

＊7——壺装束について、たとえば小学館『日本国語大辞典』では「平安時代から鎌倉時代頃にかけて中流以上の女性が徒歩で旅行または外出するときの服装。小袖の上に、小袿または袿を頭からかぶって着、紐で腰を結び、衣の裾を歩きやすいように折りつぼめて手に持つか、または手でからげて持ち歩き、垂髪を衣の中に入れ、市女笠を目深くかぶるもの」と説明している。

＊8——道者姿の条件も、当然のことながら、この草鞋と脛巾などを含めて考えるべきであろう。『絵引』では、草鞋は一一五ヵ所、脛巾については五三ヵ所以上のページで見ることができる（『絵引』索引参照）。

＊9——四国遍路の第四十五番の札所となっている。武田明『巡礼と遍路』（三省堂選書）などを参照されたい。

＊10――笈摺については、小学館『日本国語大辞典』では、「巡礼などが、着物の上に着る単（ひとえ）の袖なし。羽織に似たもの。笈（おい）で背中が擦れるのを防ぐものという。左、右、中の三部分から成り、両親のある者は左右が赤地で中央は白地、親のない者は中央に赤地を用いる」とする。但し、絵画史料上で見られる巡礼で笈を背中に担いでいる者はいない。

「場」を読む

春の年中行事

『年中行事絵巻』は実に興味深い絵巻物である。私の勤務先の図書館にも三冊備えられているが、大抵は皆借りだされている。その理由の第一は、歴史研究という職業柄、さまざまな行事を調べることが多いためである。古文書や古記録に書かれているそれが、どのようなものであるのかを確かめるには、やはりビジュアルな絵巻物を見るにしくはない。そして、そのような作業にとって『年中行事絵巻』は実に役立つ。第二の理由は、『年中行事絵巻』に描きこまれている人々の多様で魅力的な姿を眺めて楽しみたいというような、その画面展開に対する個人的な関心・興味に由来するものであろう。この絵巻物に対する皆の関心・興味はおそらく実に色々であり、私などの想像を越えているに違いない。

これから述べようとしていることは、勿論後者の関心からであるが、まずはこの絵巻の簡単な紹介から始めよう。

『年中行事絵巻』は、もとは六〇巻であったとされ、平安末期に制作されたものであった。

絵は常盤源二光長、詞書は宰相入道藤原教長の執筆とされている。残念ながら、その原本は残ってはいないのであるが、住吉如慶・具慶父子の制作した模本一六巻（田中家所蔵住吉模本）が残されており、その他にも一〇種類以上の模本が存在する。だが、何と言っても住吉模本が最良であり、ここでもそれを図版として利用しよう。

なお、『年中行事絵巻』の全体を見たい場合には、二種類の絵巻物集によって見ることができる。ひとつは『日本絵巻大成』（中央公論社刊、以下、このページ数だけを記す）で、オールカラーで見ることができる。『新修日本絵巻物全集』（角川書店刊）もまたみやすい図版である。

ここでは、年中行事の全てを紹介する訳ではない。そのうち春の年中行事における民衆の姿を中心に眺めることにしたい。

子供と「童」

朝廷の新年の行事は、まず元日に、四方拝・供御薬・供御節供・朝賀・小朝拝・元日節会・内侍所御供が行われ、翌二日に、二宮大饗そして朝覲行幸が行われる。朝覲行幸は、天皇が、父母たる上皇・皇太后の宮に行幸して拝賀するものであり、『年中行事絵巻』には、その出発から、行列の有様、そして到着から舞御覧にいたるまでが描かれている（『大成』二～一一ページ）。

この画面を見るかぎり、京の民衆にとって朝覲行幸の行列は見物《みもの》であった。その行列は、現在の整然たる行進と比べればいささか雑然とし、また断続的に続く体《てい》のものであったが、おそらくそのようなどんなハプニングが起こるかも判らぬ雑然さと断続性をも楽しみにして、見物していたに違いない。帝都の民衆にとって、それは春を告げるパレードであった。

そのような行列と見物人達の姿で最初に目に付くのは、男達の烏帽子《えぼし》姿であろう。日本中世というのは、いわば「被りものの時代」ともいうべきで、一人前の大人になることは、烏帽子を被ることによって象徴されたのである。近世社会への発展は、そのような被りものの時代から時代劇で馴染みの深いあの無帽の時代への変化として視覚的に見極めることが出来るくらいなのであった。

この烏帽子に注目すると、逆にそれを被らない人々が目についてくる。女達は勿論だが、それ以外に視野に入ってくるのは、やはり子供と童子姿であろう。

このような書き方をすると、子供と童子は違うのかと思われるであろう。その通りなのである。中世社会では、まず第一に、子供は決して「人」とはみなされなかったのである。彼等は「童《わらわ》」と呼ばれ、何段階もの成長儀礼を経て徐々に「人」に近付いていく存在であった。性別の点でも、「人」だけが男と女なのであって、「童」は基本的には性別区別もない状態から、成長過程で徐々に男と女の区別を服装や髪型で身に付けていくのである。このような「童」達は、勿論、このパレードを眺める見物人達の中に生き生きと描き込まれている。ある子供は、母親にすがり付き、またある子供達は父や母の膝の上に座って楽しげに行列を見ている。もっと活発な子供達は、正月のゲームである毬杖《ぎっちょう》を肩に担いで駆け回っている。

こうした「童」すなわち子供達については、二つの点に注目しよう。ひとつは、彼等が裸足であるという点である。太陽暦で言えば二月の初めの寒さの中での裸足姿に、彼等のたくましさを感じてもよいのではあるまいか。もうひとつは、全ての子供がではないが、額に三角の黒い布切れを付けているのがわかるだろう（図1）。これは額烏帽子といって、こうした晴れの時には、まだ「童」であっても、このようなものを額に付けることが行われていたことを示している。この額烏帽子を付けることの意味はよくわからないが、子供達は、それを付けることで一時的に「人」と同じ存在として扱われるということもあったのではないだろうか。

この裸足の子供＝「童」とは別に、この行列に注目すれば、その中に、多くの童子姿を見ることができる。中世社会では、「稚児」・「童子」などの少年姿の存在がいて、彼等は、「人」に混じって様々な仕事に従事していた。「稚児」は一定の年齢に達すると出家得度するから、いわば僧になる前段階の存在であるが、「童子」は違う。同じく正月の御斎会の行道の場面を見れば、その左右の末尾には一〇人近い「堂童子」達が描かれている（図2）。その中には老人やかなり年配の「堂童子」がいるのが判る。また、牛飼童も、生涯「童子」姿であった。絵巻物

●図１――『年中行事絵巻』より，朝覲行幸の行列を見物する人々。下方に毬杖を持つ子供や，額烏帽子をつけた童がみられる（拡大図）

●図２――『年中行事絵巻』より，御斎会の場で堂童子たちがたむろする場面

を見ると、そのような年老いた牛飼童の姿を沢山見ることができる。

中世社会ではこのように、「童」・「童子」姿が一種の身分を表し、その姿は、特定の職能と結び付けられて生涯固定化されていたのである（網野善彦「童形・鹿杖・門前」参照、『新版絵巻物による日本常民生活絵引　総索引』所収）。

顔を隠して見る作法

さて、再び絵巻物に目をやると、見物の仕方に気になるものが見える。それは、蝙蝠扇《かわほりおうぎ》の骨の隙間から覗いているからである（五・一六・二〇・七七ページなど）。このような蝙蝠扇の骨の間から見ることにまず注目したのは『新版絵巻物による日本常民生活絵引』であった。それによると、五つの例が挙げられて、①男の風習として扇の骨の間から物を見ることが行われていたこと、②そうすれば何か悪霊などがつかぬと考えられたのではないかという二点が指摘されている。その見解を発展させたのが網野善彦氏の「扇の骨の間から見ること」（『民具マンスリー』）で、そこでは、何等かの異常な出来事に遭遇した時、そのような出来事を見ることで穢れないようにするために、そのような行為がとられたのではないかとの説が出されている。

しかし、この説は、残念ながらそのままでは成り立たない。何故なら、この『年中行事絵巻』を見れば、①女性もまたそのようにしている場合が描かれているので（一六・二〇ページなど)、男だけということは出来ない。②朝覲行幸など、格別異常ではない、というよりむしろ公的な行事である行列などを見る際にも、このように蝙蝠扇の骨の間から眺めているからである(五・七七ページ)。そのような例は、他の絵巻物にも沢山あり、恐らく両者の説は成り立つまい。

では、どのように考えるべきであろうか。今のところこれといった成案はないが、やはり、場や出来事の異常さに、その行為の原因を求めるべきではないと思われる。むしろ、日本中世社会における顔を隠す行為のひとつとして考えるべきなのであろう。人に顔を見せずに何かを見る行為として扇の骨の間から見ることが行われており、それは普通は男の行為であったが、女性でも袖で顔を隠さず、同様に扇で顔を隠して、その骨の隙間から見ることがあったのである。

しかし、そのような行為は誰でもしている訳ではなく、主として人品卑しからぬ人物がしているようである。とすれば、一定の身分以上の男や女は、場所や時間あるいは出来事によって、見物してはならないものがあり、そのような場合に顔を蝙蝠扇で隠して、骨の間から覗いたのではないだろうか。たとえば、『法然上人絵伝』の巻一〇には、狩衣姿の男が、近付いてくる市女笠の女性の顔を、やはり扇の骨の間から覗いている例があり、その場合には、女性の顔を覗いている自分の顔と視線を隠そうとしたのではないかと、今のところそんな風に想像している。

ところで、『年中行事絵巻』には、天皇や貴族達だけの行事を描いているのではなく、民衆もただ見物だけしているのではない。たとえば三月の鶏合（闘鶏）などは、とある神社の境内で行われている民衆の闘鶏が描かれている。そこには、文字通り老若男女の貴賤が集い、額烏帽子の子供達がふざけまわり、そして蝙蝠扇で顔を隠して見物する人もいる（図3）。春の京の楽しげな光景と言うべきであろう。このように、この絵巻は、帝都の『年中行事絵巻』というべきなのである。

●図3――『年中行事絵巻』より，闘鶏を見る人々。二人の男女が，扇の骨の間から見ている

さて、『年中行事絵巻』には、そこに展開する行事それ自体の季節感が横溢していると言えようが、最後にふれておきたいのは樹木である。朝覲行幸の行列が進む大路に面した家々には、門松《かどまつ》が立てられている。これは民間のものであり、貴族にはこのような習慣はなかった。この門松が初春らしさを象徴する樹木であること、現在と同じであり、自然に正月の風景であるこ

とを納得できるのであるが、私には、もう一つ印象深い場面がある。それは、朝覲行幸における後白河上皇の宮に咲く紅梅と白梅の花の色のあざやかさであり（六・七・一〇・一一ページ）、これこそ漸くやってきた春を見事に実感させてくれる描写と言うべきであろう。

市の光景

鎌倉時代の、というより中世のと言ってもよいのであるが、市・市庭を描いた絵は極めて少ない。そんな中で『一遍聖絵』には二つの市が描かれ、それぞれ市日の市と、市日以外の日の市の光景を示す画面として有名である。日本史の教科書には、そのどちらかが載っていると見てまず間違いあるまい。しかし、「絵を読む」という関心から、この対照的な画面を検討した作業は、殆どないのではないか。ここでは、そのような視点から、二つの市の光景を読んでみることにしたい。

備前福岡の市

まず図1は、備前福岡の市（巻四―第三段）である。鎌倉末期の市日の光景を描いている希有な画面として余りにも有名であろう。福岡の市は、画面を見るかぎり、わずかに五宇の市庭在家しか描かれていない。この五宇の仮屋以外にも市屋があったと思われるが、その点はわから

ない。今川貞世の『道ゆきふり』には、「其日はふく岡につきぬ。家ども軒をならべて民のかまどにぎはひつつ。まことに名にしおひたり。それよりこなたに川あり。みののわたりといふ」[*1]とあり、南北朝時代には既に発達した町になっていたようである。とすれば、鎌倉末期から南北朝期の経済発展はやはり目覚ましいものであったのであろう。

ただし、ことは簡単ではない。つまり備前福岡の市は、鎌倉末期のこのわずか五宇の市屋から出発して、『道ゆきふり』が描いたような南北朝期の町へとなっていったのではないだろうということである。すなわちこの市屋は、あくまでも市の立つ日の施設であって、福岡の町自体は、その近くに既に街村的に存在し、普段の商工業はそこで営まれていたのではないだろうか。

この市は、画面を見ると、左下の部分に舟着き場があり、そこには二隻の小舟が描かれてい

●図1――『一遍聖絵』巻四より，備前福岡の市の図

る。その内の一隻には男がひとり、丁度、市で売る品物を降ろそうとしているように見える。このような描写からすれば、この市の立地しているところは、河原である。舟着き場のそばの畠の垣根も極めて低いものであり、たとえば『新版絵巻物による日本常民生活絵引』（以下『絵引』と略す）第二巻五〇ページに見られる河原の畠の、石や低い木の枝をさした垣根と共通する。この市庭が立地するのは、あくまで洪水に遭いやすい河原の地であった。とすればこの地に、一世紀もたたないうちに『道ゆきぶり』に描かれるような町屋が出現したとは一寸考えがたいのである。むしろ、絵には描かれていないが、鎌倉時代にはその付近に、街道沿いの街村的な町屋が存在していたと見るべきではあるまいか。今のところ私としてはそのように考えておきた

い。

ところで市屋に注目すると、画面の左上の市屋は、布・織物を商いしており、その右の市屋では、米や魚・鳥などの食料を売っている。衣料や食料が市の主要な商品である点は、これによって明らかであるが、その描きかたに注目すれば、布・織物の市屋と米・魚鳥を売る市屋とは別になっており、市では取引する品物によって市屋を異にするものであったと見られる。また、『西行物語絵巻』（『絵引』第三巻六〇ページ下図）の年の暮れの行商人の描写にもみられるように、この市でも魚と鳥は一緒に売られている点が興味深い。丁度、女が魚を買いもとめており、売り手の男が、まな板の上で調理している。そう言えば、布・織物は女が売っており、米や魚・鳥は男が売り手である。その商品の作り手ないし獲り手が、売り手となっていると言えようか。

そのすぐ下の市屋には、右の方に大きな茶褐色の甕《かめ》が置かれている。一見、酒でも売られているかのようにも見えるが、そうではない。注目すべきは、画面の右下に見える一段低い屋根の市屋である。そこには、その大甕が沢山横にして置かれている。その屋根の低さからしてそこに人が座って取引できる訳ではなく、そこは商品となる大甕の置き場＝倉庫と見るべきであろう。とすれば、この大甕はこの地の周知の商品たる備前焼であろう。茶褐色の色合いは備前焼の基本的な色調である。*2 そうしてこの市屋と倉庫は、鎌倉末期の備前焼の売買の有様を示している実に貴重な画面といえそうである。

市日のにぎわいは、人々が市に集まってくるからであるが、この画面には何人ぐらい描かれているだろうか。異時同図式に何回も描かれている人物は一度しか数えぬことにしてみると、約六七人いる。僧か尼か、女か童か判断のつきかねる画像があるから正確ではないが、そのうち一番多いのはやはり女で老若合わせて約三〇人、半分近い数である。男は、一遍を追って来た突然の闖入者ともいうべき神主子息主従三人を除けば一九人で女より大分少ない。市の花やいだ空気というのは、このような女達の多い空間としての性格にも由来するに違いない。

また、画面で注意したいのは、大甕の倉庫のすぐ上に描かれている老女とその手を引いている子供の姿である。このような老人と子供の姿は、色々な絵巻物の随所に見出せる（『絵引』第一巻一九六ページ、第二巻八五ページ、第四巻二一七ページ、第五巻四三・六一ページなど）。恐らく老人の手を引くことは、子供の古くからの役割であり、老人と子供はとても密接な結び付きを持っていたに相違あるまい。

定着する乞食と「遊行」する乞食

さて、図2は、信濃国佐久郡の伴野市が描かれている。市日ではないので、市屋は乞食と犬と鳥の住処《すみか》であった。どうやら喧嘩しているらしい犬の喧しさにかんしゃくを起こした乞食が、何やら投げつけようとしている。この乞食が、市日には、集まった人々に物乞いをしたであろうことは、備前福岡の市の二人の乞食の姿で明らかである。ここを住いにして、市日以外の日には、近隣に物乞いに出かけて日々を送っていたにちがいなかろう。

市屋の有様は、草ぶきで掘建柱の粗末な小屋ばかり六宇描かれている。画面の中央には道が走っているが、その向こう側の四宇は、乞食と犬と鳥の生活空間であり、その外延部（左側）には牛の牧が見られる。牛牧は河原に設定されたと思われるから、この牛牧の描写から見て、この市の立地もおそらく河原のような所であったと思われる。[*3]

それに対して道の手前の二宇には、一遍らの一行がおり、「其年、信濃国佐久郡伴野の市庭の在家にして、歳末の別時の時、紫雲初めて立ち侍べりけり」と詞書にもあるように、一遍の聖なる生涯に初めての紫雲＝瑞雲が立ちのぼった場面が描かれている。これが、この場面の主題であることは言うまでもない。詞書だけではわからないが、五来重氏の指摘通り、[*4]この市屋で一遍の初めての踊り念仏が行われ、その結果、これまた初めての瑞雲が立ちのぼったのである。この場面では、踊り念仏は終わっており、一遍らは瑞雲を拝んでいる。

こうして道が、同じ市屋でありながら、一方にある乞食と犬と鳥達の生活空間としての市屋と、反対側の一遍一行の集団の聖なる空間をはっきりと区別しているのである。市屋を舞台にしながら、如何にも効果的に市空間を二分し、場としての市屋の特質と、一遍らの一行がつく

●図2――『一遍聖絵』巻四より，信濃国佐久郡の伴野の市

●図3――『一遍聖絵』巻五より，一遍らの鎌倉入りで北条時宗と出会う場面。追い払われる乞食達（拡大図）

りだしている聖なる状況とを描きぬいているというべきであろう。

そう見ると、一遍らの背後に描かれている乞食と「癩者」達は、伴野市に「定住」している、かの乞食と同類ではないことは明らかであろう。彼等は、市屋をねぐらにしている乞食とは明らかに異なり、一遍一行の後に随従して「遊行《ゆぎょう》」している乞食達と考えられる。しかし彼等は、一遍一行が市屋の中とその周りに座って、瑞雲を拝しているのに対して、市屋から少し離れ、しかも上半身しか描かれていない。その描かれ方から見て彼等は立ったままであろう。薦を抱えたままのその姿は、如何にも傍観者然として、その場の宗教的陶酔とは全く無縁である。

従来より、一遍達の後について「遊行」している乞食や「癩者」の存在は注目されているが、彼等はこのように必ず一遍一行と距離を置いており、信仰で一遍らと結ばれているとは到底思われない。彼等は、いわば一遍一行が受ける供養のお余りをあてにした乞食集団であった。[*5] そう言えば彼等の姿は、『一遍聖絵』の幾つかの画面に見られる。たとえば、巻五第三段の一遍と北条時宗の出会いの場面（図3）では、一遍一行の後についてきた一一人の乞食達が追い払われている。また、巻六第二五段の尾張国甚目寺の場面では、画面の右端に、供養の余飯を受けようと持ち構えている乞食達の姿が見られる。『一遍聖絵』に登場する乞食達には、寺社の門前の粗末な小屋に住むタイプの者と、このように勧進聖達の後にくっついて回るタイプとがあったのであろう。前者も、小屋に車が付いている例もあるように、移動する可能性のあることは言うまでもないが、後者の場合、勧進聖の「遊行」についてまわる訳であるから、その行動範囲は質的に異なると言わねばならない。そして市屋は、このような旅や「遊行」している人々の宿泊場所でもあった。

交通の結節点としての市

市はこうして、地域世界の人々にとって、生活必需品を売り買いする場であると共に、そこにやってくる異なる地域の商人やこのような「遊行」の人々に接し、様々な交流をすることができる貴重な場であった。

このように市の場が、外の世界に向かって開かれたものであることは、画面にこれまた表現されている。伴野の市の場面では、折しも女達が、頭上に檜桶や檜箱をのせてやってくる。彼女らは、市屋の一遍一行を供養しようとやってくるのであろうか。それはともかく、このような市への道は、鎌倉街道とつながっていた。再び備前福岡の市に戻ると、前述の舟着き場の二隻の舟以外に、川には、童が操る舟に二人の女と童がもう一人乗って、市にやってくるのが見える。この川は恐らく吉井川であり、市が水上交通の結節点として存在したことを示していよう。また、吉備津宮神主の子息主従が追って来た道は、山陽道であろう。そしてまた、舟着き場のすぐ下には、自らも背に荷を負い、馬の鞍に俵を積んだ男が、これまた市を目指してやってくる。その男のすぐ前には、赤ん坊を背負って市にやってくる女の姿も見られる。市は、陸上交通の結節点でもあった。それに対して、画面の右上の朸《おうご》で魚を担いで行く男は、田んぼのあぜ道に向かっており、生活の道も忘れずに描き込まれているのである。

一遍と吉備津宮神主の子息とのあつれきとその宗教的な解決は、この福岡の市の場面の主題であるが、市空間に起きた突発的な出来事としてのそれを、この描写は、絵巻物の特徴である異時同図式の手法を巧みに生かして、右下から左上に流れるような展開で描いている。画面の右下での追跡してくる主従、真ん中での今にも一遍の首を切らんとする子息、そして子息が出家得度する左上の場面——この画面配置は、子息主従の精神の俗的な状態（殺意）が、下から真ん中で頂点に達し、急転直下出家得度という聖なる信仰のレベルへ移行したことを、画面の上部に描くことで示している。構図上の位置関係を巧みに使っていると言えるだろう。

異常事態の発生に、何事かと早速駆けつけてくるのは二人の童である。恐らく市では争いごとはよくある事であり、そこに集う人々は、そのような喧嘩沙汰に出会うことを内心密かに楽しみにしていたかもしれない。

注

＊1——『群書類従』巻三百三十三所収

＊2――この色合いが多く見られるようになるのは、備前焼生産の確立期であるという。それは鎌倉後期から南北朝期であるとされており、『一遍聖絵』の作成時期と照応する。

＊3――伴野の市の位置については、井原今朝男「信濃国伴野荘の交通と商業」（『信濃』三五巻九号）を参照のこと。氏は、牛の放牧が千曲川の河川敷で広く行われていたと推測され、牛の放牧地の側にある伴野の市は河川敷＝河原にあったと考えられている。妥当な推定と思われる。

＊4――五来重「一遍と高野・熊野および踊り念仏」（『日本絵巻物全集』第一〇巻）および今井雅晴『時宗成立史の研究』を参照。

＊5――『一遍上人年譜略』によれば、彼等は「為受供養余飯随従、師哀之利化」とあるが、『一遍聖絵』では「利化」の様子は見られない。尚、『一遍聖絵』には実に多くの乞食の姿が描かれているが、最近、窪田涼子「『一遍聖絵』に見る乞食の諸相」（『物質文化』四三号）が丁寧な作業を行っている。参照を願いたい。

馬のサンダル

『春日権現験記絵』であれ何であれ、絵巻物に登場する馬の蹄に注目し続けるなどということは、絵巻物をながめることの好きな人でも、おそらく滅多にないだろう。ところが私は大学院時代にそれをやった。何故かといえば、友人鈴木健夫氏が同じゼミにいたからである。彼は馬の歴史の専門家であり、論文に「平安時代の農民の馬」(『日本歴史』一三九号)などがある。彼は、馬とその歴史に信じられないぐらい深い関心と愛情を抱いている人で、私にとって得難い友人である。彼が馬の歴史に関する報告をした時などは、当初はいささかげんなりとしているのだが、いつのまにか情熱のこもった話の内容にひきこまれてしまったものであった。今でも印象に残っていることに、日本の在来馬の馬体が極めて小型であるとの指摘がある。これなどは、ルイス・フロイスの『日欧文化比較』[*1]第八章「馬に関すること」を後になって読んで、成程と納得したものであった。『平家物語』などの馬に関する記述を読むときに常に念頭に置くべきことであろう。

おそらくそのような話のひとつに蹄鉄の話があったと思う。日本で馬に蹄鉄を打つようになるのは、本格的には幕末以後であること、江戸時代には、馬や牛に藁沓をはかせていて、その初見は近世初頭ではないか、ということであった。

馬の尻尾のように、私には妙に気になる話だった。何故日本の馬は藁沓をはいたのか。日本の製鉄技術は、日本刀や鉄砲をみればわかるように、高い水準に到達していたのだから、日本の馬も蹄鉄をするようになっても、よかったのではないのか。近世初期には、南蛮人から蹄鉄の知識を得ていたはずだ。こんな疑問が生じてきた。その答えのひとつは、最近改めて鈴木氏から聞いたことだが、日本馬は、サラブレッドと違って蹄が堅いので、蹄鉄を打って蹄を保護する必要はあまりなかったということらしい。

では、馬に藁沓をはかせるようになったのはいつ頃からであろう。近世初頭というと、何となくそうかもしれないと思わせるものがあるが、別に近世初頭になって初めて馬や牛に藁沓をはかせるようになったと考える必要はなさそうである。草鞋《わらじ》や藁沓はもちろん中世においても人の履物であった。馬に藁沓をはかせることが、中世でも行われていた可能性は十分にあるのではないか。

そう思ったとて、古文書や古記録などから馬の藁沓に関する記事が見つかるとはとても思えない。最も頼りになるのは絵巻物などの絵画史料であるはずだ。こうして私は、絵巻物に描かれている馬の蹄に注目するようになった。

だが、色々な絵巻物を見てみても、どの絵巻物の馬も、蹄鉄はもちろんのこと、藁沓らしいものをはいている例は見あたらない。『石山寺縁起』などに描かれている駄馬も、藁沓をはかせている例がないから、やはり中世には馬沓はなかったとみるべきであろうか。いやそうではない。実際には藁沓をはかせていたのだが、絵師が馬を定型的に表現したので描かれていないのだと思いたくもなる。だが、強弁してもはじまらない。

なお探索を続けた。あきらめなくてよかった。『春日権現験記絵』を見ていると、巻一三の第一段の場面（図1）に描かれている馬の前足には、明らかに藁沓らしいものが描かれている

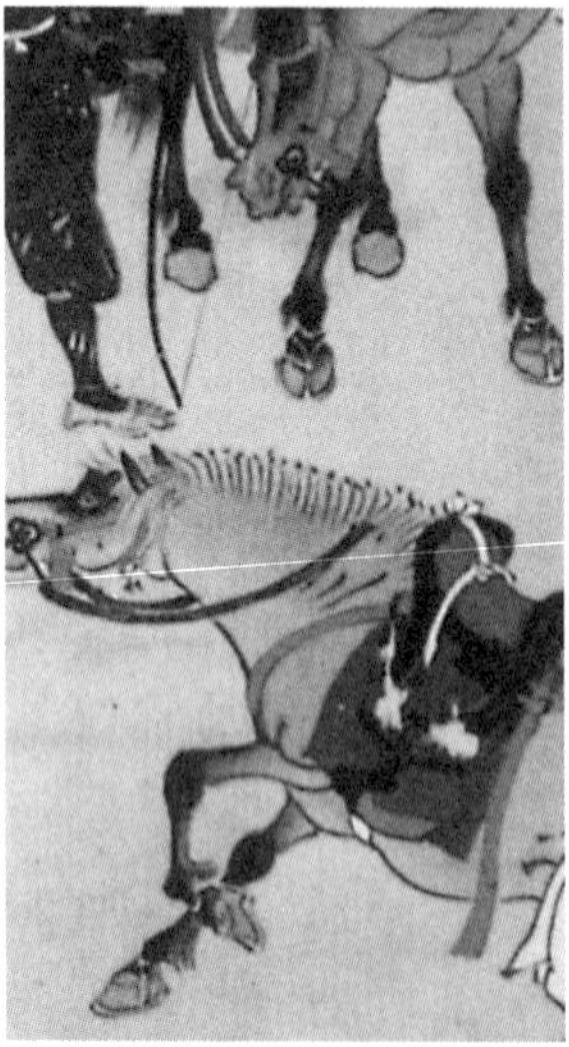

●図1——『春日権現験記絵』巻一三より，勧修寺の晴雅律師が春日社前で生まれる場面。二頭の馬の前足には草鞋らしきものが付けられている（拡大図）

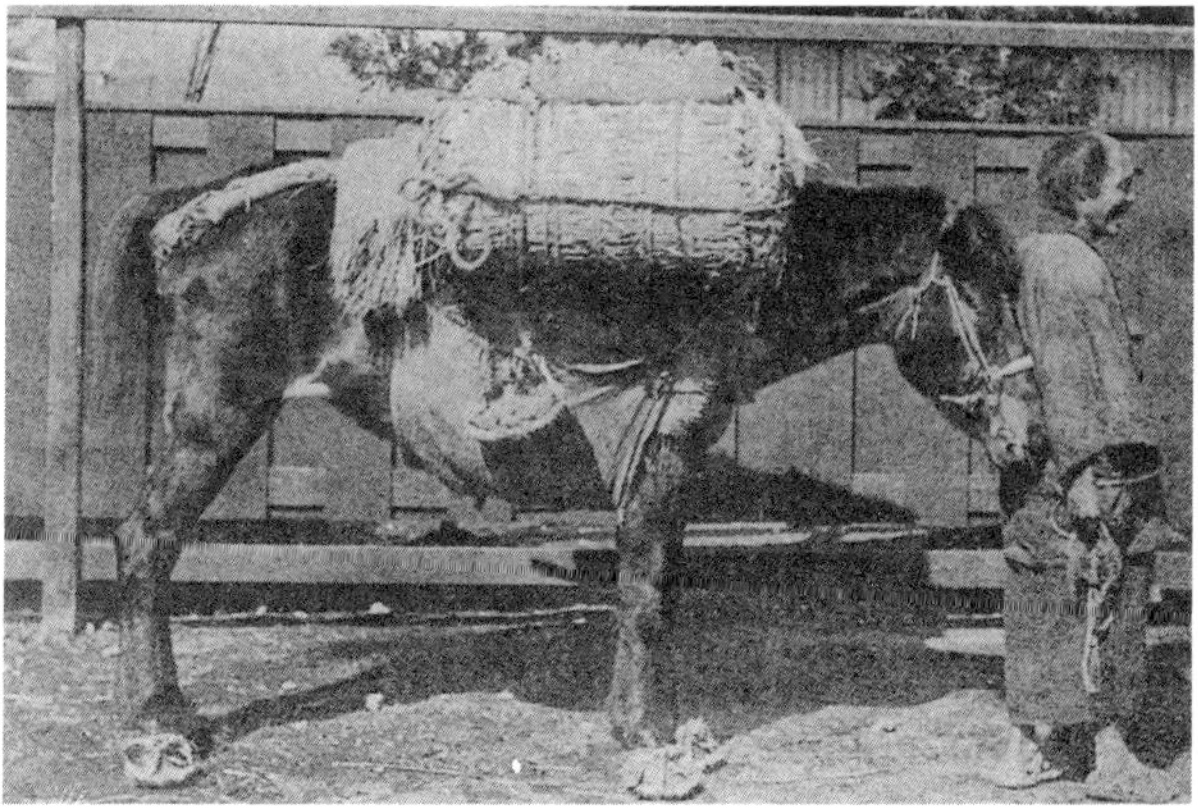

●図２――藁沓をつけた駄馬

のが目の中に飛び込んできたのである。本当に藁沓（馬沓）だろうか。どう見ても藁沓に見えたので鈴木氏に見せた。彼も馬沓としか考えられないと言う。馬沓すなわちストロー・サンダルがどんなものかは、鈴木氏に提供してもらった写真を掲出しよう（図２）。幕末・維新期の駄馬の大きさ[*2]（人の身長と比較されたい。如何に小さいかわかる）や馬のはいている藁沓の様

●図３――安藤広重『名所江戸百景』より四ッ谷内藤新宿

子がよくわかる。江戸時代には、この馬沓を荷駄をつけた馬によくはかせたようである（図3）。この写真と『春日権現験記絵』巻一三の第一段の該当部分とを比較すれば、蹄の部分に描かれているのは、やはり馬沓だと言えるだろう。

『春日権現験記絵』は成立年代のはっきりしている絵巻物であって、一四世紀初頭の作品である。その絵のなかに馬沓が登場したということは、この頃すでに馬にストロー・サンダルをはかせる方法があったことをわれわれに語ってくれているわけである。これをもって、今のところ馬沓の初見とすることができるのではあるまいか。

ただ、管見ではまだ一ヵ所だけであり、今後も見つかる可能性は少ない。とすると、どうしてこの場面だけに例外的に藁沓が描かれたのかを考えておく必要があろう。

詞書によると、勧修寺晴雅律師が春日の一の鳥居の前で誕生した場面である。晴雅律師の母は、子が無いことを嘆いて神仏に祈っていると、ついに懐妊した。産期が近付いたので、祈禱のために長谷寺に参詣しようと出発した。その途中、春日の一の鳥居の前に輿をすえて、無事出産できるようにと祈念していると、たちまち陣痛がおこって男子が生まれた。その子が後の晴雅律師となるのだが、この場面は、したがって長谷寺参詣の途次の旅姿ということになる。

二頭の馬のうち、一頭はおそらく弓矢を帯びている従者が乗っており、もう一頭には、その馬を引いている従者が女の笠をもっているから、律師の母に仕えている女性が乗っていたとみられる。彼女は、横から輿の中をのぞき込んでいる。この二頭の馬の前足に、馬沓が描かれているのである。絵巻物における馬の描き方では、このような蹄はありえない。しかも、二頭共そうである。とすれば、旅行であるが故に馬に馬沓をはかせていたか、あるいは旅姿を強調するために馬沓を描いたのだと解してよいのではあるまいか。

旅と藁沓の関連性を探れる文献は中世にはないので、馬については全くの素人ながら、藁沓の効用（機能）を最も良く伝えていると私が考えるジーボルトの『江戸参府紀行』[*3]（東洋文庫87 平凡社刊）の記述を引用しよう。

蹄鉄は日本では使用されていない。牛馬の蹄には稲藁で作った靴をはかせるが、街道沿いの至るところで旅行者用の同じような藁靴といっしょに買えるようにつるしてある。しばしば細い道だけがまた段々さえもが山を越えて通じている日本の地形のようなところでは、蹄をおおうことは不適当ではない。それで滑る心配もなく荷物を背負った牛馬は非常にけわしい高所へ登るのである。牛馬は同時にとがった石の上で蹄を保護する。（二九ページ）

われわれが山岳地帯へ深く進むにつれて、絶え間なく降る雨のために道はいっそうくるしくなってきた。人馬の敏捷さと確実さは驚くほどであるが、細く険しく滑りやすい山道をよじのぼるのは気の毒なことであった。もしさきに述べた履物がなかったら、こういう道で荷を運ぶことは人馬にとって不可能であろう。それゆえ藁靴はこの国では皮靴や蹄鉄で

は代用できない必要品である。(七四ページ)

小さい町のすぐ後ろに山がそびえ、階段状に岩を切って作った細い道が山越えに通じている。この坂道は所々非常に急で道らしい道もない……駄獣のよく目的にかなった独特の履物、つまり稲の藁を編んで作った靴がここで再び真価を発揮した。(一四〇ページ)

ただときには道は荷を負った馬には非常につらかった。なぜならここでは舗道のように敷かれた石は、人馬が普通はく藁靴のためにすっかりすり減っていたからである。(一八一ページ)

右のジーボルトの実にていねいな観察によって、藁沓が、日本の地形・気候そして道路事情に適合的な履物であったこと、前述した在来馬の蹄の堅さだけでなく、蹄鉄が日本に定着しない他の要因のあることを知ることができる。すなわちジーボルトの観察によれば、日本では、すべりやすい山道や階段における滑り止めとして、または蹄を傷めやすいとがった石の道における保護のために、随時藁沓を牛馬にはかせたようなのである。困難な山道や階段道を、難なく荷駄をつけた馬が登り下りできる、全く素敵な知恵であった。ルイス・フロイスの『日欧文化比較』によると、「われわれの馬はすべて釘と蹄鉄で装鋲する。日本のはそういうことは一切しない。その代り、半レグアしかもたない藁の沓《サパート》を履かせる」「われわれの間では馬丁が手綱をもって先へ進む。日本では、進んで行く道に従って、馬丁が馬のための藁の沓を担ってていて行く」とある。こうした記述をみる限り、遅くとも室町末・戦国期には馬沓の一般化が想定できよう（『続群書類従』所収の『小笠原入道宗賢記』なども参照）。私は、更にもっと古くからの普及を想定したいが、それには今後の考証を重ねなければならない。

　ともかく、もしこの推定が妥当ならば、目立たないけれども、人間の草鞋と共に、馬のストロー・サンダルは、中世における人びとの活発な交通を可能にした足元の重要な条件だった。それなしには、地形と気候条件に規定された日本の道路事情での、中世における交通の発展はありえなかったろう。

　道路事情が近世以上にきびしかったであろう中世の旅でも、すべりやすかったり、細くけわしい山道などを乗り切るために藁沓が必要であったはずである。絵師のねらいは、そのような旅姿を的確に表現するために、二頭の馬の足に藁沓を描いたのではあるまいか。鎌倉時代の風俗や生活の絵画史料の宝庫とも目される『春日権現験記絵』を描いた絵所預高階隆兼をはじめとする絵所の絵師たちは、全巻を通じて実に綿密な描写をしている。馬の蹄のような細部の描写も怠りなかったのである。

　こうしてみると、馬に蹄鉄を打たないことは別に文化的な水準の問題ではないことがわかる。さらに言えば、彼我における畜産の感覚の違いという、重要な文化比較の課題となろう。[注4] フロイスが指摘しているように、馬屋に板敷の床を設けることや牛馬に対する日本人の感情など、何故そうなのかを明らかにすべきことは実に多い。別に馬や牛だけで中世や近世の特質がわかるとは思わないが、もっと歴史家は牛馬に注目すべきだと、鈴木氏ではないが言いたくもなる(そのための手がかりは、鈴木健夫編『馬に関する資料文献目録』昭和五七年、原書房発行、にある)。

馬足ならぬ蛇足をつけ加えておきたい。それは、何故、今、藁沓なのかということである。理由のひとつは、稲藁などの中世における利用の問題を探る足がかり、いや手がかりにしたいからである。これなど、中世の年貢・公事論の大切な論点でもあろう。もうひとつは、中世身分制における履物の差別・差異の問題である。上は烏帽子から下は履物に至るまでがワンセットになって、その人物がどのような身分であるのかが一目瞭然となっていたことは常識に属する。ならばその常識の具体化を、草鞋などを履いている者に焦点をあてながら、履物の身分的特徴を明らかにしておきたいと考えるのは、そんなに的はずれなことではあるまい。宮本常一氏の『絵巻物に見る日本庶民生活誌』の記述などがまず参考になる。

さて、絵巻物はただ漫然と眺めていても結構楽しいし、それなりの興味深い点を見出すことも多いが、やはり問題を抱えながら、絵巻物の世界を目を皿にして探しまわる方が、収穫があったときはそれ以上にうれしいものである。文献史料ではわからない点を求めて絵巻物を調べることは、絵画史料の最もオーソドックスな利用法であり、まさにわれわれが問いかけると絵は語ってくれる。ただ絵は、別に絵だけに限るまいが、答えてくれる以上のことを新たに謎かけしてくれるのが、私には一番うれしい点である。

注

＊1――大航海時代叢書XI所収

＊2――日本の馬は、馬高四尺を基準にしていた。それよりの高さで、一寸、二寸……といった。八寸といえば、日本中世の馬では稀にみる大馬であった。

＊3――この紀行は、当時の交通条件のみならず、農業、村や町の状況その他実にさまざまな点についての魅力的な記述にあふれている。

＊4――馬の草鞋に注目したのは朝鮮通信使も同様である（大瀧晴子「朝鮮通信使のみた日本」『韓国文化』一九八二年二・四・六・八・一〇・一二月号）。また、これも鈴木健夫氏の御教示によって知ったのだが、坂内誠一「碧い目の見た日本の馬」（『季刊輸送展望』一九〇・一九一号）が、馬の草鞋についての外国人の観察の紹介と、馬の草鞋使用の理由の考察を行っていて興味深い。

「獄」と「機物」

日本史研究においても、最近漸く絵画を史料として読もうとする機運、すなわち絵画史料を分析する課題の自覚が生まれてきたと言えるように思われる。私も、そのような方向の小さな一翼となって絵画史料を読んでいるのだが、今後の課題が山積しているというのが実情である。まだ当分牛歩の歩みを続けねばなるまい。

ところで、国文学には及びもつかないが、日本中世史研究にとっても『今昔物語集』は極めて重要な史料として研究・利用されてきた。私も、何か自分なりの課題を持った際には、必ずと言ってよい位に『今昔物語集』を繰って見るのが習慣となっている。日本の中世成立期の社会の諸相をイメージしたり、あるいはその構造をモデル化するには、これほど恰好な史料はないだろうと思われる。たとえば、石母田正氏の名著『中世的世界の形成』の藤原清廉・実遠父子の像は『今昔物語集』抜きにはありえないと言ってもよいのではあるまいか。その意味では、今後も『平安遺文』所収の古文書や金石文、『大日本古記録』・『史料大成』などに収められている日記などと共に、中世成立期の基本史料として、更に積極的に利用されていくに違いない。しかし、『今昔物語集』は余りにも豊かな作品であり、この限られたスペースではもとより焦点を絞らざるをえない。そこでここでは、そのような『今昔物語集』を、現在の自分の課題である絵画史料研究にひきつけて考えてみることにしたい。

とはいえ、絵画史料にひきつけて考えるとしてもなお問題を一点に限定せざるをえないだろう。それは、『今昔物語集』に四ヵ所見られる「機物《はたもの》」*1と二〇ヵ所以上見られる「獄《ひとや》」*2（「籠」）とを絵画史料によって視覚的レベルで検討を加えることである。

領主屋敷に「籠」はあったか

中世の領主は、当該社会において、支配階級として君臨した。そのイメージは、近年の研究によって随分変貌してきたと言えるであろう。

その場合、中世領主というのは一体中世民衆にとってどのような存在なのであろうか。一般論として支配階級云々で済ますのではなく、中世民衆にとっての領主とはどのような存在であるのかを、もっともっと具体的に把握していかねばならないであろう。そのような側面の一つとして、ここでは在地領主の屋敷ないしは土居・堀内が、民衆にとって何であったかを視覚的にみていくことにしたいと思う。

『中世の罪と罰』(東京大学出版会刊)の中で石井進氏は、「いましめ状」・「曳文」に触れながら、中世における犯罪奴隷・債務奴隷の存在を鮮やかに分析されている。もとより私には法制史的な素養は一切ないから、石井氏の所説の当否を論ずる資格も能力も全くないが、読みながらふと思ったことがある。それは、在地領主の屋敷には、果たしてそのような「いましめ」に対応するような、一時的なものにせよ「籠」ないし拘禁施設があったか否かということであった。中世民衆にとって、一体、領主の屋敷には拘禁施設があったのか否か、あったとすればどのようなものであったのか、これが私の関心事となった。

『講座日本歴史』の中世1(同刊)でも入間田宣夫氏が、最近定着してきている中世武士の職業的殺し屋のイメージを鮮やかに示している。そのような中世武士が、農民達や民衆にとって、どのような存在であったかを具体的に示すのはやはり在地領主の屋敷であろう。彼等の屋敷は、何よりも戦闘施設であったが、民衆にとってはそれだけではない。たとえば、犯罪を犯した時には、そこに連行されて「籠」に容れられたのではないだろうか。あるいはまた、場合によっては、そこから引き出されて処刑されたのではないだろうか。

ところがこれまで、在地領主の屋敷に「籠」があったか否かをまともに論じた研究が見られないのはどうしたことか。確かに、百姓の逃散は一定の合法性を持っていた。しかし、それが「召籠」を受ける危険と紙一重であることは言うまでもなかったはずである。また、処刑される危険とも。

獄門と獄舎

石井良助氏の『刑罰の歴史（日本）』などによれば、平安時代後期つまり中世成立期には鎌倉時代の刑罰の前身とも言うべき傾向、すなわち、ひとつは肉刑が行われるようになったこと、もうひとつは拘禁刑（自由刑）が発達したことが指摘されている。この後者に係わる画面として有名なのは勿論『平治物語絵詞』の信西巻の獄門の場面（図1）である。この場面は、前の『中世の罪と罰』の表紙カバーにも使われているのだが、その説明では、

絵では獄舎の前の獄門の楝木に（首が――引用者）懸けられている。首を身体から斬り離すのは、タタリをうけないようにするためといわれているが、この場面は、晒されて衆人の見物の対象となった「死骸を恥しめる」獄門刑の様子をあざやかに伝えている。

とあって、獄門の信西の首とそれを見物する人々の視線に注目しているのは当然のことであろう。私も実は、以前に『平治物語絵詞』を見た時は獄門首にだけ関心をもって、さりげなく描かれている獄舎については殆ど注意を払わなかった。

しかし、前述したような関心・視点をもった今、むしろ獄舎の方がはるかに新鮮に見える。第一に、獄舎の格子の隙間から覗いている多くの顔、というより眼がなまなましく拘禁されて

●図1――『平治物語絵詞』信西巻より。首を懸けた獄門の背後に獄舎があり，内から多くの顔がのぞいている

いる囚人の姿を示しているからである。第二に、その獄舎の中を覗き込んでいる三人の姿が眼の中に飛び込んできた。彼等は、獄門首には眼もくれずに獄舎の中を覗いている。そのうちの一人は小さな子供である。もしかするとこの子は、中にいる肉親に会いにきているのではないだろうか。そのような目で見れば第三に、獄門が開かれていることに注目せざるを得ないのである。信西の首を見物している人々のうち四人は、獄門の内側から袖で顔を隠しながら見ている。この四人と先程の三人の姿に注目すれば、獄門は恐らく通常の場合、昼間は開かれており、人々はそこに入って獄舎内を見物したと見ることができよう。獄舎内の囚人も晒されていたのである。

東西（左右）の獄舎について、それがどのような構造のものであるかといったことに興味をもつ物好きは稀にしかいないのではないかと思われるが、この絵が今のところ一番良く獄舎の有様を伝えてくれているだろう。

「籠」の画像

そのような拘禁施設は、それでは中世領主の屋敷に存在しなかったのであろうか。これを他の絵画史料上で探索することにした。

結論的には、どの位の領主が持っていたかは勿論判らないが、あったと言えるように思われる。それは『遊行上人縁起絵』(『新修日本絵巻物全集』第二〇巻)の一場面から言えるであろう。すなわち、巻五の第四段の画面であるが、図版をまず示すことにしよう。

『遊行上人縁起絵』には、基本的には三系統の諸本があるが、御覧の通りどの本にも描かれていることが判るであろう。

時宗の第二祖他阿は加賀国の今湊にやってきた。そこには小山律師という領主がいたが、彼は、『遊行上人縁起絵』巻五―第四段の詞書によれば、

同四年八月、加賀国今湊と云所にて、小山律師なにかしとかやいへる人、僮僕あまた引具して、道場へ詣ぬ、この人ハ罪業をゝそれす、悪事にはゝからす、破戒無残にして、邪見放逸なり、

とあるように、「悪事」をこととする人物であった。

画面に注目すれば、図2の光明寺本・東博本では、主屋にだらしなく座っているのが小山律師であり、庭には鷹、縁には犬が見えて、彼が出家の身でありながら狩猟を好んでいることが示されている。しかしそれだけではない。画面の右下を注目願いたい。良く見ると、そこには格子状の木組みの檻のような物が見える。実は私もこの場面を何度も見ているはずなのだが、これまでは全く気付かなかった。しかし、拘禁施設のイメージに注目しはじめた途端に、これまでとは全く異なった相貌を見せてくれたのである。そしてそこには幾つもの眼が、顔が描かれているではないか。明らかに彼等はそこに拘禁されているのである。

これこそ領主の屋敷内にある「籠」なのではないか。宗俊の『遊行上人縁起絵』の諸本は甲本・乙本・丙本に分類されているが、このうち甲本がその正系と考えられるものとされている。図3の金蓮寺本はその甲本である。宮次男氏は、甲本の内で原本に最も近いのは大和文華館本であり、それに構図上で最も近いのがこの金蓮寺本であるとされている。この本に描かれているということは宗俊本『遊行上人縁起絵』の原本に右の「籠」が描かれていた可能性の高いことを意味しよう。次に、光明寺本と東博本は乙本であるが、これにもこの「籠」が描かれているのである。丙本については、この部分の絵は残っていないと思われ、確かめることは出来ないが、この系統の本はかなり自由な表現をとっており、原本の構図とそこでのかかる「籠」の

●図2——『遊行上人縁起絵』（東博本）巻五より，右下に「籠」がみえる

●図3——『遊行上人縁起絵』（金蓮寺本）より，小山律師の邸内の「籠」

描写の有無を探る上では必要ないであろう。つまりこの場面の構図と「籠」の絵が以上の二系統の本に共通する描写であることは、ますますこの「籠」が原本に当初から描かれていたとの解釈を強めるであろう。

もしこのように言いうるならば、この拘禁施設は宗俊本の制作された鎌倉末期、一四世紀初頭のものと見ることが出来よう。

では、画面にかえって、再びその拘禁施設を見てみよう。残念ながらそれは一部しか描かれていないが、しかし、実に興味深いものがある。その構造は格子状に木が組んである。屋根はなく、代わりに太い角材が真ん中に見られる。この角材には何かが付けてあるように描かれているが、それが何かは今は判らない。今後の課題としたい。一つの可能性としては、かんぬきのような施錠のためのものであろうか。あるいは、この屋根のない構造からみて、この拘禁施設は移動式であり、担ぐためのものかも知れない。置かれている所は主屋の前だが、必要に応じて移動することが出来るものであったことは十分に考えられよう。

このような拘禁施設がどの程度一般的であったかはもとよりはっきりとはしないが、中世領主の屋敷にこのような拘禁施設が存在したことは確かであろう。そのような目で改めて諸史料を見通せば、領主の屋敷の中の「籠」の事例を見出すことも十分に可能ではあるまいか。少なくとも、中世の「籠」というと例の護良親王の幽閉された鎌倉の「土籠」（『太平記』）や後白河院の「籠の御所」（『平家物語』）のイメージしか浮かばないような現状は反省しうるのではないか。摂関家における「召籠」の場所としての「馬屋」・「戸屋」については既に注目されはじめている。

「機物」の光景

ところで、この巻五―第四段については、更に真光寺本を見ることが不可欠である。この真光寺本は、美術史研究では一応識語によって鎌倉末期の元亨三年の制作とされている。この本は一応甲本の系統であるが、しかしその図様は鎌倉時代の絵巻物と全く異質であり、むしろ室町時代後半以降につながる新しい作風・画趣を形成しているのであって、これと類似する『遊行上人縁起絵』は他には知られていない。だから私は、この絵巻物を鎌倉末期の作品とする見解に立つことを今のところ差し控えたいと思う。しかし、それが中世の制作であることは問題ないので、室町末期まで下ることも考慮した上でここでは利用することにしたい。

この真光寺本では、図4で示したように他の諸本とは著しく異なっているが、やはり前述の「籠」＝拘禁施設が描かれていることにまず注目すべきであろう。もしもこの本が元亨三年の制作だとすれば、この描写されている「籠」は鎌倉時代の領主の屋敷内の拘禁施設であると一層強く主張できるはずである。そうでなくとも、このように孤立した真光寺本にも描写されているということは、この拘禁施設が構図上不可欠のものとして原本に描かれていたことは一層確実になったと言えよう。

しかし、この場面の描写における真光寺本の特徴は「機物」の絵画描写にある。すなわち、甲本・乙本に共通している鷹の位置がこの真光寺本では大幅に変えられて、鷹の描かれていた位置には二人の男に手と肩をとられて背中向きにされている哀れな男の姿が描かれているのである。その足元には蟇目《ひきめ》が落ちている。彼は「機物」的に弓矢の標的にされ、既に蟇目で射られていたのである。見れば、画面の右の方には今しももう一矢蟇目を射ようとしている武士の姿が描かれている。蟇目であるから射殺されることはなかったであろうが、しかし、背中を向けて張り付けられた男は、蟇目の出す音の恐ろしさに震え、矢の衝撃に苦しんだに違いない。

こうして真光寺本では、その疑似「処刑」の有様を眺め楽しんでいる「破戒無残」「邪見放逸」な領主の小山律師の性格を一層強調して描写しているのである。恐らくこの真光寺本では、そこに描かれている「籠」から引き出された男が、蟇目で痛め付けられていると見ることができよう。そのような強調のために、鷹の位置が変更されたわけである。

『今昔物語集』に出てくる「機物」というのは、生きながら「獄」に禁じておき、罪の重い者の両手足を縄で「機物」に張り付け、弓で射殺する処刑方法であり（巻一六―第二六話）、また「機物」には背中を向けて縛り付け、その背を笞で打つことも行われた（巻二九―第三話）。その

「機物」は捕えた場所などに（巻二九—第一〇話）、地面の土を掘って立てられた（巻一九—第一九話）ようである。『今昔物語集』の「機物」についてのこうした記述は、真光寺本に見える鏑矢による痛め付けの様相とほぼ重なるであろう。

かくしてこの場面は、中世領主の屋敷で行われていたと思われる「機物」的な処刑についても、示しているわけである。

生首の絶えぬ馬庭

ところで、『今昔物語集』には、「獄」についての多くの記述がみられる。それらによると「獄」は、何よりも犯罪者が「いましめられ」（巻一七—第三五話・巻二〇—第七話・巻二六—第二三話・巻二九—第一九話）、「こめられ」（巻二九—第二話）、「つながれ」（巻一九—第七話・同—第一一話・同—第一四話）る空間であることは言うまでもないが、そこに七度禁ぜられると、両足を切られて徒人にされることになっていた（巻一三—第一〇話・巻一五—第二二話）。また、その辺には「放免」どもが住んでいたこともわかる（巻二九—第六話）。

この「獄」に「いましめられ」た囚人達が「人」の象徴たる「烏帽子」をとられた「非人」の状態にされていたことは、『年中行事絵巻』巻一四の「着鈦の政」の画面（『日本絵巻大成』第八巻）の一列につながれている囚人達の姿を見れば明らかであるが、中世領主の屋敷にある右のような「籠」に拘禁された場合にはどうであったか。それが次の問題である。

再び図版を見れば、やはり、この拘禁されている人々も烏帽子をつけてはいないようである。そして、図4の真光寺本の鏑矢で射られている男も髻《もとどり》を露《あらわ》にして首うなだれており、烏帽子はつけていない。

こうして中世領主の屋敷の拘禁施設においても、そこに「いましめられ」ると一時的にもせよ「非人」化され、その格子状の構造からしても「獄」と同様に晒されたものと思われる。そのような施設を持つ領主の屋敷のイメージは『男衾《おぶすま》三郎絵詞』の一場面を思い出させてくれる。すなわち詞書によると、男衾三郎の屋敷は、
馬庭のつえになまくひ（生首）たやすな、切懸よ。此門外とをらん乞食・修行者めらは、やうある物そ、蟇目鏑矢にてかけたて（駆け立て）かけたておもの（追物）射にせよ。

とあるように、馬庭には生首が絶えずかけられており、かつその屋敷の前を不幸にも乞食や修行者が通ったなら、たちまちのうちに捕まって、犬追物の犬＝的の代わりにされてしまう危険に直面したのである。この詞書に対応する場面は図5であり、そこでは、今しもたまたま偶然に通りかかっただけの哀れな犠牲者が、そのような的にされるべく襟首を取られている姿が描かれている。

この修行者風や怪しげな風体の者達の未来が、図4の真光寺本の「機物」にされて鏑矢で射

●図4——『遊行上人縁起絵』（真光寺本）巻五より，領主（小山律師）の屋敷内の「籠」

●図5——『男衾三郎絵詞』より，男衾の屋敷の門前の図

られている姿と同じであることは余りにも明らかであろう。このようにして絵画史料の中の中世領主の屋敷と拘禁施設は、彼等領主の恐るべき一面を実に鮮やかに見せてくれるのである。ミシェル・フーコーの『監獄の誕生』ではないが、「獄」＝拘禁施設の有様・特徴は、当該社会の本質的性格を写し出す。もとより、中世領主の拘禁施設や拘禁刑の本質的性格について考えることは、今の私の能力を越えている。ただ、この『遊行上人縁起絵』の「籠」を見ていると、中世の罪と罰をもっともっと具体的・視覚的に把握すべきではないかと感じられる。機会を見てまた別の画面を紹介しつつ、考察を進めていきたいと思う。

『今昔物語集』に見られる「獄」や「機物」から思わぬところにいったと感じられるかも知れないが、私としては、『今昔』の豊かな記述が、中世絵巻物のビジュアルな世界に確実に結び付くこと、そして、『今昔』からでも絵巻物からでも中世社会の歴史把握が可能であり、あるいはこうしたアプローチが国文学研究にも極めて有効な作業となるだろうということを、この拘禁施設と処刑の検討によって示したかったのである。

注

＊1――「機物」とは、普通、「磔（はりつけ）用の木材」（『日本国語大辞典』）を指し、本来、布地

を織る具としての「機物」を用いたところから言うとされている。

＊2――「人屋」「囚獄」とも書き、「罪人を捕えて押しこめておく建物。牢屋。獄舎」である。「籠」もまた、「牢」とも書き、罪人などをとじこめておく所、あるいは牛馬やけものを入れておく所である（『日本国語大辞典』）。

施肥とトイレ

中世民衆史に関心のある研究者にとって、『慕帰絵』のすごいところは、なんと言ってもそこに描き込まれている、実に豊かな生活史的描写である。たとえば小泉和子氏は「掃除道具考」(『月刊百科』二二五号)で、中世の「棒ぞうきん」から浄巾そして近世の雑巾への変化を鮮やかに示して、われわれに家具への視点と関心の重要性を教えてくれたのだが、その際の最も役立つ絵巻物として利用されていたのは確かこの『慕帰絵』などであった。それが近年オールカラーで見られるようになったことはうれしいことである。というのは、モノクロでは何だか判らなかった様々なことが、カラーを見ることによって明らかになってきたからである。

ここでは、せっかくの生活史料である『慕帰絵』を扱うのであるから、以前から関心をもっている中世のトイレの場面と人糞尿のことを考えてみることにしたい。いささか汚い話だが、これくらい人間にとって日常的で重大な話もないはずなのでお許し願いたいと思う。

ため息の広場

この『慕帰絵』には東司《とうす》＝便所のことが出てくることは、すでにたとえば「対談 伝絵と絵解き」(『新修日本絵巻物全集』第二〇巻月報「絵巻」一八)で触れられている。つまり宮崎円遵氏は、巻四のところで東司＝便所が出てくること、そこには板が三枚敷いてあることを指摘され、対談相手の五来重氏が、三枚ではたれものが真ん中の板の上に溜《たま》ってしまうからおかしいと応える。すると宮崎氏は、それは蓋《ふた》なのだという。結局、江馬務氏も東司と書いているから、それで良いことにしようとなるのだが、実に楽しい対談の一こまといえよう。しかし、この話にはちょっと解せないことが私にはあった。蓋など描かれてはいないのではないかという点である。しかし、モノクロの画面では何とも解決できないでいたのだが、ここではカラーで示すことができないがオールカラー版の刊行で、ようやく年来の疑問を解くことができる。最初に見たいと思ったのは巻四であることは言うまでもない。

その場面(図1)は巻四の末尾にあるが、そこには東司＝便所らしき建物があり、ちょうど用をたしたあとらしい若い僧が立っている。問題は真ん中に板があるのか否かであるが、カラーで見ると明瞭になるのは、まず足を乗せる板を支えるための敷き板が敷かれていることがわかる。描かれていないが、もう一枚の敷き板が反対側にもあるのであろう。その上に板が何枚渡されているかが問題であるが、どう見ても渡し板は二枚であり、真ん中の板と見えたのは実

●図1――『慕帰絵』巻四より

●図2――『餓鬼草紙』より，伺便餓鬼の図

は穴の壁面の土の色なのであった。その証拠に、その真ん中のところだけが板の厚みを示す描写の線がない。こうして改めてカラーで確かめた建物の内部の様子はやはり東司＝便所と解するのが妥当であると思われる。

もっとも『新版絵巻物による日本常民生活絵引』第五巻では、すでに模写によって「渡し板」と「掘り穴」の区別をして、絵巻物に描かれた中世の便所の珍しい例としている（一一八ページ）。だから両氏は、対談の際にはそのことを失念されておられたのであろう。

ところでその対談では、むしろでも掛けないとしゃがんでいるところが丸見えだなあと五来氏が冗談を言っておられるが、その点はどうか。

普通最も知られている中世の便所と排便の光景の描写は、言うまでもなく一二世紀後半の『餓鬼草紙』第三段の排便の場面（図2）であり（『日本絵巻大成』第七巻六・七ページ）、その場面も『新版絵巻物による日本常民生活絵引』第一巻に模写図とその説明がある（一二五ページ）。すなわち、第一に街頭で糞便をしている光景であること、第二に尻をふくのに紙以外に捨木（糞ベラ）が使われていること、第三に高足駄が糞便のために使用されていることなどを指摘されている。本当に興味深い諸点といわねばならない。ただし、これは果たしてただの街頭の光景であろうか。なぜなら、そこには皆が高足駄を履いてきており、すでに使われたあとの紙や捨木が散乱しているのであるから、そこは一種の共同便所ではなかったかと思われるのである。

つまりそこは「ため息の広場」なのであった。しかも『餓鬼草紙』の描写を信じるなら、そこには老人も女も少年もやってきて一緒に排便している。

宮本常一氏は「六道絵にみる排泄・褌《ふんどし》」（『日本絵巻大成』第七巻、月報）で、この図の他に『餓鬼草紙』第五段の食糞餓鬼の図の池に二人の餓鬼が入っている場面を示しながら、「埋葬地のような汚穢《おわい》の地に、穴を掘ってそこで排泄することもおこなわれていた事実を物語るもの」だとされている。だが、この場面でもやはり大便は周りにされていて紙や捨木が散乱している。尿はそのままでは描きようがないので池として描き、その中に餓鬼を描いて尿を飲んでいるように表現しているにすぎないのではあるまいか。

ともあれ宮本氏も、この時期に極めて素朴な共同便所が出現していたことを推測されているので、その点は私も同感である。

何の甕か

このような共同便所的な場面は中世都市で一体どのように発達していったのだろうか。それが実は施肥の発達史、ひいては日本農業史にとって大問題なのである。つまり人糞尿の利用が何時ごろ本格化するのかを考える際には、必ず便所と肥溜《こえだめ》の成立を明らかにしなければならないのである。

従来、人糞尿施肥の初見とされてきたのは、宝月圭吾氏の指摘された室町時代の作品『泣不動縁起』に見られるものであり(「中世の産業と技術」『岩波講座日本歴史』中世四、一〇二ページ)、それ以前に遡《さかのぼ》る事例は紹介されてこなかった。最近、保立道久氏が、『伊勢物語絵巻』(『日本絵巻大成』第二三巻)の一場面(一〇ページ)に注目されて、鎌倉末期における肥溜の甕《かめ》の画証とされた(「袋持・笠持・壺取」『歴史地理教育』三六二)。その場面は貧しい男の家の庭であり、確かにそこには肥甕らしい甕が地面に埋めこまれている。しかし、これは果たして肥甕と言えようか。そこでその周囲に注目すると、その側の木には洗い張りの用具である伸子《しんし》が張られているのであり、そのような所に肥甕が描かれているというのは何とも不自然ではあるまいか。やはりそれは洗い張りなどの作業と関連のある甕なのではないだろうか。宝月氏の指摘された室町時代の肥甕というのも実は同様の特徴を持っている。すなわち『泣不動縁起』(『新修日本絵巻物全集』第三〇巻)の一場面(一一〇・一一一ページ)には、確かに庭の畠《はたけ》の隅に甕が埋めこまれているのであるが、そのそばには女達が忙しそうに働いている。その仕事も洗い張りなどであり、やはりその用具としての伸子が描かれているのである。ということは、この庭に埋められた甕も肥甕ではなく、洗い張りなどの女性達の仕事と結びついたものである可能性は極めて高いであろう。今のところ一番可能性の高いのはやはり何らかの染料を入れた甕、具体的には藍甕《あいがめ》的な甕であると思われるが如何であろうか。そう言えば『七十一番職人歌合』に登場する「こうや」

の藍甕と極めて似ているのではないか。

もしもこのように見ることが出来るとすれば、肥甕の初見をめぐるこれまでの議論は振り出しに戻ることになる。

「厠の念仏」

では、他の絵巻物で便所の発達史を語る、良い場面は見られないだろうか。

ひとつは『法然上人絵伝』（弘願本）巻二―第四段（『日本の美術』九五、六二ページ）の一場面（図3）である。それは、鎌倉新仏教の祖師の画像としては他に例を見ないであろうが、法然の排便姿なのである。すなわち「厠《かわや》の念仏」と呼ばれている場面であり、法然が排便中に念仏を唱えているのを弟子がとがめたところ「不浄にて申念仏のとがあらば、めしこめよかし弥陀の浄土へ」と歌で答えたという。彼のような宗教史の画期的人物の排便姿が、同時に便所の絵の初見でもあるということは極めて象徴的なことといえるのではなかろうか。つまり、一四世紀も後半には、この『慕帰絵』や『法然上人絵伝』などに便所がはっきりと現われるようになったのであり、このころから、本格的な糞尿の利用が進展し始めたと考えてそんなに間違いはないのではあるまいか。

もう一つは、液肥の運搬用具の発達であって、一四世紀以降の絵巻物には結桶《ゆいおけ》が見られるようになることである。すなわち一四世紀以降、結桶の製作・普及が急速に進んでいくのである。言うまでもなくこの結桶は液肥としての人糞尿を施すには不可欠な運搬用具となるものであるが、『三十二番職人歌合』を見れば、このころから結桶師が登場してくることが明らかであろう。このような運搬に不可欠な容器の出現が相俟《あいま》って、人糞尿施肥の急速な発展の条件が出来てくるのではあるまいか。

●図3――『法然上人絵伝』（弘願本）巻二より

ただ、こうした便所と桶の発達だけでは人糞尿施肥は発達しなかったであろう。都市の発展がもう一つの不可欠な条件であったと私は思う。その意味では「肥桶」の初見とされていた『建武年間記』の「二条河原落書」の一節「去年火災ノ空地共、クソ桶ニコソナリニケレ」も「クソ福」＝厠（トイレ）が正しいのだが、それにしても都市空間におけるトイレの重要性を示していて興味深い。

このように見ていくと、最初の人糞尿施肥の絵画史料というのは、今のところやはり町田本

「洛中洛外図屛風」の一場面であろう。そこでは明らかに運搬用の桶から液肥が汲まれて畠に施されている。一六世紀の初頭の京都では、人糞尿施肥が普及してきていることを明示するものである。この事実から出発して、どのようにそしてどこまで遡ることができるのであろうか。また、このような人糞尿施肥の発達には占城米《チャンパ》のように中国農業技術の影響を考えることもできるが、それについてはまだはっきりとした証拠をつかむことができない。今後の課題とすることにしよう。

以上は、『慕帰絵』から出発しての生活史の一論点にすぎない。室町時代の生活史を探る上での座標軸となる絵画史料として『慕帰絵』は、このように今後ますます読まれるようになるだろう。

シンボリックな風景

物くさ太郎の着物と髻

中世の人々の色彩感覚や色彩観念は、近年漸く歴史研究のレベルで問題になり始めている。絵巻物や絵図を論ずる立場からは、大変重要な、しかも検討困難な論点なので、これからの進展をどうすればよいのか迷っているのが実情である。

とはいえ、具体的な問題の切開の方向がない訳ではない。その一つが、御伽草子《おとぎぞうし》のようなジャンルに注目することである。それらでは、概して色彩の使用は単純で、多分にシンボリックな役割を果たしているといえよう。そのことに注目すれば、美術史的価値の高い絵巻物の色彩で判断に迷う前に、これらの作品を象徴的なレベルで検討してみるのが生産的であると思われる。

御伽草子は、戦後の一時期における中世史研究にとって大切な素材・史料であった。しかし、その後御伽草子読解の仕事は、一部の例外を除き、歴史研究者の中ではほとんどかえり見られないまま今日に至ったように思われる。私としては、そのような現状からの脱却のためにも、今後御伽草子研究に挑戦してみたいと思っている。[*1] この小稿もその一つである。

「物くさ太郎」の位置

私達とは違って、国文学の人達が御伽草子を重要なテーマとして一貫して検討されてきたことは言うまでもない。此処での主題である物くさ太郎についても、実に多くの研究が蓄積されてきていることは言うまでもないことである。[*2]

ところで小松和彦氏は、平凡社『大百科事典』の「物くさ太郎」の項で、次のように的確な説明をされておられる。

(イ)御伽草子。渋川版の一つ。別名〈おたかの本地〉。〈隣りの寝太郎〉など寝太郎型の昔話と同系統の説話であるが、後半部の舞台を農村から都へ移すことによって意外性に満ちた波瀾万丈の物語となっている。

(ロ)信濃国筑摩郡あたらしの郷に、物くさ太郎ひじかすという無精者が寝て暮らしていた。人が恵んでくれた餅を取りそこなって人の通りかかるのを三日も待ち、やっと通りかかった地頭に拾ってくれと頼むほどの物ぐさぶりである。

(ハ)これに驚嘆した地頭は、村人に彼を養うように命令するが、京から村に夫役がかかったときに、村人はこの夫役を太郎に押しつける。京に上った太郎はまめまめしく働き、夫役を終え妻探しのために清水寺の前に立ち、そして見初めた貴族の女と恋歌のかけあいをした末に勝って結婚する。

(二)貴族の世界に入った太郎は、やがて文徳天皇の皇子が善光寺から授かった申し子だったということが判明し、信濃の中将に任じられて帰国する。一二〇歳まで生き、死後はおたかの明神、妻は朝日の権現としてまつられる。

話の筋はほぼこのようなものである。小松氏は、この話が本地譚の形式をとりはするが、そのパロディーないし笑話として製作されたと推定されておられる。現在、多くの研究者の共通に認めるところではないかと思われる。

また、かつて印象深く読んだものに佐竹昭広氏の『下剋上の文学』がある。物くさ太郎についての私のイメージは、この書物によるところが実は多い。そこでは、物くさ太郎の「ものくさ」と「まめ」の根底に「のさ」というキーワードを設定して統一的理解を試みられたものであり、いろいろと教えられるところが多かった。

この物くさ太郎の伝本には、大別すれば、A絵巻本系諸本、B刊本系諸本に分けられる。Aとしては、大阪女子大学蔵絵巻本と国会図書館蔵写本とがあり、Bとしては、a「おたかの本じ物くさ太郎」系の諸本とb渋川版御伽草子系の諸本とがある。Aが古態を残しているとされているのである。*3

柿色の衣の象徴性

ここでの私の関心は、そこに登場する主人公物くさ太郎の画像にある。すなわち、彼の姿恰好が極めて興味深いのである。管見では、物くさ太郎の画像を中心に読もうとした仕事はないのではあるまいか。

では、どの物くさ太郎の画像に注目したかと言えば、言うまでもなくAの大阪女子大学所蔵本の「物くさ太郎」である[*4]（同じくAの国会図書館蔵本には挿絵がない）。そのカラー図版は、たとえば『御伽草子』（雑誌太陽「古典と絵巻シリーズ」III）によって見ることが出来る。今のところこの本が「物くさ太郎」の画像を考察する上で一番良いものであると考えている。そこに見られる物くさ太郎の画像は実にシンボリックな姿といえよう。

●図1——御伽草子「物くさ太郎」より，信濃国あたらし郷の太郎の家

まず、図1を御覧頂こう。そこは、信濃国あたらし郷の物くさ太郎の家であるが、詞書には、

誠にゆゆしく造り立て、居ばやと思へども、金少なくて足らねば、ただ竹四本、柱に立て、檜皮葺と思ひなし、薦を引き覆ひてぞいたりける。元手なければ、商ひならず、物つくらねば、食物もなし。五日も十日も起きもあがらず、伏せいたりけり。

とあるように、四本の竹の柱だけの小さな家であり、周囲には薦《こも》が掛けてある。それはどう見ても乞食の小屋そのものである。中には莚《むしろ》が敷いてあり、そこに太郎が仰向けに寝そべっている。Ｂａ系の詞書に「あめのふるにも、日にてるにも、ならはぬすまひ、していたり。かやうに、つくりわろしとは、申せとも、あし手のあかかり、のみ、しらみ、ひぢのこけに、いたるまで、たらはずといふ事なし」とあるような状態であった。

彼の服装は膝までの帷子《かたびら》だけである。それだけを着て横になっているその姿はこれまた乞食そのものと言えよう。

第二の場面には、詞書に、

ある時、人々の申すやう、いかに、あれがひだるかるらむとて、五人の人々、餅一つづつ取らせければ、四つは一度に食ひて、今一つ持ちて思ひけるやうは、有りと思へば後の頼み、なしと思へば心細く、人の物得させんほどたなつきに持たせばやと思ひて、是を一時も身に離さずして、伸べつ縮めつ、胸に当て、頭に頂き、口にて濡らし、鼻油など引きて、持ちあつかふほどに、下は垢に黒くなり、上は油を引くほどに、取りはづして大道へ落としける。其の時、物くさ太郎、見まはして、考へて、思ひけるは、行きて帰りぬは八尋ばかりあらん、いかがしてか求め寄せんと思へども、我、取らむずるには物くさし、五つの比まで、さりとも人の通らぬ事、よもあらじと思ひて、竹の竿さしあげて、犬・鳥の寄るを追ひのけて、三日まで待つとも人見えず、

とあるように、人から貰った餅五つのうち四つを忽ち食べてしまい、残りの一つを玩んでいる内に誤って道にころがしてしまった。それなのに自分では取りにいかずに、人に取らせようと、寄ってくる犬や鳥を竹の棒で追っている姿が描かれている。「ものくさ」の本領発揮の場面である。

●図2――「物くさ太郎」より，京の清水で辻取りをする姿

このような乞食と犬や鳥の近接性は、次章の「犬と鳥と」の中で触れているからこれ以上述べないが、これまた太郎の乞食としての特徴を端的に表現していよう。また竹の棒は、太郎がこの服装でいる間は常に持っており、やはり乞食のスタイルの一部をなすものなのであろうか。

問題は、その服装＝帷子の色である（図2、カ

バー図版参照)。清水で妻を得ようと辻取《つじと》りをする日の詞書には、

その日のありさま、信濃の重代、大つづり袴はなければ着ず、なほもあさましきなりにて、縄を帯にして、まことの棒なければ、竹の節近き杖うちかつぎ、物くさ草履さしはきて、霜月十八日の事なれば、風激しく吹きて、いとど寒じて、寒き卒塔婆のごとく、少しもたわまず、まっすぐにぞ立ち侍べりける、

とあり、Ｂｂにも「さゆみのかたびらの、何色とももんも見えぬに」とあるのみで、色については特に強調してはいないが、しかし画面での彼の服装の色は、一貫して柿色系統の色なのである。汚れて紋も見えなくなった帷子の色彩表現が、柿色系統の色で示されている点が極めて象徴的であると言ってよいであろう。そうして彼は大手を広げて仁王立ちしている。これが辻取りをする姿勢=作法なのであろうか。詞書に「あら恐ろしや、きたなや、何を抱かんとて、大手を広げて立ちたるらん」とあるのは、それを示唆しているように思われる。

ところで、このような柿色系統の色は、最近の研究の注目するところであるが、それは乞食ないし非人のシンボリックな色なのであった。こうして物くさ太郎は、その服装の色に至るまで乞食としての性格を強調されていたのである。すなわち、私の主張では、柿色系統の色のシンボリックな意味は何よりも穢《けが》れと関連していると考えるところにある。[*5] 網野善彦氏や、[*6] 勝俣鎮夫氏、[*7] そして、最近では河田光夫氏[*8]の仕事などを含めて、この論点を今後更に深めていくよ

うに私なりに努めたいと思っている。

更にこの辻取りの場面に関連して注意さるべきは「まことの棒」がないので「竹の杖」で代用したとの記述である。この「まことの棒」もまた、辻取りと関係のある物（道具）なのではあるまいか。

また物くさ太郎を、その行動のレベルで見て行くと、女房を追って邸の縁の下に潜り込んでいる。その姿は、縁の下で暮らす乞食のそれと言ってよいだろう。「小袖一かさね、大口、直垂、烏帽子、刀にいたるまで出され」て、やっとのことで着せて貰った物くさ太郎は、「着たる重代の大つづり脱ぎ、竹杖に巻きつけて思ふやう、美しき小袖は今宵ばかりぞ貸し給はらんずらん、朝はまた信濃の重代のつづりをば着て帰らんずる、犬えのこ食らふな、人取るな、とて縁の下へぞ投げ入れける」とあるように、犬もまた縁の下の「住人」であり、太郎の重代もそこにふさわしい服装であることが強調されているのである。

簡単だが以上のように見てくると、物くさ太郎の姿は、これを見る人々にとって、典型的な乞食非人のそれであったことが判るであろう。そのような乞食姿から公家姿への変身が、見る者を驚かせるのである。

記号としての髻

けれども、一つだけ奇妙なところがある。それは太郎が髻《もとどり》を結っていることである。すなわち、中世の乞食非人であれば、彼等の頭は蓬髪《ほうはつ》であり、髻を結うことはない。従って太郎の場合には、明らかに一般の乞食とは異なる。事実、Ｂｂの御伽草子系の「物くさ太郎」の挿絵（岩波日本古典文学大系『御伽草子』一八八〜一九五ページ）では、太郎もザンバラ髪で描かれているのである。

しかし、この「物くさ太郎」ではそうではなく、太郎は髻を結っているのである。ここに、この画像の特徴の一つを見ることができよう。つまり、この髻を露《あらわ》にしていることは、周知のように中世社会では極めて恥ずかしいことであった。従ってその髻を露にしていることは、太郎が現にそのような恥辱的な状態にいることを示していると言えるであろう。だが、それなら近世の「物くさ太郎」の画像のように、乞食非人にふさわしい蓬髪姿で描けばよいではないか……。しかし、この「物くさ太郎」ではむしろ一貫して髻を結ったままなのである。

典型的な乞食の姿でありながら、乞食としては髻だけが全くふさわしくないというこの物くさ太郎の画像を、どのように解釈すべきであろうか。それが問題である。

つまり、絵画上の主人公ももちろん物くさ太郎であり、その姿の一貫した描写によって統一されているはずなのであるが、では国文学上の重大問題である前半の物くさ太郎から後半の

「まめ」な彼への変身と同様の事態を、果たして絵画上の変化としてどのように読み取れるであろうか。

それは端的に言って、物くさ太郎のスタイルの極端な変貌である。つまりそれまでの乞食姿が、一挙に公家の姿に変わるところにある。それまでの柿色系統の服から青い公家の服に、そして髻を露にした髪が立烏帽子《たてえぼし》に変わるのである。

とすると、この髻を結った髪は極めて重要なことを当初より表現していると言えるのではないか。すなわち蓬髪と違って髻は、直ぐに立烏帽子を被れる状態であり、当初より太郎が髻を結っていることは、彼が本来そのような立烏帽子を被るべき存在であることを暗示しているといえまいか。

そのように見る時、黒い笠にも注意さるべきであろう。笠を被るようになるのは清水での辻取りからであり、以後、貴族に変身するまで必ず持つか被るかしているのである。つまり彼が京に出て来ていること、「旅」に出ていることを端的に示しているのがこの笠なのである。そしてこの笠を被ることによって髻を隠し始めてきたことが印象付けられるであろう。

ということは、この髻が、実は太郎の貴族性を暗示する記号として当初から表現されており、太郎が何時立烏帽子を被った本来の姿に戻るかが、画面展開上のポイントなのであった。図3を見て頂きたい。これは、地頭のあたらしの兵衛佐のぶよりが、物くさ太郎に札を与えている

●図3——「物くさ太郎」より

場面であるが、彼の頭の髷は、地頭の髷《まげ》とも村人達のそれとも全く違うことは極めて明瞭である。そう言えば、髭（くちひげ）・鬚（あごひげ）を始めとして顔は最初から貴族的な表情で描かれている（髭・鬚・髯の歴史学[*9]は、これまた次の機会に試みることにしたい）。

こうして画像から見た物くさ太郎は、髷が当初から彼の貴族性を示しており、柿色の帷子が彼の乞食としての存在を象徴していることになる。両者の矛盾は、立烏帽子をつけて髷を隠し、柿色の帷子を脱ぎ捨てて貴族的な服装になることによって、鮮やかな変身を可能にするものなのである。絵を見ている人々は恐らく、視覚的にそのことを感じながら本文での話の進行を聞いていた訳である。

以下は蛇足だが、三点ほど付け加えておきたい。一つは、服装や行動・しぐさの変化による鮮やかな変身、これは中世末期から近世初頭における人々にとって、恐らく極めて切実な関心事であったに違いない。そのような敏感な身分感覚故に、この画面は詞書との関係の中で、生き生きとした受けとめられ方をされていたのではないだろうか。

第二に、そのような変換を内面で可能にしている論理は、

男は三度の晴業に心つく、元服して魂つく、妻を具して魂付、官をして魂つく。または街道なんどを通るに、ことさら心つくなり、

という「いはれ」に示されていると思われる。これは、確かに都の女性との結婚を餌に物くさ太郎を長夫に出すための説得＝「すかす」ための論理ではある。しかしそれは「ものくさ」の権化のような物くさ太郎をも説得できた点で、一番説得力のある論理であるともいえよう。この点からは、中世末〜近世初頭の人々が持っていた「晴業」や「旅」による人間的成長ないしは変身の論理を肌で感ずることが出来るのではあるまいか。

そして最後に指摘しておきたい点は、詞書の「女二人添へ、日毎に風呂へ入れ、夜昼洗ひみがきて、扱ふほどに、美しく玉の光出づるに似たり」、Ｂａ系の「七日湯風呂に入ければ、七日と申には、うつくしき玉の如くに成にけり」とあるような変身にあたっての風呂の威力である。その後は「男の礼法」を仕込むだけであった。

注

＊1――たとえば『酒呑童了絵巻』や『磯崎』などが、私の当面の分析対象である。

＊2――「物くさ太郎」の研究は枚挙にいとまがない程であり、ここでは管見の文献を挙示するにとどめる。柳田国男『桃太郎の誕生』、野村八良『室町時代小説論』、荒木良雄『中世日本の庶民文学』、市古貞次『中世小説の研究』、永積安明『中世文学の展望』、杉浦明平『戦国乱世の文学』、佐竹昭広『下剋上の文学』、同『民話の思想』、信多純一『古本物くさ太郎』（松蔭国文叢刊4）、論文としては、岡部政裕「御伽草子―『物くさ太郎』を軸として―」（『日本文学講座Ⅲ　日本の民衆文芸』）、島津泰雄「寝太郎から物くさ太郎へ」（『駒沢国文』二号）、渡辺昭五「物ぐさ太郎の種姓」（『札幌大学紀要』一号）、大島建彦「ものくさ太郎の伝説」（『中世・近世文学研究』二号）、越智良二「御伽草子『物くさ太郎』の性格分析」（『解釈』一七巻四号）、桜井好朗「下剋上と神々―物くさ太郎考―」（『中世日本の精神史的景観』所収）、信多純一「夢想『物くさ太郎』論」（『国語・国文学論集』）、三木紀人「新しい神の誕生―物くさ太郎の変身―」（『国文学解釈と鑑賞』昭和四九年一月号）、小松和彦「『物くさ太郎』の構造論的考察」（『民族学研究』三九巻二号）、桑原博史「『物ぐさ太郎』の物ぐさ太郎ひぢかす」（『国文学』昭和五二年一一月号）、小松和彦「最後に笑う者―『物くさ太郎』にみる笑いとユーモア―」（『神々の精神史』所収）、美濃部重克「物草太郎の口承的仕組み小考」（『説話と説話文学』）などがある。

＊3――信多純一『古本物くさ太郎』及び松本隆信「中世における本地物の研究（五）」（『斯道文庫論集』十六輯）を参照。

＊4――前注の『古本物くさ太郎』にはその影印がある。

＊5――黒田日出男「史料としての絵巻物と中世身分制」（『歴史評論』三八二号）・同「中世身分制についての覚書（二）」（『人民の歴史学』七一号）・同「中世民衆の皮膚感覚と恐怖」（『歴史学研究』別冊一九八二年大会報告）・同「洛中洛外図上の犬神人」（『部落問題研究』八四号）など。

＊6――網野善彦「蓑と柿帷―一揆の衣装―」（『ｉｓ』総特集「色」）・同「中世の旅人たち」（日本民俗文化大系『漂泊と定着―定住社会への道』）など。

＊7――勝俣鎮夫『一揆』

＊8――河田光夫「中世被差別民の装い」（『京都部落史研究所紀要』四号）など。

＊9――女の髪の毛と同様に、男の髭・鬚・髯（ほおひげ）もまた極めて興味深い研究対象である。

「犬」と「烏」と

われわれにとっての「犬」の存在と、近世、更には中世における「犬」のそれとでは決定的とでも言うべき差がある。ペットとしての現代の「犬」のイメージを単純に歴史に持ち込むことは極めて困難である。もっとも、私も「犬」が大好きであり、J・C・マクローリン『イヌ――どうして人間の友となったか――』(岩波書店)を愛読していることを断っておこう。

ここで書こうとしていることは、あくまで中世の人々にとっての「犬」そして「烏《からす》」とは何かであり、最終的には「犬」と「烏」のイメージの象徴性に触れることとなのだが、果たしてうまくいくだろうか。

既に近世における「犬」を中心にした塚本学氏の極めて示唆的な作品『生類をめぐる政治』(平凡社)があり、多くの点で教えられること大であることは言うまでもない。しかし、氏の仕事は主として近世の実態に向けられており、それを政治史との絡み合いで考察されているので、私の関心からすると、足りないものがまだあるように思われる。その点が小文の作業の中心になるのである。

もっとも、氏は、最新の平凡社『大百科事典』の「イヌ」の項の【人間と犬】〈日本〉の執筆を担当されている。バランスのよい記述なので、古代から中世の部分だけを要約させていただく。

第一に、貴族政権の世界では、令制によって、兵部省管下の主鷹司が鷹と犬を調習するのを職掌としていた。犬の飼育・訓練法は、八一八（弘仁九）年の『新修鷹経』以来の鷹訓練法に付随して、貴族世界内で伝習されたこと、第二に、ペットとしての犬飼育も、『枕草子』などに、そのあとを留めていること、第三に、都市での野犬の横行も早くからのことであり、一三世紀初頭に宮中故実を記した『禁秘御抄』には、宮中諸所の縁の下から犬を狩り出して弓で射る「犬狩り」行事での近年の乱れが指摘され、『明月記』（一二三五年）などの貴族の日記には、しばしば犬が宮中や邸内を汚す記事が見られること、第四に、『北野天神縁起』などには、埋葬地に犬が描かれ、埋葬人体の多くが犬に食われる運命にあったことを示し、犬に穢の観念が伴ったのは、こうした事情によるのではないかということ、第五に、異状を発見する嗅覚のため、呪詛を見破る力を評価される面もあったこと、第六に、武士は狩猟に親しんだから、武家政権でも犬はよく利用され、犬追物《いぬおうもの》は武家政権成立後すぐに始まり、また北条高時は闘犬を愛好したと伝えられること、第七に、犬狩り・鷹餌用殺犬など手近な虐待対象ともされたことの七点が指摘されている。

鷹の餌・食肉・毛皮としての「犬」

まずは塚本氏の近世についての指摘から出発しよう。それは食肉・食料としての「犬」についてである。

塚本氏は、「食犬習俗と鷹の餌」という章を設けて説明している。すなわち、綱吉の生類憐み令に先行する禁令の必要とされた事情を探り、次のように説明されるのである。

つまり、まず食犬が東アジア世界に広がった習俗であることに注意を喚起した後で、「犬は鷹にも飼、人もくひしなり」とされているような近世における食犬の事実と実態を明らかにされている。簡単に整理すれば、その第一は鷹餌用として犬を殺すことが広汎に行われていたこと、したがってそのような鷹の餌及び鷹狩りの下働きをするものとしての犬の飼育が行われていたこと、第二に都市住民におけるカブキモノ風な生き方の一つとしての犬の寄り合い食いが行われ、そのような食犬は権力に対する反抗といった意味合いが込められていたことなどが指摘されている。

近世初期の「犬」は、こうして狩猟用・鷹の餌、食肉としても利用されていた訳である。このような利用状況は、当然のことながら中世に遡る。氏は『徒然草』の例、すなわち「鷹に飼はんとて、生きたる犬の足を斬り侍りつる」と院に告げ口されて昇進出来なかった土御門雅房の話（第二二八段）を示されているが、中世における鷹の餌用としての「犬」についての他の記述を示すのは容易である。たとえば『発心集』の巻五の「正算僧都母為子志深事」には、

事ノヲコリハ、鷹ヲコノミ飼ケル時、ソノエニカハムトテ犬ヲ殺シケルニ、胎タル犬ノハラノ皮射切タルヨリ、子ノ一ツ二ツコボレ落ケルヲ、走テニグル犬ノ忽ニ立帰テ、ソノ子ヲクハヘテ行ントシテ、ヤカテ倒レテ死ニタリケルヲ見テ、発心セリトゾ語リ侍シ、

とあり、鷹の餌としての「犬」が殺されている例である。

これらの餌としての「犬」は、同時に鷹狩りの際の、獲物を追う狩猟犬でもあり、鷹が飼われているところには必ず「犬」が飼育されていた。『今昔物語集』巻一九―第八話によれば、西の京に鷹を使うをもって役としている者があったが、その家には「鷹が七つ八つを木にする並めたり。犬十二十を繋ぎて飼ひけり」とあるように、鷹の倍以上の犬が飼われていたことが判るであろう。その話では鷹のために獲物を追い出す犬飼と「犬」の行動が、「狗飼は杖をもちて藪を打ち、多くの狗どもをもちてかが」し、「犬」は、「鼻を土につけてかぎつつ寄」ってくると言うように実にリアルに描写されているのである。

しかし、狩猟犬としての「犬」については、別に鷹狩り・鷹飼とだけ結びつける必要はない。『今昔物語集』などに見られる「犬山」達の連れている犬がその例であろう。すなわち、『今昔

物語集』の巻二六―第七話では、「然る間、東の方より事の縁ありて、其の国に来たれる人ありけり、此の人、犬山と云ふことをして、あまたの犬を飼ひて山に入りて、猪鹿を犬にかみ殺さしめて取る事を業としける人なり」、同巻―第二一話では「家にあまたの犬を飼ひ置きて、山に入りて鹿猪を食ひ殺させて取る事を業としけり、世の人、これを犬山と云ふなりけり」とあり、また巻二九―第三二話には、陸奥国の賤しい者が「家にあまたの犬を飼ひ置きて、常に其の犬どもを具して深き山に入りて、猪鹿を犬どもに勧めて食ひ殺させて取る事をなむ、昼夜朝暮の業としける」とある。このように「犬」を使って猪や鹿を食い殺させる狩猟法があり、そのような者達を「犬山」と言ったのであった。

『粉河寺縁起』には、そうした猟師の家の庭に赤い首輪の「犬」二匹が描かれている（『日本絵巻大成』第五巻二一ページ他）。弘法大師を案内した南山の犬飼の連れていた犬も、そうした狩猟犬に違いない。なお、犬や鷹の首に鈴をつけることは『今昔物語集』巻一九―第八話に見える。獲物の所在を知らせるためのものであった。この二匹の赤い首輪にも狩猟の時には鈴がつけられたのではあるまいか。

食犬についての中世史料を提示することは難しいが、しかしそれが行われていたことは、近世の諸事実からみて間違いあるまい。

また、中世の「犬」の扱い方を最も端的に示すのはやはり犬追物であろう。言うまでもなく、犬追物は笠懸《かさがけ》・流鏑馬《やぶさめ》と共に騎射三物の一つである。「犬」を狩猟の獲物と見立てて竹垣で囲んだ馬場の中に放し、それを騎射する競技であった。「犬」を騎射の的にするようなその「犬」の扱い方は、現代の愛犬家にとってはやはり許しがたいであろうが、中世においては武士の射技鍛錬の手段として愛好され、それ故「犬」は犬追物用としても飼われていた訳である。

犬の毛皮についても、高橋昌明氏「騎兵と水軍」(『有斐閣新書 日本史(2)』所収)に指摘がある。すなわち、中世における甲冑《かっちゅう》のうち大鎧《おおよろい》は、最も形式の整った騎馬武者用甲冑で、もちろん日本独特のものであるが、その製作の材料である「革」は牛と犬の皮であり、「韋(なめし皮)」は鹿・馬・猿の皮が代用されていたのである。「犬」の皮が牛と並んで利用されていた訳である。

こうして中世においても「犬」は、鷹狩りや「犬山」の狩猟犬、犬追物の「犬」ないしは闘犬用の「犬」、鷹の餌ないし食肉としてのそれ、そして、皮革材料としての需要にも応えるものであったのである。

尚、中世でもいわゆる番犬としての「犬」、及びペットとしての「犬」の飼育が行われていたことは言うまでもない。『徒然草』の第一二一段に、「犬は、守り防ぐつとめ人にもまさりたれば、必ずあるべし。されど、家毎にあるものなれば、殊更に求め飼はずともありなん」とある。「されど」以下は微妙だが、ともかく番犬としての「犬」が家毎に飼われていたことはわかるであろう。見なれない不審な者に吠えつく「犬」の声は、昼夜を問わず人々の生活を守るものであった。また、子供達が「犬」の子と遊んでいる場面は、絵巻物にしばしば描かれている。たとえば『古今著聞集』巻二〇―第三九話に次のような話がある。すなわち、五代民部丞という者が「あを毛なる犬のちいさきを」飼っていたが、この犬は、毎月一五・一八・二七の三日はどうしても魚鳥の類を食べなかった。一五・一八日は阿弥陀・観音の縁日だが、二七日というのは「これをよく〳〵あむずれば、この犬のいまだをさなかりけるを、彼民部丞が子息の小童がかひたてたりける也。件の小童そのかみうせにけり。かの月忌廿七日にてありけるを、わすれずしてかかりけるにや」ということなのであった。このような童と小犬の情愛の深さを見れば、『法然上人絵伝』巻一―第三段の、幼い日の法然と遊ぶ子犬の姿などがすぐに脳裏に浮かぶ。子供と子犬は中世でも最も親しい遊び仲間であった。

「清掃役」としての「犬」と「烏」

さて、少なくとも中世の「犬」はこのような側面だけの存在ではない。「烏」と共通する側面に注目すれば、別の面が直ちに浮かび上がってくるのである。それは「清掃役」としての「犬」と「烏」である。たとえば、『春日権現験記絵』巻八―第二段（『続日本絵巻大成』第一四巻五〇ページ）である。大和の国中で疫病が蔓延している有様が描かれている場面（図1）であるが、疫鬼が屋根の上から家中を窺っているその家では、今しも主人らしい病人が激しい吐き気

●図1——『春日権現験記絵』巻八より。おう吐物を食べる犬

●図2——『弘法大師行状絵詞』巻七より。清掃役を務めている犬と烏

に襲われている。そしてそこには、その吐いた物を食べている犬の姿が描かれているのである。『弘法大師行状絵詞』巻七―第五段（『続日本絵巻大成』第六巻一〇〇～一〇三ページ）は、同じく疫病の蔓延によって人々が野に小屋掛けしている場面である（図2）。或る者達は激しく吐いたり、衰弱して横たわっており、或る者達は食事の支度をしたり、何やら食べているようである。また既に死んだ者も見られる。見れば、上の部分の莚の死者は既に「犬」達によって殆ど食べ尽されてしまっており、下の死者の場合は「鳥」が周りの人の去るのを今か今かと待っているところである。疫病の流行は中世では珍しいことではないから、それによって生ずる大量の死体を食い尽す「清掃」役を「犬」と「鳥」が務めた訳である。

もちろん疫病の蔓延の時だけではない。われわれは、中世の「犬」や「鳥」達が日常的に、言わば食べ残しや汚物などを食べて環境を浄化する存在であったことに注意を向けるべきであろう。『春日権現験記絵』巻一三―第二段（『続日本絵巻大成』第一四巻八五ページ）では、厨房の縁の上に犬が行儀よく座っているが、恐らく残飯を餌に貰おうと待っている姿なのであろう（図3）。このような犬の姿は実によく絵巻物に登場する。このような家の庭に描かれている「犬」達は、主人やその家族などが食べ残した食事や捨てたかすを待ち受けていたと考えられるし、「鳥」も恐らくそのような残飯をねらっていた。糞さえ食べたらしいことは後掲の『宇治拾遺物語』巻五―第一二話で知られるし、また『福富草紙』の一場面（『新修日本絵巻物全集』

第一八巻六九ページ）では、福富が糞をしているのを窺っている「犬」が描かれているが、恐らく糞を食べようとねらっているのではあるまいか。

この点は何も日本中世のことに限らない。たとえばカンボジアでの大虐殺について記した『虐殺はなぜ起きたか』（小倉貞男著）によれば、「犬」や「鳥」などは村落の「清掃役」であったが、ポル・ポト時代に、食料として飢えた人々によって「犬」が食い尽された結果、鳥達だけがその役割を果たしている情景が描かれている。東アジアの「犬」や「鳥」はそのような役割をエコロジー的に果たしていたのである。

●図3——『春日権現験記絵』巻一三より。縁の上で残飯を待つ犬

このような「清掃役」としての側面は、『今昔物語集』巻二九—第八話に見られる。すなわち、強盗に人質に取られた女房が、その衣服を剝がれて捨てられたが、「習ひ給はぬ心地に、裸にて怖々しと思ひける程に、大宮河に落ち入りにけり。水も凍して風すさまじきこと限りなし。水より這ひ上りて、人の家に立ち寄りて門を叩きけれども、恐れて耳に聞き入るる人も無

し。然れば女房こごえて遂に死にければ、犬に食はれにけり」ということになってしまった。人々が「朝見ければ、いと長き髪と赤き頭と紅の袴と、切れ〳〵にして氷の中に」あるばかりであったという。何ともすさまじい結末であるが、「犬」が、人間であれ何であれ死体を食べてしまう「清掃役」であることを端的に示している話であろう。この話を前提にすれば、同巻二六―第二〇話の重病になって主人に家の外に出されてしまった女童が「犬と互に歯を食ひ違へてなむ死にてありける」とあるのも、「犬」が来る前に彼女が死んでいたなら、かの女房の死体と同じ運命となっていたのであろう。また捨て子なども「犬」などに狙われる対象であったことは言うまでもない。

では「烏」の方はどうか。こちらは説話集などに余り出てはこないけれども、やはり同じであろう。『今昔物語集』巻一五―第二六話の、有名な播磨国賀古の駅の教信の話には「かの駅の北の方に小さき庵あり。その庵の前に、一の死人あり。狗・烏集りてその身を競ひ食ふ」とあり、教信の死体を「犬」と争って食べているのは「烏」達であった。

こうして「犬」と「烏」は、そのような死体を始めとして、残った食物や捨てたかすなどを食っていた。絵巻物で最もポピュラーな動物としての「犬」達は、そうした物の「清掃役」を務めていた訳である。「烏」も同様であった。つまり、「犬」と「烏」とは、家の庭であれ街路であれ、そして墓地であれ、残飯・汚物そして死体などを食べて環境を浄化する動物として中世の人々の日常・非日常空間の中に存在していたのである。

ただし、中世の「犬」や「鳥」が「清掃」役ばかりを演じていた訳ではもとよりない。まず第一は、現在でも都市における愛犬家にとっても犬嫌いにとっても人問題である犬の糞である。『日葡辞書』が「犬の糞」を「穢し」としているように、「犬」はもう一方で、穢を持ち込む存在であった。『今昔物語集』の巻二〇―第四話に「狗の糞の香の清涼殿のうちに満ちくさかりければ、候ひと候ふ人、これはいかなることぞと、いひののしりけるに」とあるように、「犬」の糞の匂いさえ鋭敏な臭覚の人々にとって大問題だったのである。『宇治拾遺物語』巻五―第一二話に「犬は人の糞を食てくそをする也」とあるのは「犬」の垂れ流しの「清掃役」としての特徴を見事にとらえている。第二には、「犬」達が持ち込む餌としての人や猫その他の死体の穢である。これについては、塚本氏も指摘しているように『明月記』や『看聞御記』などの日記に、宮中や邸内を「犬」がしばしば汚している記事が見られることで理解できよう。そして第三が、「犬」の産穢と死穢である。これまた人々を困らせた。たとえば「六畜死忌五日 馬牛犬」「六畜産穢三日 牛馬犬」とある。こうして特に「犬」は、中世の人々にとって、一面では清め役であり、反面では穢をもたらす存在でもあったのである。

墓地・市と「犬」・「烏」

以上のように中世の「犬」と「烏」は極めて多義的な特徴を持った存在であったが、絵巻物の世界で両者が一緒に描かれるとき、ある特定な場所と一定の存在に結びついての描写であることに気付かざるを得ないのである。結論的に言えば、その特定の場所とは市と墓地であり、一定の存在とはこれまで触れてきたような死体と乞食非人である。「犬」と「烏」が一緒に描かれている場面は墓地・市そして乞食小屋であり、そこに居るのは死体か乞食非人なのであった。つまり、「犬」と「烏」は、そのような特定の場所と存在を象徴するシンボリックな存在なのであろう。そこでこれから二点にわたって、「犬」と「烏」のイメージが象徴する空間について触れて行くことにしよう。

まず第一は、墓地である。絵巻物を眺めていると死臭の漂う場面がよく登場する。既に見た疫病蔓延の場面もそうであるが、代表的なのはやはり『餓鬼草紙』(『日本絵巻大成』第七巻八〜九ページ)であり、そこには中世墓地の無気味な風景が描かれていることは周知のことであろう(図4)。もとよりそこに描かれた餓鬼は現実の墓地の場面のイメージからは消去しなければならないが、消しされないものがある。それが墓地における「犬」と「烏」なのである。画面を見て頂きたいのだが、死体をかじったり、つついたりして食べている「犬」と「烏」の姿は、実にそのような墓地の「清掃役」として墓地空間を象徴している姿なのである。

このような墓地における「犬」と「烏」は、もちろんこれだけに留まらない。ここでは代表的な画像のみに限らざるを得ないが、以下に幾つかの例を挙げることにする。

『餓鬼草紙』に次ぐ第二の例は、これまた有名な『北野天神縁起』巻八（『日本絵巻大成』第一巻四〇ページ）の場面（図5）である。そこには石塔や卒塔婆が見られ死者が葬られており、墓地であることは明瞭であるが、そこにも「犬」と「烏」が死体を争って食べているのが見ら

●図4——『餓鬼草紙』より，墓地にいる犬

●図5——『北野天神縁起』巻八より，墓地で死体をあさる犬と烏

れる。

第三の例は、『九相図巻』（『日本絵巻大成』では『九相詩絵巻』と言い第七巻に収められている。その一一七ページ）の第九段であろう（図6）。恐らく墓地に捨てられた女の死体を食い尽す「犬」と「烏」の姿がすさまじい。

第四の例の「人道不浄相図」（聖衆来迎寺蔵『六道絵』の内）もまた、同様の図様である。そこにはやはり女性の死体に食らいついている「犬」と「烏」達の姿が極めてリアルに描かれているのである。

こうした墓地空間を象徴する「犬」と「烏」の姿は、中世末期から近世前期に至るまで描かれ続ける。

第五例だが、熊野比丘尼の絵解きに使われた熊野観心十界曼荼羅の墓地の場面にもこの「犬」と「烏」の姿が描き込まれているのである。このような民衆のための絵画にさえ墓地といえばその付き物のように必ず描かれるのであるから、墓地の光景と「犬」・「烏」のイメージの結び付きは極めて強いものがあることが明らかであろう。

第六の例として、有名な説経「おぐり」の場面が挙げられる（図7）。この図は、草子「おぐり物語」（寛文末延宝初年刊）の挿絵である。そこには餓鬼阿弥となって蘇生した小栗が描かれているのであるが、そこでも墓地を象徴するものとして五輪塔や卒塔婆とともに描かれているの

●図6——『九相図巻』より

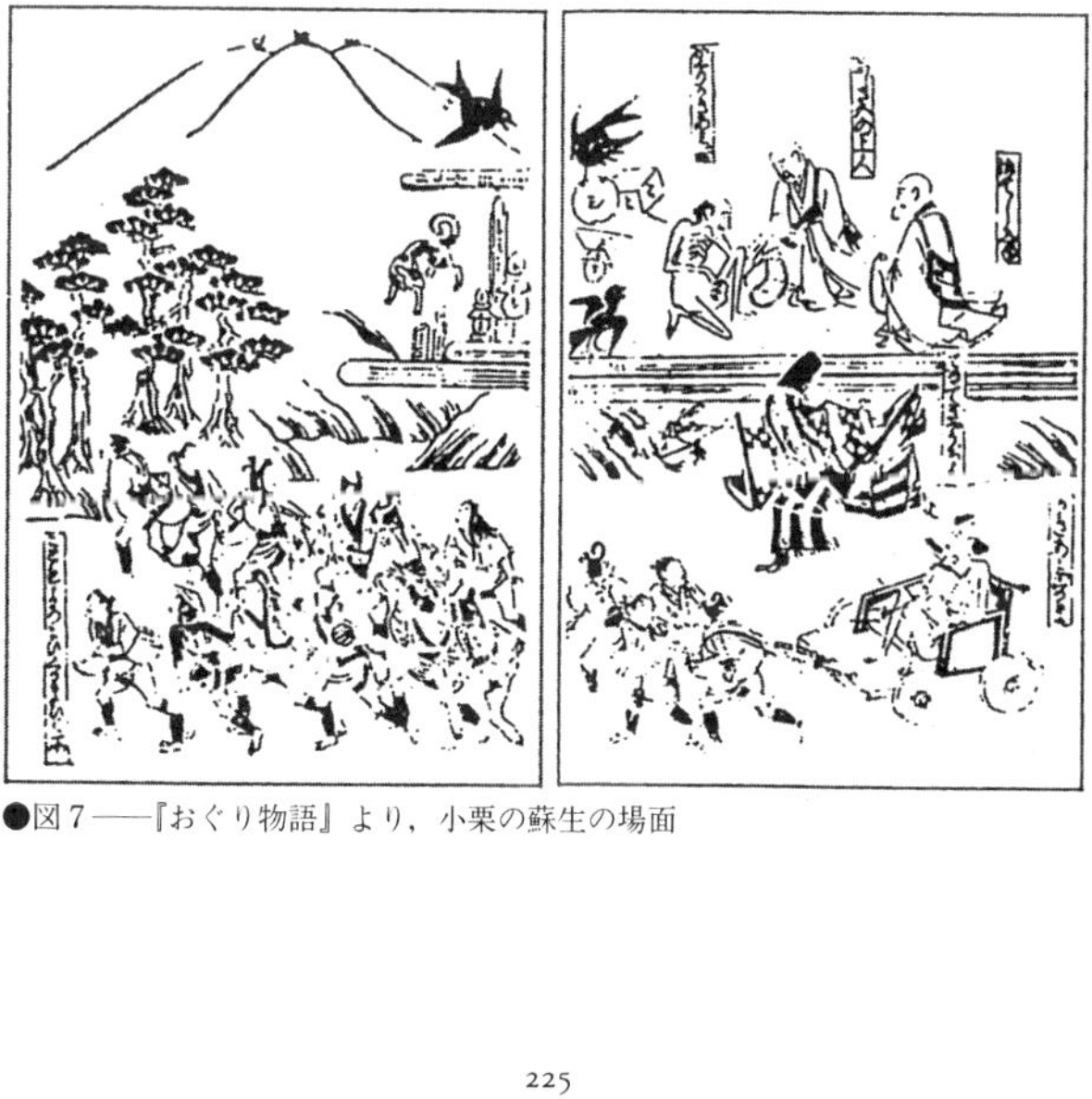

●図7——『おぐり物語』より，小栗の蘇生の場面

は「犬」と「烏」であった。

こうして絵巻物などを見ていくと、「犬」と「烏」とが一緒に描かれるのは第一に墓地の空間においてであったことが明らかであろう。墓地の画面があると、そこには大部分「犬」と「烏」が描かれているのである。しかも、その場面での「犬」と「烏」のやっているのは、そこに葬られた死体を食うことであった。つまり「犬」と「烏」とは、日本中世では、墓地のイメージを象徴し、そこで葬られている死体を食べる、いわば墓地の「清掃人」なのである。

何とも凄惨な話だが、ともかくこのような墓地の「清掃」の役割を「犬」と「烏」とが担っていたということは、改めて注目しなければならないであろう。そうした点に留意すれば、「犬」や「烏」の「清掃人」的役割は、今後色々な論点と結びついていることが見えてくるはずである。

ところで、そのような墓地に出入りしているのは「犬」と「烏」に限らない。乞食非人もまた墓地あるいは葬地との縁の深い存在であった。たとえば『今昔物語集』巻二〇―第四〇話には、義紹院というやんごとなき学生《がくしょう》が「京より元興寺に行きけるに、冬のころなり。泉川原の風極めて気悪しく吹きて、寒きこと限りなし。夜立の杜のほどに行きけるに、墓の隠れに、薦といふ物を腰に巻きて、低く臥せる法師あり。義紹院これを見て、死にたる者かと思ひて、馬をひかへてよく見れば、動く様にす」とあり、墓地の陰に横たわる乞食の姿が描かれている。

なお、葬地としての河原と乞食非人の関係の深さも既によく知られているところである。

この乞食と「犬」・「烏」は、かくしていずれも墓地との関係の深い存在なのであるが、三者の密接な関係を端的に示すのは「物くさ太郎」の小屋の場面であると思われる(図8)。すなわち、乞食＝物くさ太郎の小屋からころがり出た餅を狙いにきたのが彼等「犬」と「烏」達なのであった。この三者は、「人」の世界の周りにいて食べ物を貰う(ないしはあさる)存在として実は共通の性格を持っているのである。

●図8――御伽草子『物くさ太郎』より，餅にむらがる犬と烏を寝たまま棒で追い払おうとしている場面

さて、「犬」と「烏」のイメージが象徴する第二の空間は市である。本書の「市の光景」でも触れたことであるが、信濃の伴野市の場面には、市日以外の日の市における「犬」と「烏」と乞食の住む所となっている市の有様が活写されている。市日以外の日の市屋には乞食が住んでおり、「犬」と「烏」とがそこにやってきているのである。こうした市と乞食そして「犬」・「烏」の結び付きが中世の人々にとって如何に強くイメージされたものであったかということ

が、この伴野市の場面から想像できるのだが、残念ながら市の場面を描く絵巻物は極めて少ない。そこでもう一つだけ紹介しておくことにしたい。

すなわち図9の『一遍聖絵』巻六の一場面である（『日本絵巻大成』別巻一六三〜一六四ページ）。そこには片瀬の浜の地蔵堂の側に描かれている乞食小屋の場面である。詞書には、

弘安五季三月二日、かたせの館の御堂といふところにて、断食して別時し給に、願行上人の門弟、上総の生阿弥陀仏来臨して、十念うけたてまつりて、六日のあした、往生院へ召請したてまつり、一日一夜侍りけるに、又、御使あるによりて、七日の日中に、かたせの浜の地蔵堂にうつりゐて、数日ををくり給けるに、貴賤あめのごとくに参詣し、道俗雲のごとくに群集す。同道場にて、三月のすゑに紫雲たちて、花ふりはじめけり。

とある場面である。乞食小屋が一一軒（？）ほど並んでおり、乞食小屋の右の方には、右手に手紙を持った坊主が走って一遍らの居る建物の方へ向かっている。詞書に見られる「御使」であろう。とすれば、右方にあるこの建物は従来片瀬の御堂とされているようだが、そうではなくてどうやら「往生院」であるらしい。ともあれ、この乞食小屋は、地蔵堂の縁日に立つ市などを当てにしている乞食非人達の住処であろう。その小屋の一つには、変色した乞食の死体があり、屋根の笠や莚のような物の上には何やら白い米のような物が干してある。他の乞食小屋も同様に屋根の上に干してあるから穀類であろうか。「鳥」達は、その干した物をどうやら狙

●図9――『一遍聖絵』巻六より，片瀬の浜の乞食小屋の場面

ってきているように見え、別の乞食達が棒などで追っている。こうして市の乞食小屋には、すきあらば「烏」が乞食の食べ物をも狙っているわけである。また、食事の支度をしている乞食小屋の前には、「犬」が一匹座っている。

市とくれば乞食であり、そして乞食小屋と切っても切れないのが「犬」と「烏」なのである。『一遍聖絵』の諸場面を見れば、門前の市であれ、それ以外の市であれ、そこには必ずと言ってよいほど乞食非人達の姿とその小屋とがある。そこでは、様々な乞食達の細々とした生活が営まれているのだが、その乞食達の食べ物を狙ってやって来るのが「犬」と「烏」なのである。つまり、「犬」や「烏」と乞食は、対立しつつ共通の場で生活していた「同類」な訳であった。

かくして、そこに生息し（生活し）、かつその場を象徴している者達の共通性から見た市空間と墓地空間のこの近さは、何とも興味深いことではあるまいか。

従来の研究を簡単に整理すれば、市空間は何よりも境界的・

周縁的な場であり、古代ではそこで歌垣・邪霊祓除・祈雨、そして処刑が行われた（小林茂文「古代の市の景観」などによる）。墓地もまた何より他界との境界的な場であり、現実にもそれは生活空間の周縁にあった。そしてそこは死者が葬られる場であり、市が処刑の場であるのと同様に死の空間なのであった。つまり、市と墓地は、共に「犬」と「烏」が一緒に描かれるにふさわしい空間なのである。既に石井進氏の「都市鎌倉における『地獄』の風景」（『御家人制の研究』所収）が指摘されており、かつ長勝寺遺跡の発掘によって見えてきたように（『中世鎌倉の発掘』などを参照されたい）、市と墓地の親縁性がますます明らかになってきている。

ということは、「犬」と「烏」も実は境界的な、境界を象徴する動物なのではないだろうか。次にその点に議論を進めることにしよう。

境界的動物としての「犬」と「烏」

繰り返すが「犬」と「烏」は、一方で、ペットとして飼われたり狩猟などに使われたりすると共に、鷹の餌や食肉ともされ（犬の場合）、或いは人々の周りで「清掃役」的な役割を果たし、そしてその行動故に墓地や市を象徴する動物としてイメージされたりもしていたのである。このような多義的な性格を前提にしながら、ここでは最後に、その墓地や市を象徴する点と結び付いて推測しうる境界的動物としての側面の検討に向かうことにしたい。

その前に、「烏」についても平凡社『大百科事典』の「カラス」の項（佐々木清光氏執筆）を参照しておこう。

全身黒色の羽毛や、不気味で大きな鳴き声、鋭い眼光などの特徴が神秘的な印象を与えるためか、カラスは古くから神意を伝達する霊鳥と考えられた。記紀では八咫烏《やたがらす》を天照大神の使者としているが、現在でもカラスを山の神や祖霊の使わしめと考えたり、ミサキ、ミサキ神などと称して神使としたりする神社は多い。名古屋の熱田神宮、近江の多賀大社、安芸の厳島神社などもカラスと関係が深く、カラスに神饌《しんせん》を供して年占《としうら》をする烏祭、御鳥喰神事《おとぐいしんじ》が行われる。ふだんの日にはカラスを害鳥として憎みきらう農家でも、正月の鍬入れ、鋤始めの日には、烏勧請《からすかんじょう》などといって積極的にこの鳥を招き、投げた餅を食べるか否かで収穫の豊凶を占ったり（中略）など、カラスに神意をうかがった。カラスとの関係ではとくに紀伊の熊野大社が有名であり、中世以降起請文《きしょうもん》の料紙として多く用いられた牛玉宝印《ごおうほういん》には多数のカラスが印刷されている。（下略）

とある。このような記述は中世については極めて弱体であるが、しかし、「烏」が一方で害鳥として嫌われながら、他方では神意を伝える鳥とされてきていること、及び熊野大社・熱田神宮・多賀大社・厳島神社などの「烏」に関する神事などが古くから行われていたことはわかる。

中世の「烏」は、ではどのように現われているか、その点を、やはり主として絵巻物と説話などから見ていくことにしたい。

第一は、『宇治拾遺物語』巻二―第八話である。昔、安倍晴明が、陣に参った時、蔵人の少将という人の上に「烏」が飛んできて糞をしかけていったのを見た。晴明は「あはれ、世にもあひ、年などもわかくてみめもよき人にあんめれ。しきにうてけるにか。このからすは、しき神にこそありけれ」と思い、この少将を呪詛から救うのである。「しき神」とは陰陽師《おんみょうじ》が呪詛に使う神であるから、「烏」がそのような無気味な神の姿とされていたことがわかるであろう。

第二は、「開目抄」(『昭和定本日蓮聖人遺文』第一巻、五八九ページ)である。そこには「蛇は七日が内の洪水を知る、竜の眷属なるゆへ。烏は年中の吉凶をしれり、過去に陰陽師なりしゆへ」とあり、「烏」の予知能力と陰陽師＝「烏」の連関を端的に物語っていると言えよう。

第三に、『源平盛衰記』巻一の次のような記述である。「入道の計にて、十四五若しくは十六七ばかりなる童部の、髪を頸の廻に切りつゝ、三百人召仕はれけり、童にもあらず、法師にもあらず、こは何者の貌やらん、一色に長絹の直垂を著る時は褐の布袴をきせ、一色に纐物の直垂を着る時は赤き袴をきせ、梅の楚の三尺ばかりなるを手もと白く汰へて右に持ち、烏を一羽づゝ鈴付、羽に赤符を付けて左の手にするゐさせて、面々にもたせて、明けても暮れても遊行せしむ、是れは霊烏頭のみさき者とて、大会宴の珠童を学ばれたり」とある。『平家物語』にも見える有名な禿童の姿である。童でも法師でもないつまり逸脱した奇妙な姿とその左手の

「烏」＝「みさき者」は、何とも境界的な存在ではあるまいか。

第四は、『福富草紙』の一場面（図10）である（『新修日本絵巻物全集』第一八巻六八ページ）。この場面は、秀武のためにひどい目にあった福富の妻が、秀武を呪詛しようとして「みさき神」に祈っているところである。詞書には、「たかむこの秀武といふやつの、わか命をかけてたのむといふくへのふくとみをすかして、朝白のみをすかせたる、はかりなき罪也、きやつみさきの神たち、まちくるはして大路道にうちふせて、まとはしたまへ、あなかしこや、おいく〳〵」とある。見れば「烏」の前に御幣を立てて、手には数珠を持ち一心不乱に祈っている。『福富草紙』の時代すなわち一五世紀には「烏」をみさき神とする信仰があったと言えよう。

●図10——『福富草紙』より。みさき（烏）に祈る福富の妻

このように「烏」は、中世民衆にとって神が使いとして遣わしたもの＝「みさき神」であったり、陰陽師が使役する「しき神」であったりして、予知能力をも持った存在だったのである。

なお、大林太良氏の『稲作の神話』（弘文堂第四章「烏勧請」は、東アジア、東南アジアの農耕儀礼としての「烏勧請」・「烏喰行事」についての重要な考察である。結論は、第一に、日本・朝鮮・中国を含む東アジア群と、東南アジア群に分けられ、後者の方が古い形式を保存していること、第二に、日本を含む東アジア群では鳥の種類が「烏」に統一されており、正月の予祝儀礼としての性格が著しいことなどである。日本についての考察の部分では、①烏勧請はａ「烏」の代理としての人とくに子供、ｂ寺社の一対ないし一双の神烏、ｃ一般の「烏」、の場合があり、全国に分布している。その内、ｃが古い形式である。②烏勧請は水稲耕作文化に属し、年頭・播種・収穫期になされ、原則的に田植時には欠けている。③烏勧請の背後の神観念は「烏」＝「山の神」である。

そして栃木県那須の鷲子神社、滋賀県の多賀大社、和歌山県の高野山奥院、広島県厳島神社、同県高宮都中峰村八幡、鳥取県の伯耆大山、山口県の杉森大明神、長崎県平戸の安満岳、鹿児島県日置郡谷口村地蔵堂などに分布しているｂの系列を、中世起源のものと考えておられる。つまり、「神」ないし「神使」としての「烏」は、中世において一系列の発達をとげたと考えられているのである。

こうして烏勧請は、東アジアにおける稲作の広がりの中で位置付けられると共に、日本中世において一定の展開を示していたことがわかる。また保立道久氏の「荘園制的身分配置と社会史研究の課題」(『歴史評論』三八〇号)には、古代・中世における「烏食《とりばみ》」についての考察があり、死者の再生復活、新年の予祝と豊穣を祝う儀礼(呪術)の中に「烏」を位置付けることが可能になると思われる。とすれば「鳥」は、やはり生と死の境界にいる象徴的な動物なのであった。

それでは「犬」はどうであろうか。まず挙げるべきはやはり『弘法大師行状絵伝』(『続日本絵巻大成』第五巻、九五ページ)の有名な場面(図11)であろう。そこでは、例の弘法大師を高野山に案内する「高野明神」とそれに付き添う黒白二匹の犬が描かれている。彼等は他界への案内役であった。『今昔物語集』巻一一—第二五話では次のごとくある。弘法大師が、唐において投げた三鈷の落ちた所を求めて、大和国宇智郡に来ると、一人の猟人に会った。その男は「その形、面赤くしてたけ八尺ばかり」であって、「青き小袖を着」て弓矢を持っており、「大小二つの黒き犬を」連れていた。大師が三鈷のありかを尋ねると、「われはこれ南山の犬飼なり。われその所を知れり。すみやかに教えたてまつるべしといひて、犬を放ちて走らしむる間、犬失せぬ」とあり、「犬」は案内役となって大師を導いていったのである。このような弘法大師

●図11——『弘法大師行状絵伝』巻七より。雲に乗った高野明神の脇に黒犬と白犬が従っている

と犬の関係は、その後にもたとえば『誉田宗廟縁起』の一場面（『新修日本絵巻物全集』第三〇巻、オフセットカラー13）にも描かれている。なお、その「犬」達が黒と白の色であることには、恐らくシンボリックな意味合いがあるのであろう。

第二は、『今昔物語集』巻一一—第一一話の慈覚大師の話である。大師が纐纈《こうけち》の城を逃がれて「古郷」に帰ることを「本山の三宝薬師仏」に祈ると、「一つの大きな犬出できぬ。大師の衣の袖を食ひて引く。大師、犬の引くに随ひて行くに、通り出づべくもなき水門あり。それより引き出しつ。外に出でぬれば、犬は見えずなりぬ」とあり、ここでも「犬」が聖なる使い＝案内役であることが見えるのである。

第三は、「犬」が、その鋭い感覚によって呪詛などを見破ったことで、『宇治拾遺物語』巻一四—第一〇話に見える。すなわち、御堂関白頼長が飼っていた「白き犬」が「御さきにふたがるやうに吠まはりて、内へいれたてまつらじとしければ、何条、とて、車よりおりていらんとし給へば、御衣のすそをくひて引きとどめ申さんとしければ、いかさま、やうある事ならん、とて」安倍晴明を呼んで尋ねたところ、「晴明、しばしうらなひて申けるは、これは君を呪詛し奉て候物を道にうづみて候。御越あらましかば、あしく候べき。犬は通力の物にて、つげ申て候也」と述べた。つまり犬が神通力のある存在としても見られているのである。

第四には、『今昔物語集』巻三一—第一五話の「いかめしく大きなる白き犬」が山中で女人を妻としている話が挙げられる。人々がその「犬」を射殺そうとしたが、「鳥が飛ぶが如くにして」山に入ってしまった。のみならず首謀者は二三日で死に、「かの犬は神などにてありけるなめり」ということになったのであった。

以上のように「犬」と「鳥」は、「神」ないし神の使いとして、他界との間を往き来する境界的な動物として意識されていたと思われる。

こうした「犬」と「鳥」が一緒に登場するのが『宇治拾遺物語』巻二―第一話の清徳聖の話である。藤原師輔が「結縁のために物まゐらせてみん、とて、よばせ給ければ、いみじげなる聖あゆみまゐる。そのしりに、餓鬼・畜生・とら・おほかみ・犬・からす、よろづの鳥獣ども、千万とあゆみつゞきてきけるを」大方の人には聖一人しか見えなかったのを、師輔だけは見つけて、「さればこそいみじき聖にこそありけれ」と白米一〇石を炊いて与えた。「こと人の目にはたゞ聖ひとりして食とのみみえければ、いと〳〵あさましき事に思けり。さて出て行程に、四条の北なる小路にゑど（糞）をまる。此しりにぐしたるもの、しちらしければ、たゞ墨のやうにくろきゑどを、ひまもなくはる〴〵しちらしたれば、げすなどもきたながりて、その小路を糞の小路、とつけたりけるを」、余りにも穢いというので錦小路と言いかえたという話である。「いみじげなる聖」に付き従う餓鬼などとならぶ異界の動物達の代表が「犬」や「鳥」なのであった。

このように「犬」と「烏」とは、中世の人々にとって極めて多義的な存在であったが、この両者が共に喚起される時には特に、死体のころがる墓地ないしそれに類する死体が捨てられる空間や、市空間と乞食非人のイメージが人々の脳裏に直ちに浮かび上がってきたのであった。そしてまた、そのような境界的な場と存在のシンボリックなイメージを背景としながら、異界との往来をする境界的な霊的動物としても意識されていたのである。

中世の動物と人間の関係は、まだほとんどまともには論じられていない。しかし、このような「犬」や「烏」と人との関係とイメージの在り方の検討を通じて、さらに絵巻物や説話に登場する猫や猿や鹿などの動物と人間との中世的な結び付き方を明らかにしていくことができるであろう。

地獄の風景

死後の世界を体験して蘇生した中世の人々が、説話集などにはしばしば登場する。その場合の他界はもっぱら地獄であり、極楽の経験者は（ほとんど？）いない。極楽へ行けば、そのあまりの素晴らしさに帰りたいとは思わないだろうから、さもあろう。しいて挙げれば浦島子の行った世界などは極楽に近いだろうが、その点はここでの主題ではない。また極楽往生の場面については、『法然上人絵伝』などに多くの場面があるが、その検討も別の機会に考えることにしよう。ともかく蘇った者はもっぱら地獄の世界の有様を中世の人々に伝えたのである。

地獄のマルチイメージ

ところで、中世絵画史料に登場する他界の風景の一つには異国の風景があるが、それはもっぱら「唐」の世界についての人々のイメージであって、現実をどれほど正確に把握していたかは問題ではないのである。当時の日本における唐人達の姿、絵画による情報、実際に行った人の話やそれを聞いた人々の尾ひれ、そして画家や人々の想像力が織りなす重層化したイメージとして他界としての異国は存在した。地獄の風景にしても、やはりそのような「唐」のイメージなどが下敷の一つになっているように思われる。

人々が想像する他界のイメージというのは、結局のところ様々なイメージの重ね合わされたマルチイメージの世界なのであり、それを形作る様々な要素を解きほぐすことなしには理解することは出来ない。そして歴史学がそのような想像力の世界を問題にしうるようになることは極めて大切であると私には思われる。歴史における想像力の問題抜きにどんな飛躍も期待出来ないのではないかとさえ思いたくなる。たとえば地獄のイメージについてここで私が述べようとしていることは、そのような地獄のマルチイメージの諸要素の幾つかを明らかにしてみようということに過ぎないのだが、果たしてうまくいくであろうか。

死者の姿

人は誰でもやがて死なねばならない。それは時代を越えて共通に直面する必然的事態であるが、どのように人が死に、どのように死者が扱われるかは、それぞれの時代と社会の固有の問題である。現代の大病院の病室で迎える死の光景の「奇妙さ」を、全身で感じた時以来、そのような「死」の中世における有様を私は考えざるをえなくなっていた。もとよりそれは私の個人的な課題かも知れないが、現代の誰もが直面することなのでもあろう。

中世における「死」とは何かを本格的に論ずる能力は今の私にはないが、中世の「死者」の姿から地獄へ出発したいと思う。

まず挙げるべきは「九相図巻」(「九相詩絵巻」ともいう。『日本絵巻大成』第七巻所収)であろう。この絵巻物の主題は九相観、つまり十界の一つである人界の不浄変相つまり人間の死体の変化を観ずる九種の観想の絵画化である。この絵巻の各場面を見て中世の人々は人の世の無常と「死」の深淵を観想した。また、この絵巻物と関連するものとしては、滋賀県聖衆来迎寺の『六道絵』の一幅「人道不浄相図」を合わせ見るべきであろう。

これらの図については、多くの美術史家による研究があり、私が口出しする余地は殆どないように思える。すなわち大串純夫氏「十界図考」(『来迎芸術』所収)・同「六道絵新資料」(『国華』七五三号)・中野玄三氏「北野天神縁起日蔵六道巡りの段の成立」・川上実氏「九相観の絵画」(『愛知県立芸術大学紀要』一〇・一二・一三号)などが主な仕事である。

これらの仕事によりながらこの両図を見ると、そこには死者の横たわる姿がえる。生前は美しかった女性が今や墓地に敷かれた茵《しとね》の上に仰向けに横たえられている。

ここでの関心は死者の姿であるから、その有様に目を逸らさず見つめると、彼女は裸であり、体の上に僅かに一枚の袿《うちぎ》がかけられているだけである。これは両図共に同じであり、中世の死

●図1——『餓鬼草紙』より

者は裸で墓地に捨てられたかのようである。

では、それに先行する墓地の場面に注目しよう。第一は、『北野天神縁起』承久本巻八（『日本絵巻大成』第二一巻四〇ページ）の一場面であるが、そこでも死者は莚《むしろ》の上に仰向けに裸で横たえられており、僅かに衣がかけられているのみである（本書一五七ページ図参照）。第二の画面は、『餓鬼草紙』の第四段（『日本絵巻大成』第七巻八〜九ページ）であり、三人の男女の死者の姿が描かれている（図1）。左の女性は長方形の棺桶に容れられているので、他の二人に比べ丁重な葬られかたと言えよう。周囲には棺桶を縛ってきた縄と担いでくるのに使われた棒が転がっている。が、その蓋は描かれておらず中が見える。覗いてみると、やはりこの女性も裸であり、僅かに腰のところに袿らしき衣がかけられている。墓の陰の男は、腰から下が隠れて判らないが、上半身は裸であり、髻《もとどり》も露にして莚の上に横たえられている。手前の女性も、やはり裸であり、僅かに腰に衣をかけてあるだけである。

こうして見ると、中世の死者は、基本的には裸で葬られたと考えられよう。男の場合で言えば、「人」の象徴である烏帽子もとられ、髻を露にしているのである。そして、敷物として茵や莚が敷かれ、その上に仰向けに横たえられ、僅かに袿などがかけられるだけであったのである。

地獄のマルチイメージの第一の前提には、このような死者の姿があった訳である。

地獄への連行

さて、彼等死者は地獄へどのように連れていかれるのだろうか。それは『今昔物語集』などに多くの記述が見られる。

『今昔物語集』によれば、

A蔵満、(中略) 身弱く魂動きて忽ちに死にぬ。その時に、青き衣を着せる官人両三人来て、大きに嗔りをなして蔵満を捕ふ。(巻一七―第一七話)

Bわれは、(中略) 本国より本寺に行く間、途中にして病ひを受けて忽ちにここに死にぬ。しかる間、われ独り広き路に向ひて西北の方に行く。即ち門楼に至る。そのうちにいかめしき屋どもあり。これを見るに検非違使の庁に似たり。その所に官人その数ありて、庭のなかに着き並みたり。多くの人を召し集めてその罪の軽重を定む。また、多くの人を捕へて縛りて獄へやる。その泣き叫ぶ音、雷の響きのごとし。（同巻―第一八話）

C浄照年三十に満つる年、身に病ひを受けて日ごろ悩む気色あり。心地例ならずして遂に病ひ重りて死にぬ。その時俄かに猛き者二人出で来て、浄照を搦め捕へて、駈け追ひて黒山のある麓に至る。その山の中に大きに暗き一つの穴あり。即ち浄照をその穴に押し入る。（中略）しかる間、遥かに堕ちて閻魔の庁に至りぬ。その所にして四方を見廻らすに、多くの罪人ありておのおの苦にあづかる。泣き叫ぶ音、雷の響きのごとし。（同巻―第一九話）

D盛孝（中略）忽ちに絶え入りぬ。即ち盛孝大きなる穴に入りて逆さまに堕ち下る。しかる間、目に猛火の炎を見、耳に叫び泣く音を聞く。四方に震動して雷の響きのごとし。（中略）しかる間、高楼の官舎のある庭に到り着きぬ。あまたの検非違使の官人等東西に次第に着き立ちたり。わが朝の庁に似たり。（同巻―第二二話）

Eわれ死にし時、官人に捕へられて追ひてゐて行き、広き野のなかを過ぎしに、一つの官舎の門に至る。その門の前の庭を見れば、多くの人を縛り伏せたり。（同巻―第二六話）

F冥途に行きて閻魔の庁に至る。自ら庭の中を見れば、多くの罪人を縛りて、罪の軽重を勘へ定む。罪人の泣き悲しむ音、雷の響きのごとし。（同巻―第二九話）

とある。まだ挙例できるが、この程度にしよう。これらの記述から第一に、人が死ぬと、猛き官人達がやって来て捕え縛り上げ、広い野の中などを通って閻魔《えんま》の庁へ連行すること、第二に、閻魔の庁は門楼・官舎のある検非違使《けびいし》庁のような所であること、第三に、その庭には官人達が居並び、その前には多くの罪人が縛られて苦しみ泣き叫んでおり、その音は雷の響きのようである。そして第四に、彼等の罪の軽重がそこで審判されていることが判るであろう。

すなわち、恰《あたか》も罪人のように捕縛されて、検非違使庁のような閻魔の庁に連れていかれ、そこで判決を受けるのである。このように中世の人々にとって地獄と閻魔の庁というのは、現世での検非違使による捕縛・連行と検非違使庁での尋問と判決のイメージを下敷にしていたのである。即ち閻魔の庁＝検非違使庁のダブルイメージなのであった。

そのような『今昔物語集』のダブルイメージを恐らく前提にして、中世における閻魔の庁のイメージは形成されていったのであろうが、問題はそう単純ではない。絵巻物に見る閻魔の庁の場面というのは、捕縛・連行を始めとする検非違使庁のイメージが潜在的には残っているにしても、ともかく著しく中国的だからである。何故か。そこで絵巻物の閻魔の庁の場面を見ていくことにしよう。

まず『北野天神縁起』では日蔵が地獄巡りをするが、彼の見た閻魔の庁の場面が図2である。すなわちその巻七（『日本絵巻大成』第二一巻三二ページ）であるが、そこでは門前で、縛られたり、首かせを付けられた罪人達が、鬼達によって罪の軽重を量られているのである。しかし、この場面には閻魔王の庁が描かれてはいない。

次の場面は、『春日権現験記絵』巻六―第一段である（図3）。詞書に「重病をうけていきたえにける程に、閻魔の庁に至りぬ。ここにけたかき人、王宮にいたり給。閻王専供応の気色あり」とある。すなわち気高き人＝春日大明神が閻魔の庁に狛行光を救いにきたところであるが、ここでは閻魔の庁は中国風の壮麗な「王宮」として描かれているのである。そこには、向かって右の庭上に罪の軽重を量る大きな秤があり、左には亡者の生前の罪を写し出すこれまた大きな浄玻璃鏡《じょうはり》が据えられている。

第三の閻魔の庁の画面は『六道絵』（聖衆来迎寺蔵）第一五幅「閻魔王庁図」である（図4）。この図について真保亨氏は、『往生要集』の絵解きではなく、一三世紀の中国との交通の発展によって「十王図」が舶載され、その影響下に描かれるようになったと推定されている。ともかくこの図の閻魔の庁及び閻魔王を始めとする冥官達の姿は極めて中国的である。そして、ここでも大きな浄玻璃鏡が描かれており、亡者の生前の罪を写し出しているのである。

第四は、『融通念仏縁起絵巻』下巻―第一〇段の閻魔の庁の場面である（図22参照）。この場面は、京の北白河の下僧の妻が亡者となって後手に縛られて閻魔の庁に連行されるが、融通念仏《ゆうづうねんぶつ》の利益《りやく》によって許されて蘇生する話である。この絵でも、閻魔の王庁は極めて中国的であり、

●図2――『北野天神縁起』より。閻魔王庁の門前

●図3――『春日権現験記絵』巻六より，閻魔王庁を描く場面

●図5——「十王図」のうち「閻魔王図」

●図4——『六道絵』第一五幅「閻魔王庁図」浄玻璃鏡に写し出されているのは，生前の日本人の姿（拡大図）

鎌倉以降の閻魔の王庁のイメージはこうして中国的・異国的のものとして定着したと思われる。第五の絵（図5）は、「十王図」（京都・大徳寺蔵）一〇幅の中の閻魔王図であり、鬼に髻をつかまれている亡者の前の浄玻璃鏡には、彼が生前海上で犯した殺害の場面が写し出されている。以上の様に、鎌倉時代以降の閻魔の庁のイメージは、中国の「十王図」の影響を受けて、極めて中国的なものとなっていたことがわかるだろう。しかもそこには、罪の軽重を量る杯と罪を写し出す浄玻璃鏡が描きこまれている。このような閻魔の庁の情景は、以後の地獄を描いた絵画に定着して、中世から近世にかけての地獄のイメージの不可欠の画像となっていくのである。

こうして、地獄の入り口としての閻魔の庁は、中国的・異国的なイメージが重ね合わされて、中世〜近世の人々の中で他界としての地獄の風景を作り出していった。

地獄に落ちた人々の姿

しかし、閻魔の王宮が中国風であろうとも構わない。問題は地獄に落ちた人々の姿までが中国的であるかどうかである。結論的に言えば、そうではない。たとえば、図4の浄玻璃鏡に写し出されているのは生前の日本人の姿である。そこで、これからは地獄の亡者達の姿を見ていくことにしたい。

地獄絵は実に沢山描かれており、その一々を示していくことは不可能である。最も一般的な八大熱地獄（等活《とうかつ》地獄・黒縄《こくじょう》地獄・衆合地獄・叫喚地獄・大叫喚地獄・焦熱地獄・大焦熱地獄・無間《むげん》地獄）とそのそれぞれに付属する一六小地獄がある。その他に八寒地獄や辺地獄などがあるとされている。しかし、ここでは極めて限定された図版にせざるを得ないので、『地獄草紙』を中心に、『北野天神縁起』を合わせて見ていくことにしよう。もしもふんだんに地獄の画面を見たいのであれば、『地獄絵』（毎日新聞社刊）や『地獄極楽の絵』（同）を参照してほしい。

●図6――『地獄草紙』より，「函量所」の場面

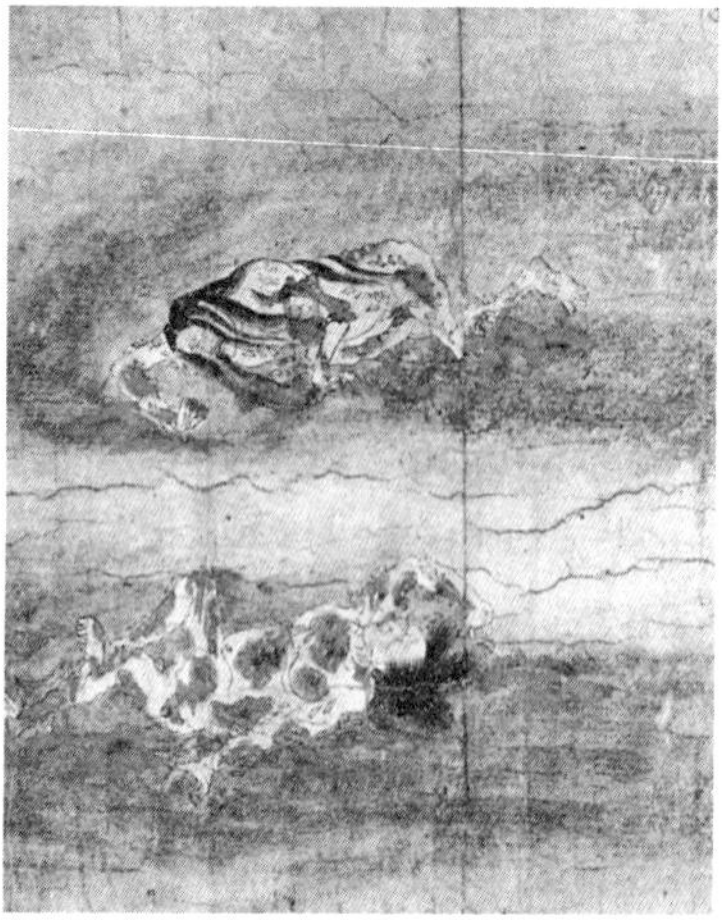
●図7――『地獄草紙』より，「叫喚地獄・火末虫」の図

第一に指摘すべき特徴は、亡者が基本的には丸裸ないし褌《ふんどし》だけの姿だという点である。すなわち、『地獄草紙』のどの場面を見ても、そこに見られる亡者の姿は皆裸であると言ってよいだろう。たとえば、『地獄草紙』の場面の内、図6では、現世で升目をごまかした商人達が落ちて行く地獄であり、罪人達は鉄製の升で熱鉄を量らされているのであるが、彼等三人は女も男もほとんど丸裸である。同じく図7では、生前に殺生・盗み・邪淫の罪を犯し、しかも酒を水増しして巨利を得た者達が落ちる地獄が描かれている。画面を見れば、そこには体の中から虫が湧いて身体中をその虫が食いやぶっている。悪寒の走るすさまじい光景であるが、その者達の姿を見ると陰部まで露出した丸裸なのである。他の場面も同様であるから、これ位にしておこう。

●図8――『北野天神縁起』巻八より，等活地獄の光景

　また『北野天神縁起』の地獄の場面でも同様である。たとえば、図8は、その内の等活地獄

の光景だが、そこでは、罪人達は互いに鉄の爪で肉を裂き合い、かみ付き合う。そして遂に骸骨になっていくのだが、その人々もまた男も女も丸裸である。

そして第二に指摘しうるのは、亡者は髻を露にしていることである。既に述べたように、中世というのは烏帽子を被ることによって「人」になった時代であり、寝所でさえ烏帽子を被って、髻を露にしないのが礼儀とされていた。髻を露にすることは極めて恥辱的なことであったのである。しかし、地獄での人々は、そのような一人前の人間ではなく、皆罪人であったから、現世の罪人がそうされたように、烏帽子を取られて髻を露出した状態とされていたのである。このような『地獄草紙』を見た人々は、そのような「人」としての礼儀・服装を完璧に否定された世界に戦慄したに違いない。それだけでなく、こうした裸で髻を露出した亡者の姿は、「死者の姿」の延長線でも自然にイメージできるところではあるまいか。つまり、葬られた姿で亡者は地獄に至るのである。

例外は、『北野天神縁起』の地獄の場面（図9、『日本絵巻大成』第二一巻三六ページ）の女の赤い袴姿であるが、これも説明がつけられる。すなわち、『今昔物語集』巻二九―第八話における人質に取られた女房は身ぐるみ剝がれたが、赤い袴だけはそのままであった。また、『松崎天神縁起』巻四―第六段（『続日本絵巻大成』第一六巻四四〜四五ページ）では、

世尊寺の阿闍梨仁俊とて、顕密にたふとき僧ありけり。女、心あるよしを、鳥羽院の女房

申しいたしたりければ、彼阿闍梨参籠して、

あはれとも神〳〵ならは思ふらむ人こそ人のみちをたつとも

とよみたりけるとき、かの女房、紅袴はかりをうつほにきて、手に錫杖をふりて、仁俊に

そら事いひつけたるむくひよと云て、くるひまひければ、阿闍梨をめしてたすくへさよし、

おほせられけるあひた、一度慈救呪を見てけるに、女房のくるひさめにけり、

とあるように、一時的に狂った女房が袴だけになって踊っているところである。このように紅袴だけになることは裸同然なのであり、空事を言った報いを受けた姿なのである。言わば、男の褌と同じである。

従って、『北野天神縁起』のように、ある程度の身分・地位のある女の描写の場合には赤い袴だけは着けて描いていると見られるのだが、しかし、それとても当の本人達にとっては丸裸同然と意識されたに違いないのである。

こうした亡者の中で有名なのは、『松崎天神縁起』巻三―第七段（『続日本絵巻大成』第一六巻三四ページ）の醍醐帝が地獄で苦しむ姿であろう（図10）。その詞書には、

日蔵は蔵王の神通力に乗て、閻魔王の使を相具て、諸大地獄を巡見るに、一の地獄の中に鉄窟苦所と云処あり。中に四人の罪人あり。某形墨のことし。人肩に物をおほえり。今三人は、ひとへに裸形にして、赤灰の上に蹲居せり。皆共に、悲泣嗚咽せり。閻王の使、

●図9――『北野天神縁起』巻八より

●図10――『松崎天神縁起』巻三より，炎の中で醍醐帝と三人の臣下が苦しむ図

教て云く、肩をかくせる罪人は、汝が本国の王、延喜の帝是也。今三人は同しき臣下也。君も臣も、同じく苦患を受事かはらす。時に延喜の帝、日蔵をまねきたまふに、敬畏りければ、帝曰、冥途には無罪を主と、上人我を敬事なかれ。我是、日本金剛覚大王の御子也。而生前の時、在位の間、重き罪五あり。一には、父法皇を嶮路にあゆませたてまつり、心神をなやませり。二には、自高殿に座して、父を下座に居へたてまつる。三には、無罪賢臣を配流し、四には、久貧国位之間、多仏法をほろほすもあへり。五には、我身の怨敵の故に、他の衆生を損害す。此故に、此苦患を受く。汝、娑婆に帰て、此苦を可祓之由、我諸の皇子に告申すへしと、の給へり。

とある。三が菅原道真の配流を意味することは言うまでもあるまい。この記載にあるように、帝も背後の三人の臣下も皆裸形であり、髻も露にしており、地獄の責苦のために体全体が墨のように黒くなってしまっている。醍醐帝が僅かに他の者達と異なるのは、その肩を青い物で覆っていること位なのである。「青衣」は死者の色であるから、肩を覆う物の色が青であると言うのは、醍醐帝が死者の状態であることを象徴している訳である。現世において「貴種」の頂点にあった者達でさえ、地獄では、こうした丸裸同然の姿でその責苦を受け続けねばならなかったのである。

つまり、このような醍醐帝とその臣下の有様こそが、地獄で苦しむ人々の姿を最もシンボリックに描き出していると言えよう。

「熱地獄」のイメージと地獄の責具

ところで、こうした亡者達が苦吟する地獄全体のイメージはと言えば「熱地獄」である。今日、われわれが温泉地に行けば必ずといって良いくらい「何々地獄」を見ることができるわけだが、それは言うまでもなく火山の「熱地獄」である。

既に述べたように、地獄には、八熱地獄・八寒地獄・三辺地獄の三つの地獄があるが、地獄についてのイメージを決定的にした『往生要集』では、「第一に、地獄にもまた分ちて八となす。一には等活、二には黒縄、三には衆合、四には叫喚、五には大叫喚、六には焦熱、七には大焦熱、八には無間なり」として、八熱地獄以外には記さない。

『今昔物語集』巻一四―第七話の立山地獄は、

昔よりかの山に地獄ありといひ伝へたり。その所の様は原の遥かに広き野山なり。その谷に百千の出湯あり。深き穴のなかより湧き出づ。巌をもちて穴を覆へるに、湯荒く湧きて巌の辺より湧き出づるに、大きなる巌ゆるぐ。熱気満ちて人近付き見るに極めて恐ろし。またその原の奥の方に大きなる火の柱あり。常に焼けて燃ゆ。またその所に大きなる峯あり。帝釈の嶽と名づけたり。これ天帝釈、冥官の集会ひたまひて、衆生の善悪の業を勘へ定むる所なりといへり。その地獄の原の谷に大きなる滝あり。十余丈なり。これを勝妙の滝と名づけたり。白き布を張るに似たり。しかるに昔より伝へいふやう、日本国の人、罪を造りて多くこの立山の地獄に堕つといへり。

というものであった。そこに見られる地獄は広い野山であり、その各所にある谷には、百千の熱湯が深い穴から湧き出ており、原の奥には火の柱が燃え立っている「熱地獄」であった。

また同巻―第八話も立山の地獄の風景を描いている。すなわち、越中の国の書生の子供三人が、亡くなった母がどうしているだろうかと、「かの立山に詣でて地獄の燃ゆらむを見て、わが母のことをも推し量りて思ひ観ぜむ」と立山にやってきた。そこに見られる地獄は、

地獄ごとに行きて見るに、実に堪へ難げなることども限りなし。燃えこがれてあり。その地獄の有様は、湯の湧き返る焔、遠くて見るにそら、わが身に懸かる心地して暑く堪え難し。いかに沉むや、煮ゆらむ人の苦しび、思ひやるにあはれにかなしくて、

一緒に行った聖人に錫杖供養と法華経を講じて貰ったという話である。この二つの話からうかがわれる立山の地獄の風景は、湧き立つ熱湯と火の柱の「熱地獄」そのものである。

『地獄草紙』から『北野天神縁起』、更には『矢田地蔵霊験記』に至るまで、様々な地獄の風景が実に「リアル」に描かれていると言えようが、そこでの地獄のイメージは、ほとんどがこの火焰の「熱地獄」なのであった。つまり、地獄のイメージの大部分は「熱地獄」であり、

「寒地獄」を描いたものはほとんど見られないことである(その数少ない「寒地獄」を描いているのは原家本「十王図」の内の「八寒地獄」である）。つまり中世〜近世の人々にとって、地獄とは「熱地獄」そのものなのであった。「熱地獄」こそ、日本の地獄のイメージの中心であるということの背景には、やはり火山の至るところにあるこの国の地理的自然があることは言うまでもあるまい。そして、その前提の上に、たとえば立山のような霊場＝地獄を造りだしてきた、日本の山岳宗教の諸活動があるのであろう。

さて、そのような地獄では、鬼達などによる責苦が行われていた。それは自己の身体に加えられたことを考えれば、どれも一瞬たりとも耐えられない責苦ばかりである。

しかし私は、その責苦の恐ろしさに戦慄するだけではなく、この責苦に使われる道具に注目すべきであると思う。何故なら、それらは、ほとんど全て現世で使われている物ばかりだからである。

『往生要集』では、八大熱地獄で使われる責具としてどのようなものを記しているのか、その点を確かめることから始めよう。まず等活地獄では、鉄爪・鉄棒・鉄杖、そして「厨者」が魚肉を割くような「利き刀」である。黒縄地獄では、「熱鉄の縄を以て縦横に身に絣（すみなわ）をひ）き、熱鉄の斧を以て縄に随ひて切り割く。或は鋸を以て解（さきわ）け、或は刀を以て屠（はふ）」るのである。衆合地獄では、器丈（武器）・鉄臼と鉄杵そして剃刀である。叫喚地獄では、熱き鏊（やきなべ）・鑊（かま）・鉗（かなばさみ）・羊銅（あふれたぎる銅）、焦熱地獄では、熱鉄の棒・熱鉄鏊・鉄串・熱鉄鑊である。これ以外に、各地獄にはそれぞれ別処があるから地獄の責具はまだあるが、その主要な物として挙げられるのは以上であろう。

まず最初に注目されるのは、そのいずれもが「熱鉄」で造られていることであろう。「熱地獄」に相応しい恐怖の道具は、鍛冶の仕事のイメージがある。そのこととの関連で言えば、鉗を使って目玉を引き抜いている有様（『北野天神縁起』三五ページ、大叫喚地獄）は鍛冶の仕事を連想させ、鉗でもって口を開き溶けた銅を注ぎ込んでいる図11（『北野天神縁起』三四ページ、叫喚地獄）や肛門から熱い銅汁を流し込んでいる図12（『六道絵』第三幅）は鋳物師の作業に違いない。

第二に注目されるのは、大工道具による責苦である。図13（『北野天神縁起』三二ページ、黒縄地獄）の手斧《ちような》・斧・鋸《のこぎり》・鑿《のみ》などで人々を切り割いている光景や図14（『六道絵』第二幅）の熱鉄の墨《すみ》縄《なわ》で罪人の身体に線をいれ、それに沿って鋸を引く有様は、建築現場そのものであろう。

第三は、俎《まないた》と包丁と箸である。図15（『北野天神縁起』三四ページ、焦熱地獄）では、罪人が魚のように調理されているし、図16（『地獄草紙』七二〜七三ページ）では殺生戒を犯した僧達が、やはり俎の上で切りきざまれている。

第四には、鉄臼と鉄杵そして鉄箕であり、また煮えたぎる釜である。図17（『地獄草紙』五六〜五七ページ）では、罪人をすりつぶすために大きな臼が据えられているし、図18の『矢田地蔵縁

●図12――『六道絵』第三幅より。門前には肛門から熱い銅を流し込まれる者が描かれる

●図11――『北野天神縁起』巻八より叫喚地獄。下端に鉗で目玉を引き抜かれる者，中央には溶けた銅を注ぎ込まれる男が描かれる

●図14――「六道絵」第二幅より

●図13――『北野天神縁起』巻八より黒縄地獄。黒縄，手斧，やりがんな，鋸などの大工道具がみえる

●図16――『地獄草紙』より

●図15――『北野天神縁起』巻八より焦熱帯地獄の場面。包丁とまな箸で人間を調理する

●図18――「矢田地蔵縁起」下巻より

●図17――『地獄草紙』より。大臼ですりつぶす

起』の一場面（『新修日本絵巻物全集』第二九巻八四ページ）には、煮えたぎる大釜に罪人達が投げ込まれているのが描かれ、見る人々の恐怖を誘っているのである。

こうして人間が作り出した道具と同じ物が、鬼によって今度は人間を苦しめるために使われているというのは極めて皮肉な事態であり、何故かと問いたくなるところであろう。それについて私が用意しているところは、次のような簡単な答えでしかない。

すなわち、ひとつは、現世で人々の犯した罪と同じものを、地獄では自らが受けるということである。たとえば殺生戒を犯した者は、地獄では、生き物を殺すのに使ったのと同じ道具で同じ苦しみを受けなければならないのである。その道具の切れ味などは、それを使っていた自分自身が一番よく知っているはずであるから、それで繰り返し殺されることはたえ難いことであろう。

しかし、それでは、大工や鍛冶や鋳物師の道具が使われるのは何故かということが次の問題となる。地獄の責苦が与える苦しみを表現しようとすれば、つまりそれを視覚的ないし感覚的に実感できるように描こうとすれば、結局のところ、自分達自身が作り出した道具による、自分達自身の経験しうる苦しみでしか納得のできる表現が出来ないということではないだろうか。その点では、木を切り、刻み、削る鋭い大工道具や、鉄や銅を溶かし、鍛える鋳物師や鍛冶の神秘的な道具も、それが自分達に向けられるとなると直ちに恐怖の責具となることは確かである。そういえば八熱地獄の内で、苦しみがわれわれの身体を戦慄させるのは、『往生要集』を見る限り、責具の具体的な等活から叫喚までのようである。そこから後の地獄は、無間（阿鼻《あび》）は例外だが、たとえば大叫喚や大焦熱のように叫喚や焦熱の苦の「十倍」重くなるといった苦の量的表現か、それ以前の地獄の責苦の繰り返しに過ぎなくなるのではないかと思われる。

つまり、このような現実的な道具を空想的・想像的に適用することによって、地獄の責苦の恐怖を実感しうる、幻想としての地獄の絵画表現が作りだされているのである。われわれは、たとえば俎の上の自分が包丁で切りきざまれている姿とその苦しみを十分に想像できるはずである。

蘇りの場面

さて、もうこれくらいでこの苦痛に満ちた地獄の世界から蘇ることにしよう。

『今昔物語集』の巻一七には、蘇る話が数多く載せられているが、その二五話には、因幡国のある寺の専当法師が、

俄かに身に病ひを受けて死にぬ。妻子泣き悲しむといへども甲斐なくして、棺に入れて傍に置きて、棄てずして朝暮に見る間、六日といふ未時ばかりに、俄かにこの棺動く。妻恐れながら、怪しみて寄りて開けて見れば、死人既によみがへりたり。

とあって、死者が六日たって蘇ったのである。同じく二一六話では、亀を買って助けた男が、「いくほどを経ずして病ひを受けて死にぬ。されば、金の山崎の辺に棄てつ。三日を経てよみがへりぬ」とある。すなわち、死者が既に棺桶に容れられていたところが、六日たってから蘇ったり、棄てられてから三日も経過してから生き返り閻魔の庁などでの体験談を語ったというのである。

●図19——『稚児観音縁起』より，死んだ稚児の棺を持仏堂に安置している

●図20——『稚児観音縁起』より，稚児が観音となって現われる場面

これに最も相応しい画面が二つある。一つは、『稚児観音縁起』の場面（図19・20、『日本絵巻大成』第二四巻六七〜七〇ページ）で、遺言によって稚児の棺を持仏堂に一定期間置いておいたところが、死んだ稚児が観音となって現われ天空に飛び去ったところである。棺に容れても一定期間は蘇生や奇跡が期待されていたことを示している。もう一つの画面はもっとぴったりしたものである。すなわち『融通念仏縁起』下巻—第一〇段の場面（図21）である。その詞書は、

●図21——『融通念仏縁起』下巻より，北白川の下僧の妻が蘇った場面

> 北白川の下僧か妻、この念仏三千反をうけたるによりて、閻魔の庁より、かへされにけり。

と簡単であるが、画面を見れば、棺と担ぐための棒などが置かれている。既に葬送の用意が整っていることを示している。その棺の横には蘇った下僧の妻がおり、その周囲には、家族が四人、皆袖で涙をぬぐっている。左端の坊主頭が夫の下僧であろう。妻はまだ呆然として、視線を下に落としたままである。閻魔の庁での恐怖と念仏による蘇生の衝撃にま

●図22――『融通念仏縁起絵巻』下巻より。右方の，閻魔王庁にひき出された裸の下僧の妻は，許されて蘇る途中（左方）では小袖を着ている

だ身を委ねているのであろう。

ところで、下僧の妻の姿であるが、図22では後ろ手に縛られて丸裸である。しかし許されて蘇る途中では小袖のような着物を身に着けている。それは現世に戻ることの端的な表現である。そして、図21の蘇った場面では、よくは分からないが下には薄い敷物（茵か？）を敷き、白い布と小袖のような着物をかけている。両肩は丸出しだから、恐らく裸なのであろう。こうして見ると、彼女の姿は前にふれた「死者の姿」と同じなのである。

かくして、他界から蘇った者の幸運な姿を見ていると、一つは、やはり病いに伏せっている人々の姿に、関心が向かっていく。病者の姿とそれをとりまく光景ないし死の直前のそれの考察である。もう一つは、葬送についての諸相を明らかにしていくことである。この作業を絵画史料によってどのくらい出来るだろうか。

荘園絵図は語る

荘園絵図の世界

荘園絵図の読解方法

荘園絵図というのは、古代・中世に作られた荘園に関する地図であって、その空間的・地理的位置と境界、田畠や用水・堤防、山野河海、宿や津・湊、家あるいは寺社などを絵画的に描いてあるものである。その読解・分析によって、中世の世界・風景が生き生きと描き出せるはずで、最近、新たな荘園絵図研究の波がたかまってきている。

そうした荘園絵図は現在、約二百点程知られているが、その中でも、図1の「伯耆国河村郡東郷荘下地中分絵図」（以下「東郷荘絵図」と略す）は周知の荘園絵図といえよう。正嘉二（一二五八）年一一月に作成されたこの絵図は、下地《したじ》中分《ちゅうぶん》を示す代表的な絵図として、日本史の教科書などにしばしばその図版が掲載されている。ここでは、この「東郷荘絵図」を取り上げて、荘園絵図の語っていることをできるだけ読み解いていこうと思う（但し、限られたスペースなので、現地調査の結果などは十分に盛り込むことはできない。その点は別の機会に書くことにしたい）。

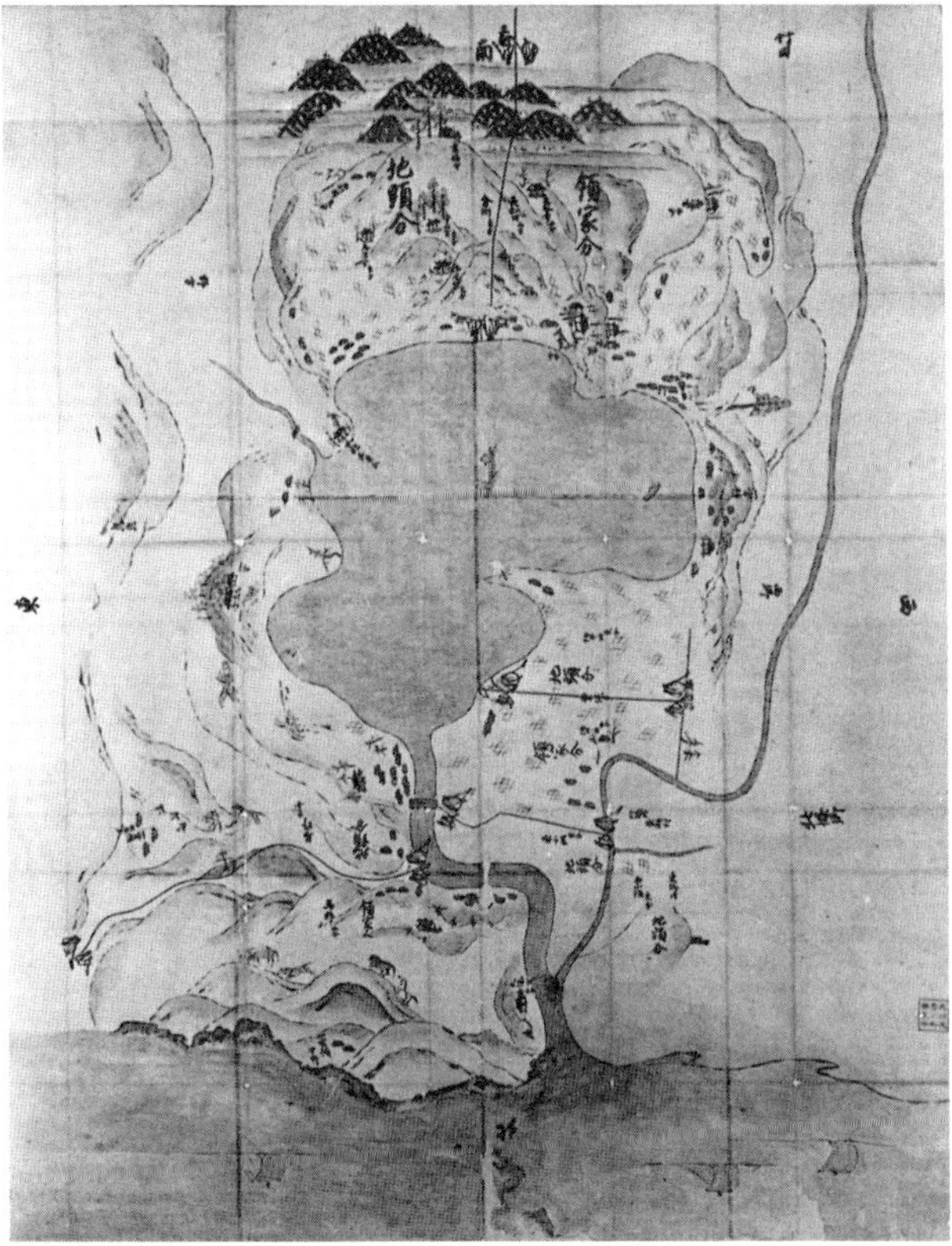

●図1——伯耆国河村郡東郷荘下地中分絵図

ところで、この「東郷荘絵図」には、下地中分の境界線以外にも実に興味深い描写が多い。例えば、東郷湖上には二隻の船が描かれているが、そのうちの一隻には二人、もう一隻には笠をかぶった一人の人物が乗っている。荘園絵図に人物が描き込まれている唯一の例である。海上に目を移すと、三隻の莚帆の帆掛船が描写されている。また、馬野を見ると、そこには一二頭の馬が躍動的に描かれているのである。

このように、一見すると荘園絵図は、中世荘園の様相をかなりヴィヴィッドに描いているように見える。

しかし、ひとたび、例えば何故湖上に二人の人物が乗った船が描かれたのか、その意味を探ろうとすると直ちにわからなくなる。むしろ、荘園絵図を見れば見るほど、そこに描かれているのは荘園世界の一面ないし一部にすぎないこと、しかもそれは、簡単には何もわれわれに語りかけてくれないことを強調せざるを得なくなるのである。したがって、荘園絵図をして語らしめるには、読み手の側の方法こそがまず問題となる。そこで最初に、ここでの私の絵図の読み方を簡単に示しておくことにしよう。

すなわち、荘園絵図というのは概して簡略な描写の絵図であるから、そこに描かれているのは、例外はあるにしても、何らかの意味で必要不可欠なものばかりであるはずであろう。より具体的に言えば、その絵図の作成に至った動機・目的にそって描き込まれたものばかりのはずである。したがって、荘園絵図に描かれている荘園の風景は、単純な写実ではもとよりない。ある場合には、意図的に河川や谷や田畠・集落などを省略するし、別の場合には、ある地域を誇張して表現したりもする。一体、何をどのように誇張して描き、何を省略したかを考察することも、重要な論点となるのである。そして、それらの省略や誇張なども、まずはその絵図の作成動機・目的にそってなされたとみなければなるまい。

つまり、荘園絵図の読解には、その絵図を作成するに至った動機・目的にそって一貫して読み通すことが第一であるというのが、単純であるが私の基本的な読み方である。

「東郷荘絵図」は「下地中分図」[*1]であるから、まず下地中分という目的の絵画的表現として、この絵図を読み通すべきであると思う。幸いに同絵図には裏書があって、東郷荘での下地中分のなされる過程が明らかである。この裏書の記載を導きの糸として「東郷荘絵図」を読み解いていくことにしよう。

下地中分線と堀と深山

さて、裏書は、三つの部分に分けられるので、その読下しに段落と記号をつけて引用すると次の通りである。

(A)領家・地頭和与中分の間、①是より道路有るの所々は、その路を以て堺と為し、堺無き

の所々は、その際目に朱を引き畢んぬ、②朱の跡は、両方寄合ひて堀通しめ畢んぬ、③此の如くして、東西両方に中分既に畢んぬ、

(B)④ただし、田畠を等分の間、伯井田は西方たりといへども、此の田の内を以て、なほ東方に割き分つところなり、⑤是故に、馬野幷びに橋津及び伯井田等は、東西に相交はるところなり、⑥小垣に至りては、北条河の東西共に以て東分なり、⑦仍て此の絵図に東分・西分とおのおのその銘を書くところなり、

(C)⑧そもそも南方の堺に当りて、置福寺・木谷寺、此の両寺の中間に朱を引きて堀通し畢んぬ、⑨しかるに件の堀の末、深山たるに依て、峯有り谷有りの間、堀通すこと能はず、⑩然れば、その際目の朱より三朝郷の堺に至るまでは、ただ朱の通りを端直に見通して、東西の分領を存知せしむべきの状件の如し、〇上下略

この裏書によると、領家（松尾社）と地頭（原田氏との説がある）は、和与中分にあたって、まず中分の堺を何にするかを決めた。道路のあるところではそれを堺とし、ないところでは、絵図上に朱線（中分線）を引いた箇所に両方が寄合って堀を掘通すことにした（①②）。そして、東分（地頭分）・西分（領家分）というように、方位によって東郷荘を二分割したのである（③）。この下地中分の原点ともいうべき場所は、荘の南部、東郷湖の南側である。裏書によると、寺は不動と考えられたからであろうか、置福寺と木谷寺の中間に朱線が引かれ、その現地には両

者立合いで堀が掘通された⑧。現在の野花《のきよう》と引地の境、九品山大伝寺附近であり、この堀の一部は最近まで残っていた(図2)。

ところが、置福寺や木谷寺より南の、隣郷三朝郷に続く山地は、峯あり谷ありの深山であって、とても掘通すことはできない⑨。そこで深山の部分は、絵図上の朱線の通りただまっすぐに見通して、東分と西分の分領を判断することになった⑩。このやむをえざる措置は絵図の描写の上で深山の特別な絵画表現となった。深山の部分だけが、他の山々の描写とは全く異なる、雲を棚引かせた樹海におおわれた山々として描かれたのである(図3の❶)。勿論、この深山は格別標高の高い山々ではない。堀を掘通すことができないことの絵画的表現なのである。このように、「東郷荘絵図」では、裏書における下地中分の原則と絵図の描写とが見事に対応し合っていることが確認できる。

●図2——堀跡(岩永実『鳥取県地誌考』より)

こうして、まず東郷荘の南部、湖の南側において同荘を東西に分ける境界線が引かれたのだが、とすると、東郷湖以北にも当然この東西の分割線が貫かれているであろう。川が道とならんで境界的な性格をもつことは周知のことであるが、絵図をみると、北条河（現・天神川）より東郷湖と日本海を結ぶ橋津川の方がはるかに太く描かれており、後者が同荘北部の中分線とされたとみて間違いなかろう。河海をもって堺とするときは、その中心を堺とすることは通例であったから（『鎌倉幕府裁許状集』上、二二五号文書）、多分、橋津川の中心線が境界であったと思われる。

東郷湖の漁業と動く中分線

では、東郷湖の分割はなされたのであろうか。裏書は何も語っていないが、後述するように、東郷荘の和与中分は田畠だけでなく津や馬野も等分しており、東郷湖も分割された可能性はたかい。そこで注目されるのは、最初に紹介した湖上の二隻の船である（❹❺）。

まず、一宮領長江の前面の湖上に浮かぶ一人乗りの小船に注目しよう。乗っている人物の笠は絵巻物に登場する漁師たちが被っているものであるから、これは東郷湖における漁業活動を絵画表現しているのである。また、地名を見れば、少なくとも長江と領家分（西分）の耳江は漁業を中心とした集落に違いない。現在の東郷湖の漁業からは、鎌倉時代のそれを推測することは不可能であるが、おそらく他の集落も大なり小なり湖面漁業に従事していたと思われる。

それでは、各集落の漁場はどのような境界によって区分・区別されていたのだろうか。中世における漁場の基本形態は、居住地の地先水面の領有であるが、その境界の設定の仕方としては、主として、㈠海中の島や岩などの目標物により漁場の範囲を示す場合、㈡水面の面積や陸からの距離の計測による場合、㈢いわゆる「山アテ」や「見通し」のように陸上の目標物によって境界線を定める場合、㈣海路《うなじ》（沖合を通る航路）を境界線とする場合、㈤湖とか湾のまん中を境とする場合、の五類型が挙げられている（保立道久「中世前期の漁業と庄園制」『歴史評論』三

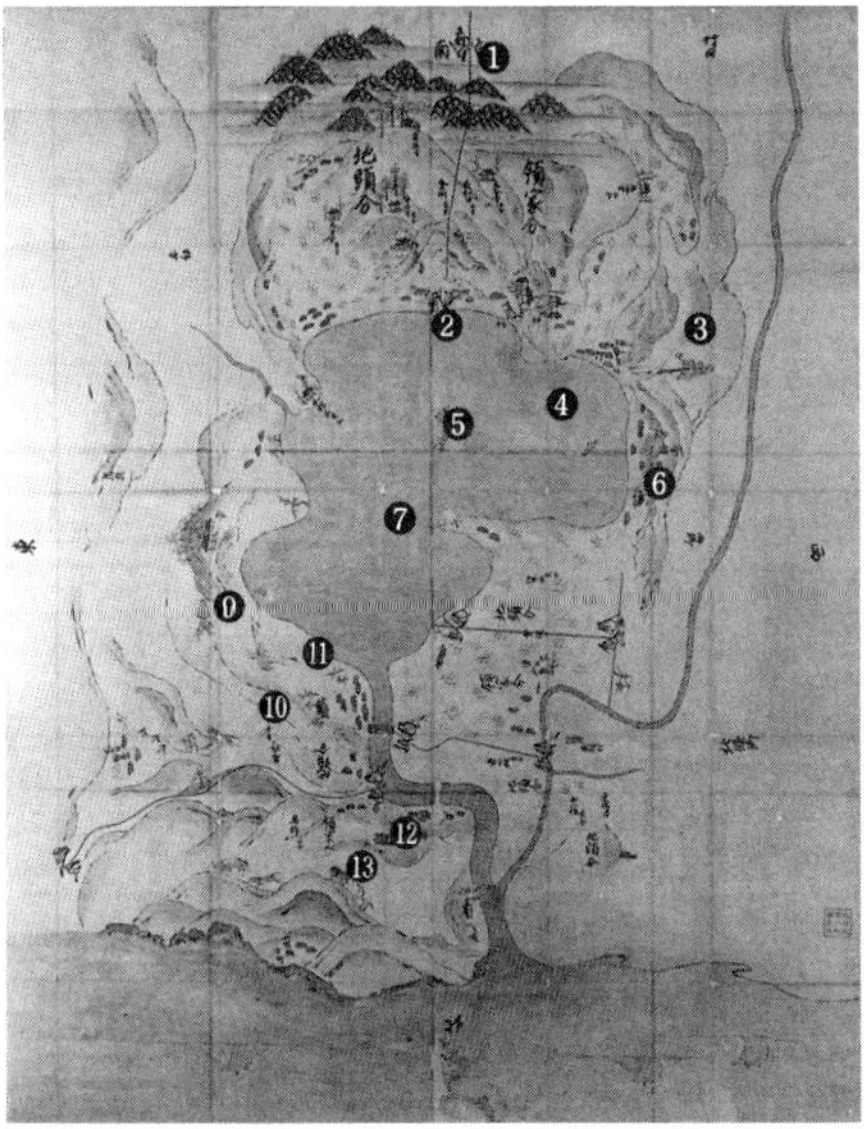

●図3——❶深山　❷堀あと　❸杉の巨木　❹❺船　❻領主の家・一　❼鷺田ガ鼻　❽一本松　❾地頭分の馬　❿領主の家・三　⓫一般の在家　⓬領主の家・二　⓭領家分の馬

七六号)。「東郷荘絵図」にも、㈢などが絵画表現されているように見える。鷺田ヶ鼻の突端部の樹木(❼)、その対岸の一宮側の湖岸の突端部に描かれている一本松(❽)、そして長江と耳江の間に立っている杉の巨木(❸)などは、そのような目印・目標物であろう。

そもそも、深山以外の東郷荘の山々にはほとんど樹木が描き込まれていないが、これは裸山を意味する訳ではなく、深山や馬野や寺社の境内などを強調するためであり、さらには目印・目標物としての樹木を明瞭にするための工夫であった。馬野を見てみよう。馬野の中分線の中央には一本の松が描かれている。これは地頭分・領家そして一宮領那志多の三つの馬野の境界点であろう。伯井田に目を転ずると、中分線となった紫縄手の湖岸の部分には二本の木が描いてある。それは境界としての紫縄手の目印・目標物である。また、伯井田と西郷との境となっている広熊路にも、やはり松の木が二本描かれて、その路=境界の目印とされているのである。つまり、寺社や領主の家の部分以外に樹木が描かれる場合、それはほとんど何らかの境界的意味をもつ目印・目標物としてであると言えよう。

とすれば、前述の鷺田ヶ鼻や一宮側の湖岸や耳江と長江の間の樹木などは、やはり湖面の目印・目標物なのであった。確かに湖面には何の境界線も引かれてはいないが、当時の住民の目で見れば、そのような目印同士を結ぶいくつかの境界線が湖面に浮かび上がってくると思われる。その一つは、長江と耳江の漁場の境界であって、それは、おそらく杉の巨木と鷺田ヶ鼻の突端部の樹木を結ぶ線ではなかったか。また、鷺田ガ鼻と一宮側の湖岸の突端部に描かれている大きな一本松を結ぶ線も、そのような湖面の境界線のひとつであったにちがいない。

このような漁場とその境界線の存在を前提にして、二人の人物が乗っているもう一隻の船に注目しよう。もはや、この二人乗りの船が、絵師の余技で描き込まれた単なる風景などとは到底考えられない。ともかく注意すべきなのは、第一に、この船の位置と方向であり、第二に、何故二人の人物を乗りこませたのか、の二点であろう。

第一の点だが、この船はどこを目指しているのだろうか。絵図を熟視する限り、この船は東郷荘南部に引かれた中分線のある湖岸を出発し、絵図の中心を通って荘北部の橋津川の橋の方に向かっていると考えられる。それは、同荘を東西に分割する基本的な中分線の延長線上であり、その中分線を荘北部の中分線たる橋津川と結んでいる。この船の進行方向を目で追えば、それが東郷湖を分割する動く中分線であることが読みとれるであろう。すなわち、湖の和与中分の絵画表現が、長江の漁船にくらべて大きく描かれた、二人乗りのこの船なのである。

第二点であるが、船上の二人は烏帽子をかぶっており、また、服装の点からも漁師ではない。船を測量に利用したと考え、二人を測量技術員の姿とみる説もあるが、根拠のない無理な見解である。むしろ、何故、動く中分線たるこの船上に二人の人物を描いたのか、その意味を考えるべきであろう。二人共櫂を操っているその描写は不自然であるが、どうやらそれも、一人という数に意味をもたせようとしているように思える。すなわち、この二人というのは、この中分線によって、東郷荘が領家分（西分）と地頭分（東分）に二分割されたことを象徴的に表現しているると思われるのである。

「等分」の原則と田畠・津・牧

しかし、和与中分は、東西への地域的二分割にとどまらなかった。基本的な中分線が確定すると、次に田畠等の等分のために、伯井田・橋津・馬野などの地が、今度は東西にのびる中分線で分割された（④⑤）。また、小垣は、地域的には西分の地であるのに、北条河の東西共に東分とされた（⑥）。これは、領家が大湊宮と橋津川東岸河口部を押えたのに対し、地頭側も北条・橋津川の河口部を確保したのであろう。こうして、各地に地頭分と領家分が交り合う複雑な中分の様相を呈するに至り、東郷荘内の地名・寺社名には全て東分・西分のどちらかの銘を書きこんで区別することとなったのである（⑦）。

このような錯綜を生み出した原因は、いうまでもなく和与中分における等分の原則であり、それも、田畠・在家・馬野・津といった荘園を構成する諸要素ごとに等分の原則が適用されて、それぞれ分割されたのであった。そこで、等分の原則がどのように絵画表現されているのかを見てみよう。

まず、伯井田の分割がなされた。それは主として田畠の等分のためであり、中分線が東西に引かれた。紫縄手がそれである。伯井田に条里制耕地が広がっていることを、この地名が示している(条里については、渡辺久雄「松尾神社領伯耆国東郷庄の一考察」『歴史地理学紀要』一〇号と『羽合町史』前編などを参照されたい)。

橋津と馬野は一つの中分線で分割された。その朱線は、現在の南谷と上橋津の境の谷(小字名「二ノ見込谷」)を上り、尾根筋の道を通って、小字名で「上古道」→「下古道」とあるところまで引かれたと思われる。橋津の分割は津(港湾)の分割であり、領家・地頭の双方が津の機能を維持した訳である。特に、橋津の祭神である大湊宮(湊神社)を領家側がおさえたことは、領家松尾社にとって、橋津の掌握が年貢輸送などのため決定的な重要性を帯びていたことをうかがわせる。

馬野の中分は牧の分割であるが、この絵図を見て馬野に遊ぶ馬に注目するのは誰しも同じであろう。そして、大抵は絵師の技量に思い至るにとどまる。しかし、この馬は、漁船の描写が東郷湖の漁業を表現したように、馬野の馬牧としての機能を表現するために描き込まれているのである。それだけではない。問題は馬の頭数であって、全部で一二頭描かれており、領家分五頭・地頭分五頭・一宮社領二頭となる。つまり、領家と地頭は丁度同数を描いているのであるから、この馬の描写も、馬野とそこに放牧されている馬が等分に分割されたことを絵画表現したものなのであった。

寺社と領主の家と一般在家

さらに数に注目すれば家が問題になる。何故なら「東郷荘絵図」には、実に多くの建築物が描かれていて、その描き方からいくつかの事実を読み取ることができるからである。

最初に目につくのは神社である。東西南北の順序にひろっていくと、一宮・加那子[*2]・志津宮・桂尾宮・守山宮・松尾社・長智宮・土海宮・大湊宮の九社がある。その他に耳江には、鳥居が描かれているが、社殿も不完全にしか描いておらず社名も記していない神社がある。何故かかる不完全な描写となったかは謎というほかはないが、数に注目すれば一つの解釈が可能である。すなわち、一宮をのぞく神社数は、東西共に四社であり、神社についても等分の原則が貫かれたかに見える。そこで、耳江の神社は途中で描写をやめたのではあるまいか。そもそも、長江・伯井田などに一つも寺社がないとは到底考えられないのであって、この絵図に描かれている神社以外に、多くの神社が荘内にあったに違いないのである。

その点は寺院も同様であろう。荘内には、多くの寺院があったと思われるのだが、描かれているのは、下地中分の基準とされた、東分の置福寺と西分の木谷寺の二寺のみである。

以上のように、「東郷荘絵図」の寺社は和与中分の等分の原則にしたがって描かれている。

とすれば、そのほかの家も同様の配慮がなされたに違いない。そこで、寺社以外の建物を熟視すると、領主層の家と一般在家の二類型が判然と描き分けられているのがわかる。後者は、掘立て柱に草葺き屋根の粗末な家に描かれているのに対し、前者は、縁がある入母屋造りの屋根を乗せた一際大きな構えの家である。この領主の家ともいうべき建物の描き方は、他の荘園絵図とも共通すると思われるが、その描かれている地点と数は、東郷湖南岸の中分線と両側に一宇ずつと橋津の中分線の両側に一宇ずつ、そして、一宮領長江に一宇の合計五宇である。つまり、またしても領家分二宇・地頭分二宇の同数であり、しかも、一宮領長江の場合を除けば、必ず中分線の両側に描いてある。この領主クラスの者の家は一応実際に存在したと考えられるが、しかし、東郷荘内の領主の家を全部描いているのではなく、前述の寺社の場合と同様にやはり等分の原則の絵画表現として描写されたと思われる。

では、一般在家の方はどうであろうか。絵図の破損部分に描かれている在家もあり、また、一宇と読むか二宇と読むべきか判断に迷う場合もあるので必ずしも正確ではないが、領家分三八宇・地頭分三三宇・一宮社領一三宇程である。やはり、ほぼ同数に近い描写といえよう。すなわち「東郷荘絵図」においては、建築物の描写に至るまで、和与中分の等分の原則が貫かれたのである。

かくして、「東郷荘絵図」に描かれた深山・川・湖面の船・湖岸の樹木・田地・馬・寺社・

領主の家や一般在家のどれもが、東郷荘の一般的な景観・様相そのものではなく、その周到な絵画表現によって、下地中分（線）とその等分の原則を私達に語ってくれているのである。

注

＊1――一三世紀後半以降、荘園領主と在地領主、或いは在地領主一族間の所領をめぐる相論が頻発したが、その相論が和与となり、荘園などが下地中分された場合に作成されたのが「下地中分図」である。図上には境界線が朱線で示された。二部作成されて双方が持ったと思われる。

＊2――加那子は恐らく「金子」である。

絵図上を航行する帆掛船

荘園絵図には、一見すると絵師の余技でしかないように見える事物が描き込まれていることがある。それは、水車であったり、水鳥であったりするのであるが、単に絵師が気儘に描いたものだなどと断定したりすることは差し控えねばなるまい。何故ならこうした判断は、何ら論証された結果ではないからである。むしろそのような独断は、絵図を読むことの放棄にさえ繋がりかねないであろう。

そこでここでは、絵図上の、絵師の余技の所産としか見えないようなものを、できるかぎり読んでみようと思う。対象とするのは「伯耆国河村郡東郷荘下地中分絵図」（以下「東郷荘絵図」と略す）の海上に描かれている三隻の帆掛船である。

図1に目をやると、海上に三隻の帆掛船が走っている。船の帆は莚帆である。言うまでもなく当時はまだ木綿帆ではない。しかし、東郷湖上の二艘の小船に較べれば、海上の航行にふさわしい船の描写というべきであろう。船の方向性（航行の方向）に注意すると、三隻共に東から

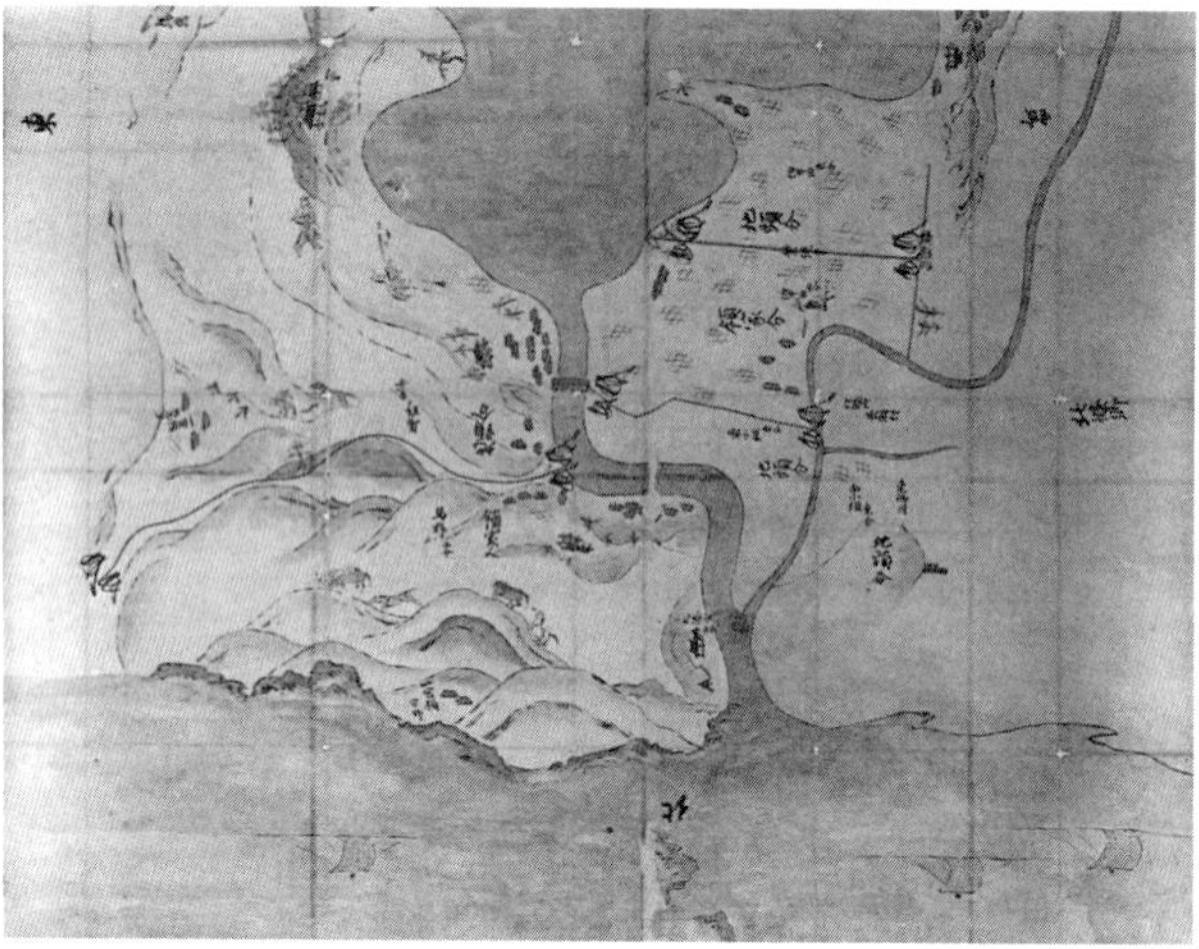

●図1――東郷荘絵図（部分）下部に三隻の帆掛船が走る

西に向かっている。同絵図が作成されたのは、正嘉二（一二五八）年の一一月であるから、季節的に見て、風の向きと対応しているといえよう。敦賀方面からやってくる船が絵画表現されていると見ても、まずは不自然ではあるまい。

　このような船の向きと関連するのは、海中に描かれている岩である。実際の岩は、鳥居のある小さな岩であって、絵図に描いてあるような大きな岩ではない。このような表現は、この岩が航行上の危険な岩礁であり、同時に、後述する橋津（港湾）の目標物でもあったことを意味しよう。そしてこの岩は、同絵図の南の山を上とし、北の海を下とする視点とは別に、東からの視点で描かれている点に注目しなければならない。かかる視点からの描写は、この岩が、右に述べたような目標物であることを強調しているだけでなく、東から西に向かっている帆掛船の航行方向と対応しているのである。つまりは、帆掛船上の視点から見える岩の姿の描写ということになろうか。[*1]

それでは、帆掛船を描く視点はどうかと言えば、陸の方からの視点で描かれている。絵図の基本的視点とは正反対である。その理由は色々と推測できようが、第一に挙げられるのは、船は陸の方から見るのが、そして描くのが、最も自然だということではないか。船は、あくまでも津・湊・浦から出帆し、そこに着岸するものだからである。このような視点は、陸地に住む人々の共通のものに違いないが、就中、来船を心待ちにし、航行の安全を祈りながら出船を見送る津・湊・浦（港湾）の住民たちの視点として最もふさわしいものであったと思われる。

そのような港湾の絵画表現を追っていくと橋津川・天神川の河口部に大湊宮（湊神社）がある。同神社は『三代実録』の貞観九（八六七）年の条に「伯耆国正六位上湊神」とみえ、天神川中流の伯耆国衙の「国津」であったと推定されている橋津の祭神なのであった。「大湊宮」という社名からして、港湾の祭神にふさわしいだけではなく、同神社の石段を登ると、その社殿は南面して橋津の方を向いているのである。

橋津は、「東郷荘絵図」の裏書に「是故に、馬野幷びに橋津及び伯井田等は、東西に相交るところなり」とあるが、絵図上にはその名が記載されていない。しかし、その名の由来となったと思われる東郷湖の出口にかかっている橋、及び馬野を分割して伸びてきている中分線からみて、その線によって二つに分割されている家々が橋津であろう。この二分割された家々には、それぞれ一つずつ大きな家が描かれている。いずれも小高い位置に描かれており、何者の家であるか興味深いところである。

ともあれ、こうして見てくると、橋津の家々と橋、「大湊宮」(領家分とされた)、目標物としての岩、そして帆掛船の描写が、橋津の港湾機能と一三世紀中葉における山陰の海上交通を絵画表現していると読みとることができるだろう。

では、帆掛船は何故三隻描かれたのか、前章の「荘園絵図の世界」で私は、馬野に遊ぶ馬、東郷湖上の船、寺社や家々が、中分されるべき対象の絵画表現であること、それぞれの描かれている数は、「等分」の原則を示すためにほぼ同数ずつとされていることを指摘した。そして、東郷荘には、領家分と地頭分以外に、第三の所領として一宮(倭文神社)領のあることに、簡単ではあるが注意を促しておいた。すなわち、東郷荘には、下地中分以前から一宮領があり、更に下地中分によって地頭分と領家分に分割された結果、三つの所領の集合体となったのである。したがって、橋津の港湾機能の二分割だけなら、あるいは帆掛船は二隻でよかったかも知れないが、一宮領と海の関係を考慮しなければならない。絵図の海岸部に注目すると、「一宮領宇野」と記載されている二宇の家がある。宇野は、一宮領の古くからの「浦」であり、村民は倭文神社の総氏子となっている。とすれば、領家も地頭も一宮も、その所領支配の不可欠な環として津・浦の機能と海上交通を掌握していたことになるのであって、三隻の帆掛船とは、そのような橋津の地頭分・領家分への二分割と、一宮領宇野の浦としての機能を絵画表現していると読みとることができるように思われる。

ところで、一三世紀中葉の日本海の海上交通はかなり活発な発展を示していたと考えられるが、史料は極めて少ない。以上のように、「東郷荘絵図」の海上を航行する三隻の帆掛船を読むことができるとすれば、それは、当時の山陰地方の海上交通の状況を示す貴重な絵画史料といえるだろう。

唐突かも知れないが、ここで私は『太平記』における後醍醐天皇の隠岐脱出の場面を思い浮かべざるをえない。その時「今ハ海上二三十里モ過ヌラント思フ処ニ、同ジ追風ニ帆懸タル舟十艘計、出雲・伯耆ヲ指テ馳来」った（巻七）。しかし、後からくる船を直ちに追跡船と特定できず、「筑紫舟カ商人舟カト」見たという。苦しい時は誰でも希望的観測をしがちであるが、それにしても、「筑紫舟」や「商人舟」が船隊を組んだりしてかなりの頻度で山陰の海上を航行していなければ、成り立たない観測であることは間違いあるまい。

後醍醐天皇を伯耆名和湊で迎えたのは名和氏一族であるが、佐藤進一氏によれば、名和氏は海上活動に従事する家であり、相当規模の商人であって、漁業にも関与していた（『南北朝の動乱』中央公論社版日本の歴史9)。氏はまた、名和長年の有名な帆掛船の笠験(笠標)を、彼の海と商業へのつながりを思わせるものと説明されている。更に網野善彦氏は、名和長年の本拠名和湊に「御来屋」(御厨)のあったことを指摘され、長年は北陸・山陰の水運にかかわりをもつ「有徳人」であったと性格づけられている(『蒙古襲来』小学館版日本の歴史10)。

名和氏が海上交通と漁業によって富裕となったことは疑う余地がないと思うが、それにしても、長年の笠験と「東郷荘絵図」の三隻の帆掛船は何と見事に対応していることであろう。その共通の背後に、北陸・山陰の海上交通の活発な発展があったことは間違いあるまい。勝手に想像を逞しくすれば、橋津(の二つの大きな家?)には、そのような海上交通に基礎をおいた「有徳人」がいたのではなかろうか。

注

＊1――尚、この岩は、東郷荘の海の荘域(境界)を示すものとしても読みとれよう。また、この小稿と関連する小文に「荘園の境界と朱色の牓示」(『UP』一三五号、一九八四年)があるので参照願えればと思う。

荘園絵図上を歩く

日本中世の農村を空間的にいわば追体験したいと思ったら、何と言っても荘園絵図の世界を歩くのが一番ではあるまいか。私はそう思う。一面的な見方をすれば、そこに描かれているのは、確かに極めて限定された時期の僅かな社会の情報、そして生活の情報にすぎないかも知れない。たとえば、出来の好し悪しは別として、千葉県佐倉の国立歴史民俗博物館の展示の一つに「和泉国日根野庄絵図」の現地復元模型がレプリカと共に置かれている。それを見たときの率直な感想は、荘園絵図とは何と貧しい情報＝知識しかわれわれに伝えてくれないのだろうということだった。しかしその後、幾つもの荘園絵図と対話を重ねるうちに、それが様々な情報を伝えてくれると多少なりとも思えるようになってきたのは、本当にうれしいことであった。[*1] そんな喜びは果たして独善がりだろうか。この小稿で私は、小型だが、如何にも愛らしい荘園絵図である「紀伊国井上本庄絵図」（随心院所蔵）を出来るかぎり読んでみたいと思う。[*2]

まず、「井上本庄絵図」を見よう。大きさは縦六四・八センチメートル、横五三センチメートルのコンパクトな絵図である。

さてまず予備知識だが、この絵図に関する研究としては次のようなものがある。

（1）早稲田大学文学部西岡研究室『荘園関係絵図展目録幷解説』七八ページ

（2）水田義一「台地上に位置する庄園村落の歴史地理学的考察」（『史林』五五巻二号所収）

（3）『日本荘園絵図集成』上巻の解題「紀伊国粉河近傍図付井上荘絵図」（佐藤和彦・田中寿朗）

（4）小山靖憲・水田義一「井上本荘絵図現地調査報告」（昭和五九年度科学研究費総合研究（A）研究成果報告書『荘園絵図の史料学および解読に関する総合的研究』）

以上が主なもので、研究の少ない絵図といえるだろう。その理由は、何と言っても関係史料（文書・記録）の少ないためだと思われる。

この絵図の作成時期は、（1）において明徳四（一三九三）年の相論の際に作成されたと推測されたが、しかしその論拠は薄弱である。（4）で小山氏がその説に疑問を提出されているのは当然であろう。すなわち「明徳四年の紛争に関係して井上本荘絵図が作成されたのではないかとするのが通説であるが、再検討の余地がないわけではない。というのは、明徳四年の紛争には井上本・新庄があわせて問題になっているにもかかわらず、絵図は本庄の範囲に限られていること、および絵図に記載された文字や地物に紛争と関わりのあるものがあまりみられないからである」としている。私もその点は賛成で、明徳四年説はあまり説得力がないと思われる。

それでは何時頃作成されたのであろうか。小山氏は二点挙げられている。第一点は、絵図の描き方、色調などから判断して室町期のものと見た方がよさそうだということ[*3]、第二点は、領域図的な要素が強いので、守護による半済とか粉河寺による請所化などを契機として作られたのではないかということ[*4]、の二点を将来の手がかりとして指摘されている。この限りでは、残念ながら氏の説も極めて薄弱であり、問題は今後に残されていると言うべきであろう。ただ、私としては、氏の第一点には賛成しかねることを、ここでは述べておくことにしたい。つまり、氏とは違い、私はこの絵図に記載の文字などを南北朝期のものと見ても問題はないとみている[*5]。その限りでは氏と同一レベルの議論として、南北朝期説が成り立つと思われる。また随心院文書に応永七年以降の同庄の史料が残っていないとすれば、それ以前の作成と考えるのが状況証拠的には素直であろう。ともかく私は、この絵図は井上本庄が随心院領となる鎌倉末期から南北朝期の間で作成されたとの仮定にたって、以下の読解に向かいたいと思う。

折り筋と構図

さて、この魅力的な絵図のどこから手をつけるとしようか。もとより古絵図も史料なのだから、古文書と同様にそこに描かれている事物や記載が何を物語っているのかを、その全体にわたって解釈していかなければならないのだが、アナログ史料たる絵図の場合、古文書などのデジタル史料と異なり一応どこから読み始めても良いはずである。ただそうはいっても、個々の絵図は極めて個別的・特徴的であり、読み手もその見方も個性的なのだから、後者が前者のどこに読解の核心を見出すかにかかっていよう。私はこの絵図の折り筋にまず注目したいと思う。

この絵図（図1）を眺めていると、際立った特徴に気付くであろう。それは何とも言えないバランスの良さである。何故そのように見えるのかと言えば、それは折り筋と関係がある。つまりこの絵図は、作成にあたってまずその料紙が縦横ともに四等分に折られた。原本を見た際に確認したことだが、その折り筋によって構図が決められたようである。すなわち縦の真ん中の折り筋が井上本庄の中心線とされ、次に左（西）側の折り筋の線が井上新庄との境とされ、右（東）側の折り筋が粉河寺領との境界線とされたのである。そのことは写真からでも一目瞭然である。したがって左（西）の四分の一の料紙が井上新庄のスペースとなり、右（東）の四分の一が粉河寺領のそれとなって、真ん中の二分の一のスペースを占める井上本庄を挟んでいる訳である。左右のバランスの良さは、このような折り筋による構図によっているのである。

次に上下（南北）だが、こちらもやはり上（北）側四分の一の折り筋の上のところに「北山鎮守」を、その対角線上の下（南）側四分の一の折り筋の下のところに「風森」（風市森神社）を描いている。その内側の地域が本庄の主要部分である。そして、庄の南半分と北半分とを分ける

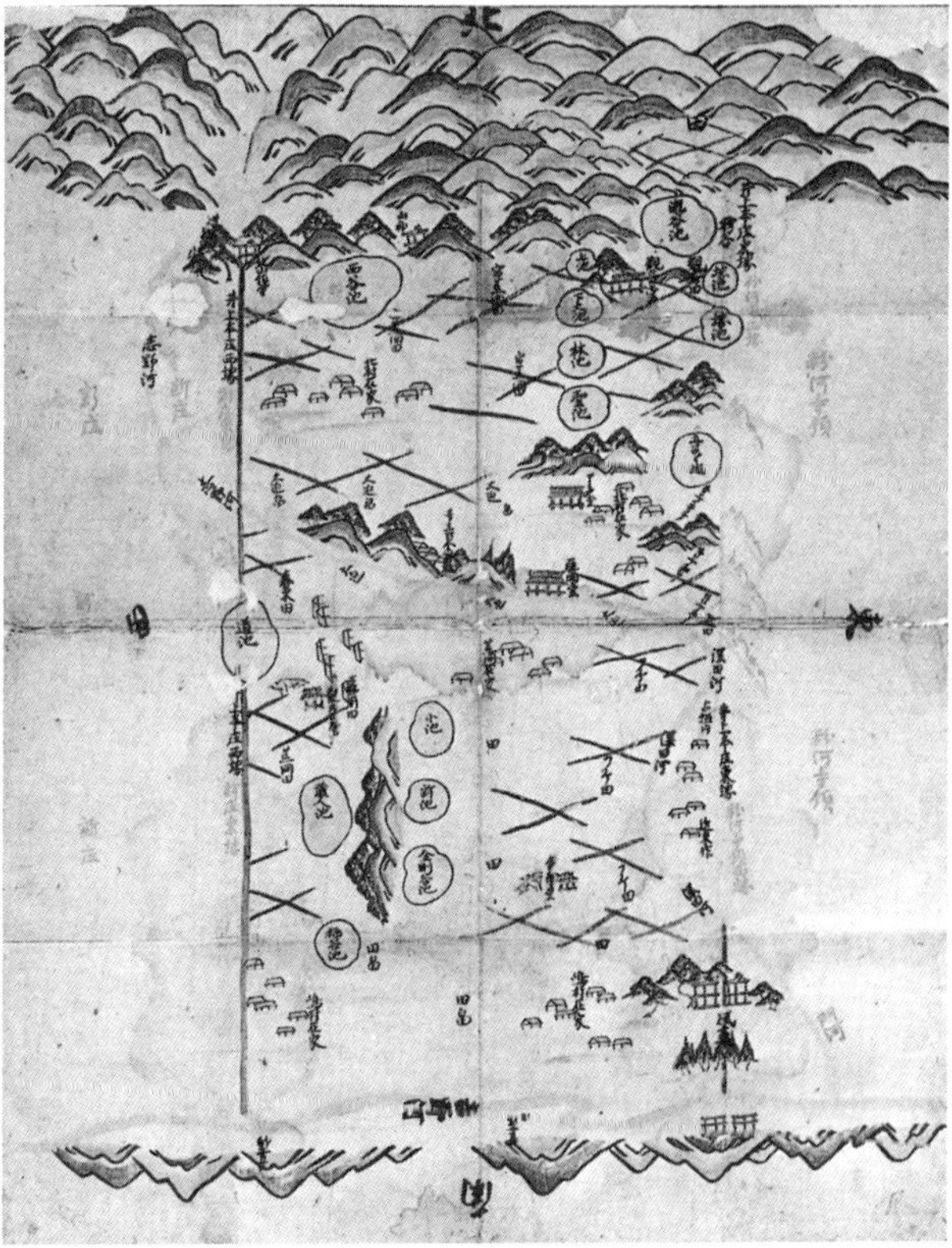

●図1――紀伊国井上本庄絵図

中心線が二分の一の折り筋であり、そこには「道池」と「七段田」とが描かれているのである。詳細は後述することにするが、「道池」は「北山鎮守」と共に、井上新庄との境界を決定する際の「基準点」とされた池であると同時に、庄の南北を二分する地点ともされていた訳である。「七段田」もまた、粉河寺領との境界線上の重要地点であると同時に、現在は松井川と呼ばれている川と「堺池」などからの「井テ」(井手)溝とが合流する地点として、これまた庄の上下を二分するところであった。事実松井川は、この地点より上流では「大迫」とあるのが、それより下流では「深田川」と記されるようになる。こうして上下の真ん中の折り筋において庄の南半分と北半分とを分け、そこに相応しい地名や図像を描いているのである。そしてついでに言えば、この松井川が、本庄の南半分と北半分の地域を分ける分割線として意識されていたことも読みとれるように思われる。

つまり、この絵図を描くことになった絵師は、このように料紙につけた折り筋によって荘園の輪郭を決め、西北の「北山鎮守」・中央の「道池」と「七段田」そして「号三百余所社」・東南の「風森」を庄域内の事物の位置関係を示す「定点」としたのである。そのように見ると、上(北)に描かれた葛城山系の山々と下(南)に描かれた吉野河(紀ノ川)対岸の山々の描写は、庄の基本部分の描写との間に隙間ができており、そこから微妙に浮いて見えるであろう。このことは、それらの山々が後から描きこまれたことを示しているのである。そして、後からの描写のそれらの山々は、南北ともに料紙の左右一杯に描かれて、画面の上下のバランスをとるのに役立っているのだが、それだけであろうか。この絵図の調査に訪れて、庄の東西南北の中心線の交わる地点付近から、絵図の北の方の山々をスケッチした限りでは、葛城山系の山々が「遠山」ないし「奥山」的に見え、「里山」的な滝谷池より南の山々とははっきり分かれて見えることが大変印象的であった。とすれば、画面の上部一杯に描かれた重なり合う山々の描写の浮き上がりは、そのような深い「奥山」としての葛城山系の存在と、その前の「里山」との異質性を明瞭に示すための計算された一面があったとも思える。そのような細かい配慮がなされていたと思うのは、次のような点からである。すなわち、ただ重畳たる連山を絵画的に描いたに過ぎないかに見える「奥山」の描写だが、「北山鎮守」の背景の描写では、ここだけにはっきりした連山の切れ目をつくっているのである。それは、現在の桜池の奥に広がる谷つまり志野川の上流を意識してそう描いたと考えざるをえないからである。同様に、東北の「奥山」には「田」の一字と田の記号を描いている。これなども、それがどこに当るかはよく分からないが、現実的な意味を持っている描写なのであろう。尚、ここで注意しておきたいのは、南の山々にはそのような細かい配慮が一切なされていないということである。恐らく井上本庄にとって南部の山地は縁がないところであったと思われる。

とするとこの井上本庄は、東西の境界線が南北に真っ直ぐに伸びている荘園であることが、その作成の仕方からもおおよその見当が付けられるであろう。荘域推定の際のポイントである。また、「北山鎮守」と「風森」は丁度対角線に位置しているが、この両者は、その位置関係からして荘の境界線の決定にとって最も重要な社であったことが分かる。「北山鎮守」は井上新庄との境を決める際の基準点であり、「風森」は粉河寺領との境を決める基準点であったことは明らかであろう。両社の位置を確かめなければならない。

風森と遥拝所

「風森」は現在風市森神社というが、次のような理由で重要な社である。一つは、この神社が古くから知られている古社であることである。『粉河寺旧記』[*6]では、

一松井川ハ則松井村、昔ハ風市ノ里ト云、文明之比、小川中務之丞澄景と云人ノ城跡有之、
此村ニ風之森三社在、
本社ハ天ノ手力雄命、左右ハ丹生明神、
若一王子、側ニ堂在、薬師如来を安ス、

とある。『紀伊続風土記』[*7]は、この神社について次のように記載する。

○風森大明神社　境内　禁殺生
若一王子社

祀神三座　科長戸辺社
　　　　　丹生明神社

とあり、本社は科長戸辺社で、古くからこの地に鎮座しており、若一王子社は南三町ばかり離れた神木塚に、丹生社は北長田にあったのを延暦年中に一緒にしたのだとする。そして「今合せて三社長田荘中産土神とす、粉河寺正暦二年太政官符に風ノ杜と見えたる即是なり、大納言公任卿等の歌あり」として和歌三首を引いている。

これを見ると、風森社は二社であり、絵図が二社を描くのは不正確な表現であるかに見えるであろう。しかし、調査で分かったことは次のような点である。すなわちこの神社には宮座があり、東庁・西庁・真（新）庁の三座で構成されていた。社殿も以前は三社であった。西庁が祭るのは本社科長戸辺神（風神）で、東庁が若一王子であり、真庁のが丹生明神であったが、そのうち真（新）庁の社殿だけが少し小さかったという。つまり、本来のかたちは東庁と西庁の両座とそれが祭る二社という形であったと思われるのである。とすれば、この絵図の「風森」神社が二つの社殿であるのは、そのような本来の在り方と対応すると言えよう。

ところで興味深いのは、紀ノ川をはさんで風森（風市森神社）の対岸のところにやはり二つの社殿が描かれていることである（図2）。この川をはさんで対面している描き方からすると、必ずやそこには風市森神社の「遥拝所」的なものがあるはずである。これは是非とも現地で確か

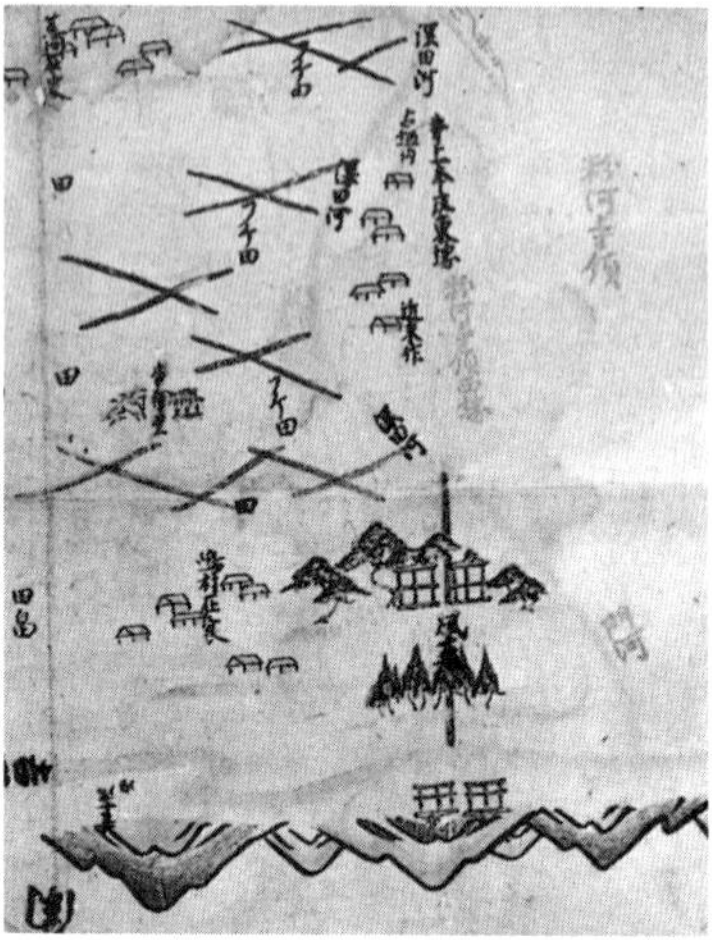

●図2――絵図から，「風森」の一帯

める必要があるだろう。恐らくそこは、紀ノ川対岸における井上本庄の荘域を示す重要な地点であるに違いない。現地調査の最初に訪れたのはこの地点であったが、確かに堤防の近くのミカン畑の中に、風市森神社遥拝所があった。現在ここでは、六年に一度は対岸の風市森神社に餅を持って行くが、後の五年はここで餅をまくのだと言う。その地点は確かに対岸の風市森神社の真正面である。しかし、絵図と同様に真正面＝一直線の位置に「遥拝所」があると言うだけでは疑念が残ったので、地付きの老婦人に更に聞いてみた。[*8] すると、明治時代にこの地点に移ったのだと言う。それ以前は風市の集落の背後の山の中腹にあり、その跡を知っておられるという。教えてもらった通りにその場所に行ってみたのだが分からない。戻って再度尋ねると、名出菅代さんは幸い歴史好きの親切な女性だったので、今度は案内してくださった。分かるはずもなかった。荒れた山道を行って、此処だと言われたところを見ると今はミカン畑になっており、社殿などは何も残ってはいなかったからである。図3を見て頂きたいのだが、その地点は風市森神社と現遥拝所を結ぶ線の延長線上にあり、やはり風市森神社の正面に位置する。そして大字の境界線を見れば明瞭なように、風市の境にある。この地点ならば、粉河寺領との境界線の延長線上であると同時に、対岸における井上本庄の境界地点でもあることになり、絵図の描写と照応すると思うがいかがであろうか。

溜池群の現地比定

以上のように「風森」社と対岸の遥拝所を確かめた上で、次に調査するべきなのは「北山鎮守」と「道池」であろうが、その前にこの絵図に描き込まれている実に多くの溜池の位置比定をしておこう。それらをどの程度比定でき、そこを実際に見ることができるかは何と言っても現地調査の大きな楽しみである。

私が調査を実施したのは（4）の出る前であったのだが、ここではその成果を取入れながら現地比定をしていこう。

結果を図にしたのが図3の荘域推定図である。このように絵図上の溜池の多くが位置比定できる。但し、絶対確実な池はそう多くないことは言うまでもないので、位置比定の確実さで言えば次の三ランクに分けられる。一番確実なのは「蔵人池」＝黒津池、「土呂〱池」＝上泥・中泥・下泥池、「林池」＝林池、「下大池」＝お池（大池）であろう。あとは大なり小なり推測が入るが、次のランクに入るのはたんに第一ランクの池との位置関係による推定だけではなく、池名が地名として残っていたり、あるいは池名の類推を可能にするようなところである。以下の池がそれにあたるであろう。まず「金剛谷池」であるが、この「金剛谷」は地名として残っており、問題はその場所であるが、絵図上の「蔵人池」(黒津池)との位置関係から(4)の指摘する廃池が妥当であろう。次は「聖池」である。「林池」のすぐ下(南)に盆池がある「林池」の下で池を考えるとすればこの池しかないが、池名が「聖」と「盆」で如何にも通じ合うように思われる。そして次はいよいよ「道池」である。この池の重要性については前でも述べたが、池の名前に位置比定のポイントの一つがあるだろう。つまり「道池」とは、この池が重要な「道」に沿って存在することは意味しているのではないか。そのように見た時、この絵図で「道池」の描かれている地点は淡島街道(旧南海道)の通っているところであることに気付く。[*9]すなわち井上本庄を東西に走る「大道」は、この淡島街道と風森社の背後を通る大和街道であり、恐らくこの池名がそのことを意識したものであったことは確実と思われる。この「道池」と同じ地点にある池は現在の呂ノ池以外にはありえない。呂ノ池は、淡島街道に接しており、かつ旧新庄(志野庄)との境にある。絵図上の「蔵人池」と「道池」の位置関係にも照応する。そして私は、呂とは路であり、路池＝道池であると思うのである。「道池」と書いてあるからといって「ミチイケ」と訓んだという保証はない。

●図3——荘域推定図

荘域推定図

[古絵図上の寺社の比定地点]

Ⓐ—北山鎮守(?)
Ⓑ—風森
Ⓒ—紀ノ川(吉野河)対岸の現遥拝所
Ⓓ—旧遥拝所社地(跡)
Ⓔ—観音堂(厄除観音寺故地)
Ⓕ—号三百余所社(?)

[古絵図上の池の比定地点]

ⓐ—西谷池
ⓑ—道池
ⓒ—蔵人池
ⓓ—柿谷池(廃池)
ⓔ—金剛谷池(廃池)
ⓕ—新池
ⓖ—聖池
ⓗ—林池
ⓘ—下大池
ⓙ—堺池(上)
ⓚ—堺池(下)
ⓛ—土呂土呂池
□ かこみは古絵図上の地名

[荘園の推定]

……… は現在の大字《おおあざ》の境界の上に線をひいたもので、これはほぼ荘域と対応していると思われる。

また ……… は古絵図上の境界線を補足推定してひいた線である。

北西端の北山鎮守Ⓐは、地図に見える志野神社の旧地である。慶安3年(1650)、桜池が築造された際に、現在の場所に移動したのではないかと推定される。

あとの池の比定は、絵図上の堺との関係や池相互の位置関係による推定であるが、おおむね妥当な結果だと思われる。

ところで、これほどの池が描写されている所だから当然溜池灌漑の地域であるが、絵図からそれだけしか読みとれないかと言えばそうではない。たとえば絵図に「フケ田」とあるのは低湿田だが、その部分には溜池が一つも描かれていない。当然のことだが「フケ田」の地域では溜池が必要ではなかったのである。また、東の粉河寺領との境には「堺池」が二つ（上の「堺池」は西浦池、下はかせぼ池に比定される）と「土呂〱池」（上泥・中泥・下泥池）という奇妙な名前の池がある。それらの池からは「井上ノ井テ」と「コ河ノ井テ」が交互に伸びており、共通の溜池であったことがわかるが、それだけではなく、「コ河ノ井テ」の方が上に位置しているので、この池水の権利はどうやら粉河の方が強いことなども推測できる。現在はどうなっているのか。

松井川に沿って

さて、それではこれから風森社を出発して「北山鎮守」に向かうことにするが、それには現在の松井川に沿って述べていくのがよいだろう。

最初に注目されるのは河川名の変化である。荘の中央部を西北から東南に流れ下る、現在、松井川と呼ばれているこの小さな川は、井上新庄を流れている時は「志野河」と記され、本庄では「大迫」・「深田河」とあり、そして粉河寺領では「門河」と書かれている。この小さな川が荘域を越える度に名前を変えているのである。このことは、現代のわれわれにとっては小さな驚きであり、そしてどうでもよいことかも知れない。しかしこの川名の変化は、この中世の地域社会の人々にとって実に重要かつ微妙なものであったに違いなかろう。第一に、既に述べたように、この川は、井上本庄内の南と北を分ける線であったが、そのことを庄内上流では「大迫」と記し、下流を「深田川」と区別することで示しているのである。おそらくそれは、絵図上では「在家」と記されている集落レベルでの空間把握の在り方の差異に裏付けられる表現なのであろう。歩いてみれば、ほんの僅かな距離なのであるが。第二に、庄と庄のレベルでの名付けの違いである。すなわち名前の違いは、最も端的なその川の帰属の違いの表現であった。松井川の上流は新庄＝志野庄だから「志野川」でなければならず、また下流は粉河寺領であるから「門河」でなければならなかったのである。絵図の中で、この河の呼称の変化ほど名付けがその名付けられた対象に対する支配関係の表現であることを示すものは少ないといえよう。「名付け」については、河や土地だけでなく、社会関係のレベルでも実に興味深い問題を提起するが、ここでは省かざるをえない。[*10] ともかくそのような荘園間の独自な呼称がどれほど地域住民の生活にとって現実的であったかは残念ながらよくは分からないが、このような荘園絵図が作られている間は彼等が自己の利害を主張し貫徹しようとする際に必ず使われた呼称であったはずである。

松井川は、近世前期の桜池の築造の結果、大きく変貌してしまったが、それでも以前の姿をしのばせてくれる。松井川に出来るだけ沿って上っていくと、そこは「堺池」・「土呂〳〵池」からの井溝との合流地点であるが、これは後で考えることにして、次の「号三百余所社」に向かうことにしたい。とはいえ、この社は現在では全く残っていない。位置を敢えて推定するとすれば、それは長田橋の北側であろうが、今のところそれ以上の記述はできない。ただ、その横に描かれている薬師堂も含めて、そのすぐ南の「荒間在家」との関連を考慮すべきかも知れない。

「北山鎮守」はどこか

さて松井川は、本・新庄の境を越えて「志野川」となる。「志野川」は境を越えると方向転換して北に向かい、「北山鎮守」の背後の谷に消えていく。ということは、現在は遺っていない「北山鎮守」の位置を考える上で極めて重要な点であろう。すなわち第一に、この「志野川」と「北山鎮守」の関係（用水神的性格を持つか？）が極めて深いことを示唆するし、第二に、この「北山鎮守」が現在の志野神社と近接した位置にあったことを意味しているからである。

ただ現在の志野神社は「北山鎮守」ないしそれに類する呼びかたをされていない。したがって直ちに志野神社＝「北山鎮守」とはしえないであろう。次に重要な点は「北山鎮守」が、本来一つの荘園であった井上本・新庄の境とされた神社だという点である。既述したように風森社と対角線に描かれたこの神社は、風森社と同様に境界線を決める重要な社であったが、前者と異なるのはこの神社がかつては一庄であった本・新庄の恐らく中心に位置する神社であったという点なのである。それ故に本・新庄の分割に際してそこが境に選ばれたのではないか。第三に、この「北山鎮守」は、その描かれた位置とその名称からすればどうしても「北山」（葛城山系）つまり私なりに言えば「奥山」との境界地点に勧請された神社であり、その東にある「山神」とは微妙に性格が異なるのではあるまいか。

このように見てくると、「北山鎮守」というのはやはり志野神社のことではないかと思われてくるが、しかし、絵図を見ていると、「北山鎮守」の下に「井上本庄西堺」・「新庄東堺」（朱字）と記してある堺の線から「志野河」までの間がかなり広く、その中に態々「新庄」（朱字）と書き入れているのに気付く[*11]（図4）。現在の志野神社の位置では、このような空間を考えるには無理がある。

ではどのような可能性があるだろう。一つは、志野神社以外の神社の存在を想定することだが、それは難しい。とすると、唯一考えうるのは志野神社がやはり「北山鎮守」であったが、

●図4――絵図から，「北山鎮守」付近

現在の位置ではなく、かつては別の社地に鎮座していたという説であろう。この考えかたは決して唐突ではないと思う。何故なら、慶安三年（一六五〇）、徳川頼宣（南竜公）が志野神社の背後の谷に巨大な桜池を築造したときの、次のような話が伝えられているからである。すなわち『紀伊続風土記』[*12]によると、同神社は天正の兵火に焼けてほとんど衰廃していたが、桜池の築造のために社地を犯した際、明神の社殿より夜々「奇異の霊光」を放ったという。その知らせを聞いた南竜公は、即時に本社末社等を造営し、更に万治元年には境内山林を寄附して社の復興をしたというのである。この話からは、桜池の築造にあたって志野神社の社地がその一部として利用されたこと、つまり桜池の堤の一部になってしまったことが十分考えられるであろう。そして現在の社地は、新社地である可能性が高いのではないだろうか。

　このように推定できるとすれば、一体「北山鎮守」＝志野神社旧社地の位置はどこか。絵図を見ると、その地点は「道池」の真北の方向で、かつ「志野河」が「北山鎮守」と「道池」の中間よりやや下を通っているところである。また「北山鎮守」は「里山」の左端（西端）である。そのような条件に合う地点は図3のⒶ地点、つまり上の池の西の地点であると思われる。この地点は、大字境の線をたどった場合の地点とも一致するのである。そして丁度桜池の堤の一部であるこの地点には大字境の線の不自然な出っ張りが見られるのであり、それがとても気になる。或いは旧社地と関係があるのではなかろうか。

境界線を歩く

井上本庄はこれまで記述してきたように南北に細長い荘園であった。絵図上には、東の、粉河寺領との堺の線も、西の井上新庄との境界線も、南北に真っ直ぐに引かれている。では、それぞれの線に沿って歩いて確かめてみることにしよう。

まずはわかりやすい西の境界線から歩くことにしよう。出発点は、「道池」＝呂ノ池である。前述したようにこの池は、その池名にふさわしく淡島街道すなわち旧南海道に接して築造されており、現在でも大字の境界線上にある。この池の位置比定は、池名以外に「蔵人池」＝黒津池、「観音堂」[*13]＝観音堂などとの位置関係（方角）からも確かめられるのである。

この「道池」＝呂ノ池が確かであるとして、かつ前述の「北山鎮守」の位置推定も妥当であるとすれば、この二点間を結ぶ線はほぼ大字の線と一致するのである。図3に示した通りであり、その線は更に紀ノ川対岸における風市の大字の線ともつながる訳である。つまり、絵図上の新庄との直線的な境界線は、私の推定が誤りでなければ、ほぼ現在の大字の線＝境界として現在も生き続けていると言えるのではあるまいか。

さてそこから南に下っていくと、すぐに別所の集落である。その大字の境界線上に沿って歩くと、そこには墓地が幾つか見られることに気付く。たとえば、小字名の「霊仏」であり、また「地蔵谷」である。境界に沿って歩くと、様々な興味深い風景に接することができるが、ここでは述べる余裕がない。

次は、東の粉河寺領との境界線であるが、その出発点は「七段田」であろう。（4）の『荘園絵図の史料学および解読に関する総合的研究』の小山・水田報告でも、同報告のトレース図版でも記述ないし記入されていないが、それは丁度折り筋のところにあって字が読みにくくなっているためである（図5）。確かに一寸見たところでは「田」の上の字ははっきりしないが、原本には明らかに「七段田」と記載されていた。そう読んでいたので、現地調査に訪れて一番確かめたかった地点の一つがこの「七段田」なのである。早速役場で「粉河町地番図」などを拝見して、そこに当該地点の小字として「七段田」を見いだしたことは収穫であった。

この地点は、（4）で水田氏も指摘しておられるごとく西川と松井川の合流地点であるが、前述したように絵図の丁度真ん中の折り筋上にあり、西の「道池」と並ぶ東の上下（南北）を

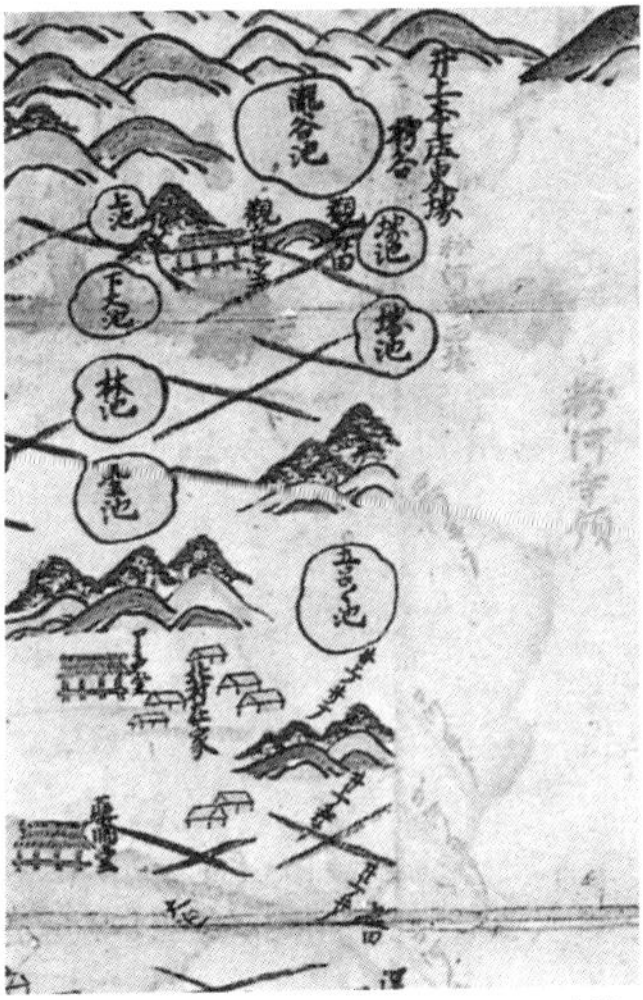
●図5——絵図から，下方の折り目の右端に「七段田」と読める箇所がある

二つに分割する地点なのである。この「七段田」は「地番図」によれば、長田中の北界の地点であり北長田と接している。現地を歩いてみると、この西川と松井川の合流地点の深く刻み込まれた谷が極めて印象的である。

もしこのように、西の「道池」と東の「七段田」を本庄の南北を二分する地点と見ることが出来るならば、この絵図は方位の上でのゆがみのあることが判る。つまり地形図上では「道池」より北にある「七段田」と合流地点が、絵図では同じ高さに描かれており、それは、この絵図の折り筋をベースにした構図によるゆがみと言えるのであろう。この「七段田」から直ちに北に上がって柳谷の奥にある柳谷池の西側のミカン山に登って「堺池」から「土呂〳〵池」更には「風森」を遠望すると、池々と風市森神社の森が南北にきれいに並んで見えるのを確かめることができる。

そこで、「七段田」より北の大字境界線を見てみると、それは上・中・下泥池（「土呂〳〵池」）の池面の真ん中を通っている。しかし、かせぼ池より北では、池の西側を通って柳谷と奥の池の間に向かっている。明らかに中世の境界線より西に現在の大字の境界線が引かれている訳である。それが何時のことで、どのような事情によるのかは今のところ私には判らない。それでは、絵図上の境界線はどのように引くことができようか。

まず「柳谷」は現在の地名として残っているから一応問題はないかに思われるが、絵図上におけるその描写・記載の位置は極めて微妙である。すなわち「柳谷」は「堺池」二つと井手の延長線上にある訳だが、するとこの谷は「堺池」がそうであると思われるように、井上本庄と粉河寺領が半々になっているのであろうか、それとも基本的には井上本庄内なのであろうか。中世の境界というのは近代的な線的境界ではなく、一定の空間的なものであるから、単純に考えられる訳ではないが[*14]、それにしても、この部分はいずれ境相論を引き起こすに違いない記載と言わねばなるまい。なお「柳谷」の北のところに「田」という文字と田の記号が記されているが、これについては今は何とも言えない。

上下二つの「堺池」というのは、地形条件を考えれば、上のが西浦池にあたり、下のがかせぼ池にあたるであろう。その点は（4）の水田報告の指摘と同じである。したがって図3の破線で示したように絵図上の境界線を想定できると思う。

それでは次に、「七段田」より南の境界線に沿って考えていくことにしたい。

この地点もまた極めて微妙なところである。というのは第一に、庄の境界線は西側では「北山鎮守」から「吉野河」までねずみ色の線が引かれているのであるが、東の境界線では、「風森」とその上下にねずみ色の線が引かれているのみなのである。このことは東の境界線の特徴と言ってもよいかも知れないが、「七段田」より北では、基本的には井手の薄茶色の線が引かれているのであり、それをねずみ色に塗ってしまっては井手が不明確になってしまう。したがって、ねずみ色の線としない訳である。そのような除外は「道池」についても行われており妥当な理解であろう。しかし、この「深田河」という三つの記載及び「井上本庄東堺」（墨字）・「粉河寺領西堺」（朱字）に囲まれ、かつ「古垣内」・「近末作」と記された地点は、井手などがないのに薄茶色の線なのである。何故か。この点についての私の解釈は、次のようなものである。すなわち、ねずみ色の線というのは、それを引くだけで済む問題のない地点にのみ塗られたのであり、それ以外の、問題の起こりやすいないしは細かい記載なしには分かりにくい地点では、墨字・朱字による堺の明示がなされたのだということである。

残念ながら、「古垣内」も「近末作」も現地調査では発見出来なかった。その地点は、これまたその後に歴史過程で井上本庄の手を離れていってしまったと思われ、現在の大字境界線は松井川の線となっている。

このように東の境界線は西に比べて変動しているが、それでも基本的には大字の境界線をべースにしてみるとほぼその線に乗ると思われる。

庄内の事物と記号

再び庄内に戻って、今度は本庄の内部を探っていくことにしよう。庄内の事物（記号）としては、（a）溜池、（b）在家（集落）、（c）神社・堂、（d）田（荒間田・田・フケ田）、（e）田畠、（f）畠、（g）丘陵の七種類である。溜池については既に簡単に触れているから、此処では家（在家）や堂について検討することから始める。

まず北半分には「北村在家」が二ヵ所見られる。西のが現在の北長田の内、お池や林池の西にある小字の垣内ないし古垣内であると思われる。東のが盆の池の西側である。それに対して南半分には、「荒間在家」、「森前田」、「古垣内」、そして「嶋村在家」が二ヵ所見られる。これらの集落は、三種類の描きかたの家が六宇から八宇描かれている。「北山鎮守」の下の「北村在家」が八宇、「風森」の側の「嶋村在家」が七宇と多く、後は全て六宇である。両社の重要性と在家数を考慮すれば、この「北村」、「嶋村」両在家が本庄の中心集落なのであろう。

ところで、同じく建造物に神社と堂がある。神社については既述したので堂だけに絞ると、北半分には堂が三つあり、南半分には二つある。北の「観音堂」・「アミタ堂」・「薬師堂」は堂の描写が図示したように比較的しっかりと描かれているのに対して、南のは粗末な堂に竹のような樹木を描いており対照的である。しかもよく見ると、南の二つの堂は稲の描写の上に描かれていて、後から描き足したことが歴然としており、「観音堂」・「帝釈堂」の字も異筆であることは明白である。しかもこの両堂の字は消そうとしたかのような跡もある。何時描き足したかは今のところ不明だが、この堂が何のために追加されたのかは興味深い問題であり今後検討していく必要があるだろう。

(d)〜(f)は耕地だから一括して考える。まず「田」は、交差するねずみ色の斜線と白緑色による稲の描写によって表現されている。「荒間田」・「田」・「フケ田」の区別が意味するところはこの絵図の時代の人々にとっては自明であろうが、「フケ田」が低湿田であること以外には明確な違いを読みとることは私には難しい。また「宮荒間田」の「宮」と言うのは「北山鎮守」か「山神」のことであろうが、どちらかは断定できない。

「畠」は北の「大迫」に見られる。興味深いのは「田畠」であろう。というのは、この地目は田と畠の中間的な存在であり、和歌山県地方の中世史料にもしばしば登場するからである。どのような地目かと言えば、それは、用水があれば田として利用されるが、ない場合には畠とされるような耕地なのである。

この絵図の「田畠」もそうした性格の耕地であろうか。絵図を見てみると、「田畠」は二ヵ所にみられる。いずれも「島村在家」の地域である。この地域が用水不足に悩まされているところであることは一見して明らかであろう。この「田畠」より下(南)では「田」の記号は存在しないのである。つまり「田畠」は、古文書上に見えるそれと同様に、やはり用水面に規定された耕地であったと考えることができるだろう。しかしこの「田畠」の存在は、そのような過渡的性格からも「嶋村」地域における水田化の進行を一方では示している訳で、溜池築造の努力によってやがては安定的な水田となっていったはずである。

これだけが耕地の描写かと言えばそうではないと私は思う。この絵図で大変印象的な色に白緑色があるが、その色の太い描線が必ず在家の家々の下に一本〜三本引かれているのである。この描線は「風森」のところにも引かれているから単純にはいかないが、この絵図では、(イ)山地ないし丘陵と(ロ)水田に対して、それらとは区別される比較的高燥なところとして(ハ)在家や神社の立地しやすい地表面をこの白緑色の描線で示しているのではないかと思われるのである。そのように見ないと、在家に対する周到な描線の理由は判らないであろう。

もしそのように解釈できるなら、そのような在家のある高燥な場所には必ず在家畠ないし垣内畠の存在を考えざるを得ないので、この描線は、在家と一体化した畠をも意味していると思われるのである。

さて、最後の丘陵に進むことにしよう。この絵図は、ほとんどの字の向き及び描写されている事物の向きからみて、明らかに北を上にして見るように作られている。丘陵の向きも基本的にはそうなっているのだが、一ヵ所だけ異例な向きの部分があるのに注目せざるを得ない。それは「小池」・「新池」・「金剛谷池」の池群と「蔵人池」・「柿谷池」に囲まれた丘陵で、それだけが西を上にして描かれているのである。そして、そのすぐ北西にある「森前田」の在家もやはり西を上にして描写されている。その部分の「観音堂」は前述したように後から描き込まれたものであるから、この丘陵と在家の向きだけが如何にも異例なのである。

ではどのように考えるべきか。最初に考えられるのは、この部分が特別目立つ丘陵として「フケ田」の方から見えるのではないかと言う事であるが、現地調査の結果では特にそのようには考えられなかった。むしろ長田の厄除観音の丘陵の方が目立つ。また谷が東に開いている訳でもない。そもそも南半分の地域でここだけが丘陵なのではなく、たとえば皿池の南なども丘陵である。つまりこれらの丘陵は特に描かれたものなのである。

そこでこの絵図の中で丘陵の描写がどのような役割を果たしているのかを考慮してみると、全部で五ヵ所に描かれている丘陵はそれぞれに空間的な仕切りとなっていることに気付く。すなわち「号三百余所社」のところに描かれている丘陵は北と南の仕切りとなっているし、「土呂〳〵池」の上と下に描かれている二つの丘陵は井手の線とともに粉河寺領との境界を意識させるものであろう。「北村在家」の北の丘陵も「観音堂」を中心として「上池」・「下大池」・「林池」・「聖池」に囲まれた「観音田」などの空間やそれらの池の西に広がる「宮荒間田」などの一帯と区別する仕切りであったと思われる。

そのように見るとこの丘陵も、他の丘陵と同じく空間的な仕切りであり、しかも他の丘陵より一層強調されたそれなのではないかと考えられるのである。つまり、北は「道池」から南は「柿谷池」までの、そしてこの丘陵から新庄との境界線にかけての一帯は、井上本庄の中では特別な空間として意識されていたのではないだろうか。このような判断を踏まえて地形図を見れば、そこが別所であったことに気付くのである。別所の空間を特に意識した絵図としては、たとえば相模国鶴見寺尾絵図の例が挙げられる。その絵図では北の「正福寺」の「阿弥陀堂」とその背後の山の向きが他の事物の向きと異なっているが、そこもやはり別所なのであった。つまり、こうした特別に意識された空間を仕切るものとしてこの丘陵は特に西を上（東向き）に描かれたのだと今のところは考えられる。

以上のように、本庄内部空間の構成要素がかなりコンパクトにこの絵図からわかるであろう。もとより田畠が何町あり、在家が何宇あるかといったことは別の帳簿なり文書によらねばならないが、この絵図は同庄のイメージをかなり明確にわれわれに与えてくれているのである。

作成目的

以上のように絵図上を歩いてきたところで、少々疲れてきた。そこで最後にこの絵図が何故作られたのかという点について考えてみることにしたい。誰しも、粉河寺領との境界線には神経質なくらいの記載がなされていることに気付く。そしてそれがこの絵図の作成の動機を示しているかに思えるであろう。私も同様で、そのように考えることが出来なくはないと思うのだが、それにしては余りにも不思議な点がある。

第一は、既述した「コ河ノ井テ」と「井上ノ井テ」の関係である。井上本庄と粉河寺領との間に境相論があって、そのために作られた絵図だとすれば、必ずやここに紛争の焦点の一つがあったはずである。とすれば、この絵図は井上本庄側の作成したものであるから、自己の利害を主張していなければなるまい。たとえば「井上ノ井テ」の線を「コ河ノ井テ」の上に描くことによって、境にある溜池に対する優先的権利を強く主張するというように。けれどもそのような記載ではない。むしろ粉河寺領側に有利な井手の描線である。

第二の紛争が起こる可能性を持つ地点は「深田河」の湾曲部にある「古垣内」から「近末作」までの場所である。松井川を越えて存在する「古垣内」の在家が井上本庄側であることを示しているのであるから、この記載は境相論の可能性を秘めていると言えようが、それにしてもそこが相論の地点であるとするには迫力不足であり、境の線を厳密に示す記載レベル以上のものと見ることは難しいのではないか。但し、この地が粉河寺領に早晩吸収されていったであろうことは十分に推測できる。

第三の地点は「柳谷」とその北の「田」であるが、ここではむしろ相論を意識したと見られるような記載がない。

すなわち、確かに粉河寺領との境界線は、西の新庄のそれに比べれば格段に詳細な記載・描写がなされているが、それは、粉河寺の井上本庄への介入の長い過程からすれば当然のことであろう。しかし、それ以上ではないように思われる。

境界に関する細かい記載や描写がなされていれば、直ちに境相論に関係した絵図ではないかと思いたくなるのが人情であるが、中世の領域的な荘園では、立荘される際に立券文と共に作成された立券図でもそのような記載のありうることは言うまでもない。これまた紀伊国にある神野真国庄の立券図の場合がそれを示している。

とすれば、井上本庄の庄域と内部空間構成を実にコンパクトに表現しているということが、やはりこの絵図の作成目的を端的に物語るのではないか。粉河寺領とも井上新庄とも区別される独自な領域空間とその内部構成を的確に示すこの絵図は、荘園領主随心院が保持するにふさわしい自領の「荘園絵図」であろう。

そのような庄の全体を描く「荘園絵図」としては立券図・四至牓示図があるが、この本庄絵図の作成された時代ではそのような絵図は作成されない。しかし、この絵図を何度も見直して感じるのは、やはり立券図などに近い性格の絵図ではないかと言うことである。今のところ確たる論拠がある訳ではないが、或いはこの絵図は随心院領となった井上本庄の「根本絵図」として作成されたものではないかと思われるのである。「根本絵図」というのは、言わばその荘園を支配するための基本図であり、それを持つことによって当該荘園の把握と支配が可能になるような性質の絵図である。地図学的にはベースマップということになろうか。このような絵図の性格把握が果たして妥当であるか否かは、今後他の絵図を読解するなかで確かめていきたいと思う。

さて、問題はまだ色々と残されているが、絵図を読解する試みとしての小論はひとまず閉じることにしよう。

注

＊1――荘園絵図関係の成果は、「荘園絵図関係文献目録」（木村茂光・佐藤和彦作成、『荘園絵図の史料学および解読に関する総合的研究』所収）によって手掛りが得られる。私なりの作業としては、「荘園絵図の世界」（『月刊百科』二四四号）、「古作ヲ坂之物池ノ築旱」（『UP』一三五号）、「荘園の境界と朱色の牓示」（『UP』一三六号）、「荘園絵図上を航行する帆掛船」（『UP』一三七号）、「一枚の絵図をめぐって㈠」（『荘園制と中世社会』）、「葛川絵図を

読む㈠」（『東国の歴史と文化』）などがある。

＊2――『日本荘園絵図集成』上巻によれば、この絵図は「紀伊国粉河近傍図」と名付けられているが、これは（4）の報告書にもあるように「紀伊国井上本庄絵図」とするのが適当であろう。また同集成上巻に「井上荘絵図」（七八【B】、一二四頁）が掲載されているが、この絵図については独自な検討が必要と思われるので本稿では取り挙げない。

＊3――この点は水田義一氏も同見解で「使用された色彩も豊かで、一般の中世の庄園絵図と異質である。表現形式から判断して絵図が描かれた時代も下って、室町期のものと考えられる。」（同報告、五六ページ）とされている。しかし水田氏は前稿では明徳四年説ではなかったか。自説の変更には明確な説明が必要であろう。この絵図の描き方や色調について、それが室町期のものであるという論拠はどのようなものであるか、実はそこが問題であろう。使用された色彩が豊かだというだけでは室町期とする訳にはいくまいから、問題は水田氏の言葉では「表現形式」、小山氏の「描き方」が具体的にどのようだと南北朝期のものではなく室町期の制作であると言えるのか、その点を示して貰わない限り、明徳四年説より問題を混乱させてしまいかねないのではあるまいか。もとより同一見解を両氏がとられるのであるから、単なる印象によるものではあるまい。今後の井上本庄絵図の成立期をめぐる議論に重要な位置を占めることになる説であろうから、両氏それぞれの「表現形式」・「描き方」論の提示とそのレベルからの南北朝期ではなく、室町期のものである理由の具体

的提示を期待したい。管見の限りでは、私が不勉強のせいなのだろうが、この絵図の描き方と同じような室町期の荘園絵図というのを知らない。少なくともこの絵図が南北朝期のものではないとすることは、私には出来ないのである。したがってこの絵図が室町期のものであるとする見解には現段階では同意できない。

＊4――守護による半済や請所化に際してどのような絵図が作成されるのであろうか。そしてそのような絵図の実例はどのようなものがあるのか。その点が問題である。常識的には、半済や請所化の際に絵図の作成が必要だとは思われないが。

＊5――私のこの判断も極めて主観的なものである。このような書体を何時頃のものと判断するかと言えば、古文書を見てきた経験的レベルから、鎌倉最末期から南北朝期のものと見るのである。私は、そのような経験的判断を第一の拠とするとすると、第二には随心院文書における井上本庄に関する文書が応永七年以降に残らないという古文書残存の仕方が、この絵図の制作の下限をなすと考える。そして第三に、井上本庄が随心院領になる鎌倉末期をその上限であると一応押さえるのが、今のところ妥当ではないかと考えている。その上で、描き方や色彩については判断材料にしていきたいと思っている。

＊6――『和歌山県史　中世史料二』

＊7――巻二七

＊8――丁度農作業中の名出さんに会えたのは大変幸運であった。普通、女性は嫁にきた人が多い

ので、調査では有益な情報を聞くことが出来ない場合が大部分だが、彼女は幸い地付きの人であったからである。

＊9——『和歌山県の地名』（日本歴史地名大系三一）によれば、淡島街道は旧南海道を継承するもので、紀ノ川の北岸を粉河・根来から加太に達した。加太の淡嶋神社への参詣路として利用されたのでこの名がある。

＊10——この点については、不十分だが、拙稿「中山」（『月刊百科』二四四号）を参照されたい。

＊11——境界線際に記入された堺を示す字は、いずれも井上本庄のが墨字で「井上本庄西堺」（二ヵ所）・「井上本庄東堺」（二ヵ所）と記しているのに対して、井上新庄や粉河寺領の方は朱字で「新庄東堺」（二ヵ所）・「粉河寺領西堺」（二ヵ所）と記して対照的である。つまり本庄＝墨字、他領＝朱字の区別が明確になされているのである。のみならず、こうした差異化はその他の他庄・他領についての記載、すなわち「新庄」（四ヵ所）・「粉河寺領」（二ヵ所）・「コ河ノ井テ」（四ヵ所）・「門河」（一ヵ所）にもほぼ一貫している。しかし二ヵ所の記載、すなわち「志野河」だけが、この原則から逸脱しているのである。何故かは断定出来ないが、「北山鎮守」の南の部分、すなわち「志野河」の湾曲部内が当然のこととして「新庄」の領域内とされたのではなかったこと、「井上本庄」内となる可能性があったことを示唆するのではあるまいか。このように見ることが出来るならば、この絵図は、東の境界線だけを見ていては駄目な絵図ということになろう。また、そのように考えると「志野河」と

「北山鎮守」を結び付けて見ることが必要であるということになると思われる。

＊12――巻二七

＊13――この「観音堂」が後の長田の厄除観音となるのであろうが、その元あった地点は「観音池」のすぐ東側であるという。そこからの呂ノ池の方角は絵図における「道池」と「観音堂」の位置関係と照応する。

＊14――中世のこのような境界の性格については、古くは西岡虎之助氏が指摘されている。

終章　絵画史料を読むために

美術史家は、彼がもっぱら注意を傾けている作品、または作品群の本質的意味と考えられるものと、その作品または作品群と歴史的に結びつき、しかも彼が読破できるかぎり多くの文明の記録について、その本質的意味と考えられるものとを照合しなければならないであろう。すなわち、その記録とは、調査の対象である個人・時代・国家などの政治的・詩的・宗教的・哲学的・社会的傾向を立証するものである。逆に、政治活動・詩・宗教・哲学・社会状勢などを扱う歴史家は、美術作品を同様に利用しなければならないことはいうまでもない。人文科学の諸分野が、補足的なものとして相互に役立つのではなく、同じ土俵の上であいまみえるのは、このような本質的意味もしくは内容を探索していく場合である。

——アーウィン・パノフスキー「イコノグラフィーとイコノロジー」『視覚芸術の意味』
（岩崎美術社、一九七一年）

このパノフスキーの有名な記述は、歴史学、就中近代以前の歴史研究にとって実に重要なものだと、私は考える。言うまでもなく彼は、美術史の大家であり、イコノロジー研究の提唱者であったが、その発言は、日本史における「絵画史料論」ないし「絵画史料学」とも言うべきものを育てたいと思って、無謀な作業を開始した私の耳には大きな励ましとなって響いてくる。

もちろん、「絵画」を歴史の「史料」として利用することは、これまでも行われてこなかったわけではない。しかしそれは、主として「挿絵」ないし「挿絵」的な利用であり、積極的に「絵画」作品と対話し、読解しようとするものではなかったといえよう。むしろ、端的な言いかたをすれば、「絵」は所詮「絵空事」でしかなかったのである。しかし、実のところ、そのような発言と言うのは、「絵画史料」ないしはそれに類するビジュアルな諸史料に対し歴史家が盲目であったことの自己表白に過ぎないのではあるまいか。むしろ、そのような「絵画史料」の中に、これまで見落とされてきた歴史のビジュアルな諸側面が豊かに広がっているのではないだろうか。もしもそうであるならば、歴史における視覚的なレベルの研究を本格的に開始するべきではないのか。そうした思いに突き動かされて「絵画史料」の分析・読解を最初に試みたものが本書である。

このような「絵画史料」の分析と読解、それは別の表現で言えば、「絵画史料」の語るところを「目で聞くこと」なのだが、それを私のような歴史研究者が実践する上でどのようなことに留意したかだけは、ここで簡単に述べておきたい。

まず第一に私が注意したのは、それぞれの「絵画史料」の個性である。「絵画」といっても史料としての性格は一律ではありえない。たとえば、本書の「民衆の姿・しぐさ・行為」「「場」を読む」「シンボリックな風景」での絵巻物や御伽草子の絵と、「荘園絵図は語る」の荘園絵図を同列に扱うことはできるはずもない。そのことに配慮しながら「読解」しようとしたのである。しかしながら、そのような違いについての細かいないしは厳密な議論は本書では避けた。その理由は、何よりもまず、「絵画史料との対話」＝「目で聞くこと」への誘いこそが、本書の狙いだからである。学問的な整序というのはいずれ後からやってくるものであろう。

第二に、「絵画史料」を読む「構え」つまり分析方法に自覚的であるべきだと言うことである。このような分析方法についての歴史学の蓄積は、特に日本史研究においてはないも同然であるように思われる。従って、試行錯誤の面は避けがたいことだが、「絵画史料論」に刺激ないし示唆を与えると思われる「書物」[*1]の中に積極的な探索の足をのばして方法上の糧とした。特に美術史学の古典や記号論の諸成果の「読書」から多くのものを得たと思うが、しかし、それらを機械的に適用したり、利用したりはしていないつもりである。

この本でなされたような「絵画史料」の読解と分析の試みが、「補足的なものとして相互に役立つのではなく、同じ土俵の上で」将来美術史学とあいまみえる機会を持てるようになりたいと思う。

次に私自身の対話・読解の仕方の大すじを示そう。それは次のような三段階である。第一段階は、事実確認のレベルとも言うべきもので、画像の一つひとつが一体何なのかを確認する作業である。ここでつまずいては困るから、ある画像が何であるかを例証できるような心構えが必要となる。第二段階は二つの作業を区別して行う。つまり、一つの作業は幾何学的な構図分析である。これは、ウスペンスキーの言う「幾何学的な統辞法」に近い作業であり、これによって画面の構図上の把握がなされる。もう一つは描かれている諸事物の「意味論的諸関係」の検討である。そこでは、人と人、事物と事物がどのような（様々なレベルでの）諸関係として描かれているかが分析される（これにはウスペンスキーの言う「意味論的な統辞法」の分析が含まれる）。そして第三段階は、第二段階における二つの作業の重ね合わせによる総合的把握であり、この結果が一応の妥当な把握と読解に達したと判断できた場合に記述に移る、というのが一応の私の手順である。

各段階でのどの分析・読解においても、詞書や文献史料との対応に留意し、それとの緊張関係を維持しなければならないことは言うまでもない。その点で日本の絵巻物は、「絵画史料」研究には極めて有利な条件を持っているといえるだろう。何故なら、絵巻物においては詞書が付いているのが普通である。というより一般的に言えば詞書が先行しているのである。従って、そのような詞書との関連で画面を検討することが可能であり、かつ不可欠となる。

第三に留意したのは、誰にでも見られるものを利用することに努めることである。古文書・古記録などの歴史の史料も、原本を精密に検討する機会が簡単に得られないことが多いのだが、絵画などの美術作品の場合はよけいそうである。幸い今日のわれわれは、高度に発達した印刷技術によって、ある程度は原本に近付いたカラー図版を見ることができるようになっている。もちろん、原本を見るに越したことはなく、原本の精査によってしか分からない事実も極めて多いのだが、たとえば博物館などでの展示などでは、絵巻物のほんの一部しか見ることができないのが普通であり、全体を見ることは不可能であるか、或いは極めて困難である。どうしても刊行されている絵巻物の全集などによって検討する場合が多くなるのは止むをえないことであろう。そうした現状を考慮して、この本に収めた文章では既に刊行されていて全体が見られるものを主として分析・読解しており、全体を見たい人のためにはその本のページ数を示した。

簡単だが、この三点が「絵画史料」との対話・読解を始める上での留意した基本点である。具体的な相手となる「絵画史料」の個性に合わせた対話・読解の仕方については、本書の諸文章で推察願えればと考えている。

ところで、美術史におけるイコノロジー研究との関係でいえば、私の目指そうと思っているのは日本史研究、更に言えば歴史学における「絵画史料学」ないし「絵画史料論」であり、イコノロジー研究と極めて近い側面を持ってはいるが、美術史とはやはり随分異なったものとならざるをえないだろう。絵画を「史料」として読解・分析するというのは、美術史の目指すところとは明らかに異質な試みだからである。しかしながら、そのような「絵画史料」との対話・読解そして分析には、美術史的な諸作業や方法と重なるものが多いこともまた明瞭である。たとえば絵画では、絵師（画家）の想像力や創造性に対する認識抜きに「目で聞く」ことは不可能に違いない。その意味では、日本美術史の優れた諸研究に学ぶことから出発することは余りにも当然のことなのである。つまり、美術史的な研究との緊張関係抜きに「絵画史料」研究は発展できないであろう。

また、それ以外の立場にも私は大変関心がある。たとえば絵解きや御伽草子についての国文学の研究、『新版絵巻物による日本常民生活絵引』（平凡社、一九八四年）に代表されるような絵画を生かした民俗学の研究、あるいは建築史・家具史などの「絵画史料」へのアプローチ、そして荘園絵図研究を新展開させるかに見える歴史地理学の研究などである。

こうした分野の違いを越えて、絵巻物などの「絵画史料」に自分の持ち場、関心から大胆に挑戦を試みようとしているどのような研究動向とも豊かな研究交流が実現できるようにやがてなるに違いない。いわば本書は、「絵画」に向かうそうした一連の動きの中での、歴史学からの試みであると思っている。

と言うと、いささか硬く構えすぎである。むしろ本書は、「イメージ」を「読む」こと、「目で聞く」ことに興味を抱いている人々への、私なりの誘いかけのメッセージのつもりなのである。と言っても、それは「イメージ」を読むことへの一般的なメッセージではない。あくまでも「絵画史料」を読解することで描きうる日本中世の諸側面を通じてである。

こうして本書では、「絵画史料」を「目で聞く」ことで知りうる日本中世のビジュアルな世界を示そうとした。「民衆の姿・しぐさ・行為」は、中世民衆のスタイルやしぐさ、そして行為に照明をあて、「「場」を読む」は、中世の「場」や「物」の特質を探った。「シンボリックな風景」では、象徴的な次元をイメージによって示そうとした。そして「荘園絵図は語る」では、荘園絵図の読解によって中世の地域世界を浮かび上がらせようとしている。はたして日本中世世界の知られざる一面、あるいはビジュアルな中世民衆像を多少なりとも感得してもらえただろうか。読者の率直な感想を聞かせて頂いて、さらに前進できればと思っている。

注

＊1――そうした書物の中で、その気になればすぐに読めるものを列挙しておこう。アーウィン・パノフスキー『イコノロジー研究』(美術出版社、一九七一年)、同『視覚芸術の意味』(岩

崎美術社、一九七一年)、E・H・ゴンブリッジ『芸術と幻影』(同社、一九七六年)、オットー・ペヒト『美術への洞察』(岩波書店、一九八一年)、ハンス・ゼードルマイヤー『中心の喪失』(美術出版社、一九六五年)、同『芸術と真実』(みすず書房、一九八三年)、ヤーコブ・ローゼンバーグ『美術の見かた』(講談社、一九八三年)、ケネス・クラーク『風景画論』(岩崎美術社、一九六七年)、同『絵画の見かた』(白水社、一九七七年)、H・リード『芸術の意味』(みすず書房、一九六六年)、ピエール・フランカステル『絵画と社会』(岩崎美術社、一九六八年)、同『形象の解読I』(新泉社、一九八一年)、中森義宗編『絵画と文学』(中央大学出版部、一九八四年)、ジルソン『絵画と現実』(岩波書店、一九八五年)、ジョルジュ・デュビー『ロマネスク芸術の時代』(白水社、一九八三年)、ルイ・マラン「イメージの記述」(『エピステーメー』一九七六年三月号)、A・ルロワ＝グーラン『身ぶりと言葉』(新潮社、一九七三年)、同『先史時代の宗教と芸術』(日本エディタースクール出版部、一九八五年)、同『世界の根源』(言叢社、一九八五年)、ボリス・ウスペンスキー『イコンの記号学』(新時代社、一九八三年)、ケビン・リンチ『都市のイメージ』(岩波書店、一九六八年)、ポール・ブーイサック『サーカス』(せりか書房、一九七七年)、ミハイル・バフチーン『フランソワ・ラブレーの作品と中世・ルネッサンスの民衆文化』(同書房、一九八〇年)、P・G・ボガトゥィリョフ『衣装のフォークロア』(同書房、一九八一年)、ジュディス・ウィリアムスン『広告の記号論』I・II(柘植書房、一九八五年)などである。また日本人のものとしては高階秀爾・小松左京『絵の話』（講談社、一九七六年）、高階秀爾『美の思索家たち』（新潮社、一九六七年）、若桑みどり『マニエリスム芸術論』（岩崎美術社、一九八〇年）、同『薔薇のイコノロジー』（青土社、一九八四年）、坂崎乙郎『絵を読む』（新潮社、一九七五年）、多木浩二『眼の隠喩』（青土社、一九八二年）、金田晋『絵画美の構造』（勁草書房、一九八四年）、谷川渥「絵画の解釈と記号論」（『芸術の記号論』、同書房、一九八三年）、野村雅一『しぐさの世界』（日本放送出版協会、一九八三年）、同『ボディランゲージを読む』（平凡社、一九八四年）などを一応挙げておく。

付章　図像の歴史学

歴史学は、学問としての自己のあり方やその仕事の内容についての根本的反省を迫られたときには、必ずや「史料」に立ち戻る。歴史家たちは、少なくとも主観的には、これまで見過ごしてきた諸史料の再発見とその新鮮な読みを通して、適切な課題の提示と新たな歴史把握の可能性へと立ち向かおうとする。

そのような意味で、日本の歴史学は今、新たな「史料学」の時代に入っていると言えよう。つまり、これまでの歴史学が、主として古文書や古記録などの文献史料を対象＝材料として研究を進めてきたのにたいし、文献以外のさまざまな史料、具体的には歴史景観と地名、遺跡と遺物、絵画と写真などを、文献史料と対等の「史料」として扱おうとする試みが活発である。たとえば、荘園や村の精密な調査・研究や、耕地・地名研究がおし進められており、また、京都・鎌倉・大坂・江戸などの都市史も、考古学的成果を踏まえた研究が急速に進展しつつある。こうして、従来の日本史学が研究材料としては十分に利用・分析してこなかった諸史料の研究によって、新しい日本史像の構築が模索されつつある。そして、そうした動向の一翼を担っているのが、絵画史料論ないし歴史図像学の構築の試みなのである。

一　図像の歴史学胎動の今日的諸条件

こうした「史料学」胎動の背景・基盤となっているのは、一九六〇年代以降の日本に起こった巨大な変貌である。ここでは、絵画史料論ないし歴史図像学の胎動を呼び起こした諸条件を中心に述べるとしよう。

第一の条件は、一九六〇年代以降の日本の高度経済成長による歪み・諸矛盾が、全国各地で遺跡の破壊をもたらし、また、伝統的な町や村の景観を急速に変貌させていったことである。水田稲作を機械化された農業にしようとする圃場整備事業は、早くは古代からの、遅くとも中世や近世から営々と耕され維持されてきた耕地と地名、そしてそうした耕地を主要な部分とする農・山村の歴史的な景観・風景を消滅させていった。漁村も例外ではない。さらには、都市や農・山・漁村に生きる人々の伝統的な心性の有り様をも急速に消失・変容させていった。

日本史家たちが、地域住民と共に文化財保存運動や地名保存運動に取り組むことによって、政治と経済の論理による無茶苦茶な遺跡破壊や地名消滅に対して抗議し、遺跡や地名を守ろうと努力したことは言うまでもない。それだけでなく、研究面でも、たとえば中世史研究では、石井進などが中心となって、中世の村や荘園の精密な調査に基づく歴史景観の復原的研究が進められるようになったのである。そうした研究には、荘園絵図に描かれた地域世界の様相が重要な手掛かりとなった。かくて、伝統的な景観や遺跡の喪失は、結果的に絵画史料やイメージ史料の重要性・有効性を浮上させることになったのである。

また、戦後に生まれ育った若い世代の日本史研究者たちにとって、藁葺き屋根に象徴されるような伝統的な村落の姿などは身近なイメージでは有り得ない。近世以前の諸社会はもちろんのこと、戦前の日本でさえ、歴史研究によってそのイメージを復原しなければならない対象となってしまった。そのような状況では、絵画や写真などが、以前にも増して近現代史のイメージを再現する上で大きな役割をはたす史料となってきたのだった。

第二の条件は、高度経済成長と共に急激な技術革新が進行し、すぐれた印刷技術による安価なオールカラーの絵巻や屏風絵などの全集物が次々に出版されるようになっていったことである。そうしたカラー版の絵巻などの全集は、色彩情報をも与えてくれるから、それまでのモノクロ中心の美術全集などとは質的に異なる意義をもつものであった。歴史のイメージや、イメージとしての歴史を明らかにしていこうと思った者たちにとって、それらは恰好の絵画史料集として受けとめることができたのである（もちろん、史料集としては限界のあるものだが）。

日本には、絵巻物・掛幅・屏風絵・襖絵・挿絵・錦絵・摺物など、実に多種多様かつ膨大な絵画が残されている。それらの絵画は、失われてしまった過去のイメージ・表象などを探る上で最良の史料である。しかし、従来の歴史家たちのほとんどは、絵画を史料として読んでこなかった。せいぜい挿絵として利用して、それにあいまいなキャプションをつけるだけで済ませてきたのであった。

しかし、カラー版全集や豪華図録の相次ぐ刊行は、日本史家たちのそうした状況を打破するための十分な物質的条件となった。かくして、絵画ないしイメージを史料として分析・読解する試みは、一九七〇年代末から胎動するに至ったのである。

第三の条件は、漫画や劇画になれ親しんで育った戦後世代の文化である。漫画・劇画は、とくに一九六〇年代後半以後の若者の文化となり、現在の大学生・大学院生たちも、それになれ親しんでいる。絵画史料を読む試みが自然に受け入れられる主体的な条件の存在として、やはり無視できないだろう。

しかし、無論、この漫画・劇画や絵画を読む文化は戦後に起こったものではない。古代・中世社会における絵解きや絵巻の文化、近世社会における文学作品の挿絵や浮世絵などの視覚的な文化の特徴を顧みれば、日本文化には絵画を読み、絵画に親しむ文化伝統が脈々と流れてきていることは明らかである。漫画や劇画に親しむ文化も、それらを前提にしている。絵画史料論ないし歴史図像学は、そうした文化伝統を前提条件としている試みでもある。

第四の条件は、歴史家の問題関心の移動と方法論上の革新が挙げられる。戦後歴史学の中心となってきたマルクス主義歴史学でも、スコラ的・硬直的な歴史法則の論議は一九七〇年代初頭で劇的に終わった。マルクス主義の立場に立つ歴史家たちも、新たな方法論や課題を模索し始めたのである。たとえば中世史研究者の網野善彦や黒田俊雄は、そうした新たなパラダイムの模索の必要性を積極的に提示した歴史家であった。

問題関心や視座の移動を端的に示すのは、いわゆる社会史的問題群が歴史家をとらえたことである。人間の生死や結婚の歴史、女性・老人・子どもの歴史、あるいは身体感覚や作法・儀礼などといった、従来の歴史学がまともに取り上げることをしなかった、ないしは関心を持たなかった諸主題が研究者の関心事となり、それらを解明するのに最もふさわしい史料の一つとして絵画史料もクローズアップされてきたのであった。新たな問題関心が、必要かつ重要な史料を〈発見〉したのである。

一九七〇年代はまた、日本史研究者たちが、おくればせながら構造主義や記号論、あるいはミシェル・フーコーの歴史学やディコンストラクションの思想・思考方法などを、それぞれの仕方でうけとめていった時期であった。それらの学問や思想も、絵画や映画などをその主要な分析対象の一つとしていたことは言うまでもない。

それらについての研鑽を経た上で、日本史学のなかに絵画史料論や歴史図像学を構築するためには、次のような諸努力が必要であった。①まず、日本美術の流れについての美術史研究の成果と現状を、日本美術史の基本的な研究文献から真摯に学ぶことである。②次に、欧米の美術史の方法論、とくにイコノグラフィーやイコノロジーの方法を自覚的に学ぶことである。つまり、絵画史料論や歴史図像学の樹立の基礎づくりのために、アーウィン・パノフスキーやE・H・ゴンブリッチなどの仕事に学ぶ必要があった。③また、絵画記号論・映画記号論・サーカス記号論などの一連の記号論的方法とその成果も、極めて重要な栄養分となったことは言うまでもない。④そしてさらに、イタリアの歴史家カルロ・ギンズブルグの歴史図像学への挑戦なども大いなる刺激となった。日本史学において絵画史料論や歴史図像学を育てていくためには、このような先行ないし並行する絵画分析の諸方法論に学ぶことが不可欠だったのである。

そして第五の条件としては、絵画やイメージを史料として利用しようとする試みが同時多発的に始まったことであろう。玉井哲雄（玉井、一九八六年）や高橋康夫（高橋、一九八八年）らが中心となった建築史における絵画史料の分析、小泉和子が独力で発展させた家具史・調度史における絵画史料の利用の実践（小泉、一九七九年）、歴史地理学での葛川絵図研究会による絵図の記号論的読解の試み（葛川絵図研、一九八八・八九年）、国文学研究における林雅彦や徳田和夫たちが中心となって発展させていった絵解き研究、そして中世史における西山克の参詣曼荼羅研究（西山、一九九八年）等々であり、絵画やイメージを分析・読解する試みは、諸学問においてほぼ同時に始まったのである。

また、縄文図像学や密教図像学、さらには象徴図像学といったさまざまな胎動も見られた。こうした絵画・絵図などを分析・読解するさまざまな試みのどれもが、新たな学問の樹立の現われであったり、あるいは既成の学問のディシプリンを多少なりとも揺るがすものとなっていることは言うまでもない。だから、日本史における絵画史料論ないし歴史図像学の発展は、決して孤立したものでは有り得ない。このような諸々の試みとの相互影響関係こそが大切なのだ。というより、それらとの開かれた〈対話〉を通してでなければ、体系性ある探究を行なう研究分野として育っていくことは出来ないだろう。

二　成立前史

ところで、日本史における絵画史料論ないし歴史図像学には、当然のことながら前史がある。前述したように、日本には膨大な絵画史料が残されている。それらがどのように研究ないし利用されてきたのかを、簡単に概観しておくことにしよう。

まず、絵画を史料として利用する試みは、松平定信（白河楽翁）の『集古十種』や『古画類聚』などの編纂に始まると言ってもよいだろう。もちろん、それ以前にも『人倫訓蒙図彙』や『和漢三才図会』などには、説明のための豊富な挿絵があり、一種の〈絵引〉として利用できるが、日本史学における図像の歴史学の先覚者として、松平定信を挙げることは許されると思われる。

たとえば『集古十種』は、大量に模写した画像類を肖像・人形服章・文様・宮室・器財・兵器という分類によって編纂している。こうした試みは、われわれも最初に意識する絵画史料の利用の仕方であって、以後の服飾や文様、武具・武装などの一連の有識故実や風俗史的研究、そして肖像画研究などに生かされていくのである。

主として古文書・古記録などの文献史料を重視した近代的歴史学では、そうした絵画史料の利用は軽視された。たとえば東京大学史料編纂所は、『大日本史料』・『大日本古文書』などの編纂の傍ら、肖像画や絵画・記録画などを模写してきているが、しかし、極めて限定された絵画史料の利用にとどまってきたことは明らかであった。もちろん、大学の史学科においても、絵画史料の分析・利用の訓練がなされることはなかったのである。

しかしそれでも、絵画史料を利用する学問的な営みは、幾筋かの流れとなって戦前から戦後にかけて蓄積されていった。

その第一の流れは、風俗の歴史を明らかにするための基本史料として絵画を利用する風俗史学者の研究である。その代表的学者として研究をリードしたのは鈴木敬三であった。鈴木の『初期絵巻物の風俗史的研究』はその最良の成果である。有職故実研究における絵画史料の利用は、この流れの中に含められる。

すなわちこの研究の流れは、装束・装身具・武装・武具・宮殿の調度・燈火具・乗馬具・乗り物・楽器・料理などの伝統的な有職故実研究の延長線上にあるものであり、絵画史料の最も基礎的な研究の一つであると言って良い。そうして、こうした〈もの〉とか〈行為〉に即した研究の成果によって、古典文学や日本史研究のための各種の参考図録類が作られた。古語辞典や日本史辞典には付録として必ず図録があり、各時代の古典や史料の読解に不可欠な基礎知識とされているのである。

その流れのなかで、最近、藤本正行の『鎧をまとう人々』（藤本、二〇〇〇年）が刊行された。特筆すべき研究成果であり、かつこの流れにおける恰好の入門書の位置を占めるだろう。

第二の流れは、日本史家の絵画史料に関する諸研究である。ここでは家永三郎の卓越した仕事（『上代倭絵全史』・『上代倭絵年表』）は別格として除外するとして、特定の著名な肖像画の像主の推定論や『竹崎季長絵詞』（蒙古襲来絵詞）の成立論など、極めて限られた絵画史料についてではあるが、その先駆的研究が、荻野三七彦や赤松俊秀、そして石井進・藤本正行らによってなされている。

従来の日本史家たちの絵画史料利用が、肖像画の像主推定や『竹崎季長絵詞』の成立論へ向かっているのは、ある意味では象徴的である。たとえば『竹崎季長絵詞』の場合、そこに描かれているのは蒙古襲来という鎌倉後期の史実であり、それを体験した竹崎季長によって、その制作が企てられているからである。つまり、日本史家にとって、『竹崎季長絵詞』は限りなく古文書に近い、史実を伝える史料なのである。その点で、歴史上の実在人物を描いている肖像画も同様である。そうした史実や事実を伝える絵画史料だけが、日本史家の研究対象とされがちであった。このような研究姿勢からすれば、絵画史料の利用がほんの一部に留まったのは当然のことだったのである。

なお、絵画史料を民衆史研究に活用する日本史家の試みがあったことも忘れてはならない。西岡虎之助の民衆史研究である。西岡はまた、荘園絵図などの絵図研究の重要性にも着目して、先駆者の役割を果たされたのであった。

第三の流れは、歌舞伎史などの演劇史研究における絵画史料の利用である。たとえば初期歌舞伎の小屋や芸態は「四条河原遊楽図」などの絵画史料によってしか分からない部分が多く、したがって戦前から、演劇史研究では絵画が史料として利用されてきたのであった。代表的な成果として諏訪春雄の仕事などがある。但し、もっぱら「画証」と称されているように、どのような小屋でいかなる踊りが行なわれていたのかを絵画によって確かめるといった作業に限定されがちだったのであり、絵画を史料として分析・読解するといったものではなかったように思われる。しかし、演劇史研究における絵画史料の分析・読解の試みは、最近になって服部幸雄らによって本格的に取り組まれつつあると言えよう（服部、一九八九年）。

第四の流れは、国文学者たちによる絵巻・御伽草子・「奈良絵本」の絵画・挿絵などの研究である。岡見正雄らの国文学研究者たちは、物語絵や挿絵の魅力と重要性を十分に認識し、それらの基礎的な研究を積み重ねていったのである。そうした素地の上に、最近の絵解きに関する研究などが発展してきたと言えるだろう。

第五の流れは、民俗学の立場からの絵画史料利用の試みである。澁澤敬三の日本常民文化研究所は、絵巻に描かれた庶民の生き生きとした生活の諸相に着目した。そして日本画家に委嘱して模写した絵巻の各場面に描かれている人々の行為やしぐさ、着物や道具などに名付けをし、簡単な説明を加えた独特の辞書（絵引）を作り上げたのである。それが『新版絵巻物による日本常民生活絵引』全五巻であって（澁澤、一九八四年）、極め付の貴重な仕事＝成果であった。現在でも、この絵引にとって代われるような、絵巻物を読むための辞書や検索手段は存在しない。

その他に、仏教図像学などの独自な研究伝統があるが、ここでは省略する。

以上が、戦前・戦後の絵画を史料として研究・利用した学問的営みの主要なものであると思われる。それらの利用の仕方の基本的な特徴を指摘すれば、それらの研究の関心は、装束・装身具、武具・武装、生活用具や人々の行為・しぐさといった極めて視覚的な事実とその意味を明らかにすることに向けられていた。事実・史実を視覚的に確認するレベルの研究に終始してきたと言ってよいだろう。パノフスキーの提唱したイコノロジーの方法で言えば、事実的意味すなわち「第一次的・自然的意味」のレベルを探る研究である。すなわち、一九七〇年代までの諸学問における絵画史料の研究・利用は、絵画に事実・史実の視覚的証拠を求めるにとどまっていたのであった。

もちろん、それは絵画史料を分析・利用する上での最も基礎的なレベルでの作業である。絵画という史料の性質からして、そこに描かれている〈もの〉や〈こと〉を正確に把握することは容易ではない。絵画史料の利用に慎重ないし否定的な研究者たちは、すぐにそれは「絵空事」であると言い兼ねないし、そうした推定・確認についていい加減な研究は、絵画史料論や歴史図像学を否定するための恰好の攻撃材料を提供することになる。日本の絵画史料論ないし歴史図像学にとって、だから、事実確認や事実的意味の確定が常に基礎的な研究作業として重視され続けるのである。

三　図像の歴史学の胎動と発展

しかし、一で指摘したような諸条件から出発した、一九七〇年代末からの絵画史料論ないし歴史図像学の胎動は、そうした諸研究に学びながらも、それらとは明瞭に異なった立脚点、すなわち以下のような課題認識と方法態度から出発したといってよい。

第一の課題は、絵画史料を「史料学」の対象の一部に位置づけることである。そうした目標は、必然的に史料学の対象としての諸史料の新たな分類の提案、たとえばデジタル〔文字列〕史料、アナログ〔画像〕史料、デジタル・アナログ史料といった分類などになった（黒田、一九八八年）。また、いわゆる史料の価値判断や分析・読解の仕方についての原則の見直しを試みることになった。すなわち、(a)文献史料以外に実に多種多様の史料が膨大にあること、つまり史料の多様性の確認である。(b)それらの多様な史料は、それぞれ独自な個性と重要性を持っており、他の史料では得られない史料的価値を持っている。つまり、それらの史料はそれぞれ独自な史料的価値を持っていることの確認である。(c)どのような研究課題を明らかにするつもりなのかによって、史料の良し悪しは決まってくるのであるから、それぞれの史料の価値は等価である。すなわち、(a)史料の多様性、(b)それぞれの独自性と、(c)等価性の承認である。

そうした史料の特徴は、否定的に見れば、史料はそれぞれ一面的であるということになるが、肯定的に言えば、相互に関連しあっているのである。従って、(d)として指摘できることだが、史料を相互に関連付けること（相互関連性）が重要だということになる。つまり、どの史料の分析・読解にも、他の諸々の史料と密接に関連付ける史料操作がなされねばならない。このような四つの原則の確認から出発すれば、絵画史料ないし歴史図像学は、必ずや、文献史料などの他の諸史料についての新たな読み方をも生み出してくるに違いないのである。

第二の課題は、史料としての絵画の魅力を把握し、それを研究者や読者に積極的に提示していくことである。これは一で指摘したような新たな問題関心からすれば自然に見えてくる課題なのであり、誰かがそうした努力をしなければならない。絵画史料論ないし歴史図像学の魅力の提示は、さらに歴史のイメージないしイメージとしての歴史の魅力を読者に語りかけることにもなっていくのは必然であろう。

実際、絵画史料からは新鮮で豊かな歴史の諸側面を明らかにできる。それを絵巻物や絵図などの具体的な分析・読解の試みを通じて示すことが最初の目標となった。たとえば拙著『姿としぐさの中世史』(黒田、一九八六年)や保立道久の『中世の愛と従属』(保立、一九八六年)に収録された諸文章は、そうした意図を反映している。すなわち、絵画史料の分析・読解を通して、①中世の人々の行為やしぐさとその意味、②中世の身分制と社会関係、親子関係や性愛などの人間的諸関係とその意味、③思想・信仰やシンボリズム、④さまざまな場の特質など、従来の中世史研究が見過ごしてきた、中世社会の多様な側面を浮かび上がらせることを試みたのであった。そして、絵画史料ないしイメージ史料からでしか明らかにしえない歴史のあることを主張したわけである。

既述したように、従来の歴史研究での絵画史料の利用の仕方は、歴史叙述における挿絵的な扱いを出ることは稀であった。もちろん、カラーの挿絵や図版がたくさんある本ならば良いというのでは全くない。肝腎なのは、歴史のビジュアルな諸側面を十分に把握した歴史叙述を生み出すことである。たとえば、貴族であれ、武士であれ、庶民であれ、彼らが生活をし、行為・行動する姿をビジュアルに描き出すことである。抽象的な支配階級や民衆で良いはずはない。生き生きとした歴史とは、そうした具体的な姿と行動をもった人々が創り出したものなのである。

ところが、日本史の通史叙述は、今、明らかにマンネリ化してしまっている。大手の出版社の出す通史物は、失敗を恐れての保守的な企画ばかりであり、中央公論社版『日本の歴史』のスタイルから脱皮する試みは見られない。というより、明瞭な退歩さえ見られる。監修者となっている大物歴史家たちにも、新しい歴史叙述のあり方や可能性を構想する徴候はない。そして、読者たちも保守化してしまっているのだろうか。

そうした状況を打破して、新しい歴史叙述を創造するには、絵画史料論をその一翼とする「史料学」の全面的な取り組みが必要不可欠になっているのである。

第三の課題は、絵画史料の読み方や方法論の提示である（黒田、一九八六年a、同、一九八八年）。どんな史料にも固有の読み方とそのひろがりがある。そして絵画史料も「読む」ものである。しかし、二で述べたような事実確認のレベルでも、実は明瞭な絵画史料の読み方が確立されているわけではない。つまり、先行する絵画史料の分析・読解の方法的伝統は極めてプリミティブなものなのであった。従って、日本の絵画史料論ないし歴史図像学の困難な課題とは、残されている膨大な絵画史料群をいかにして分析・読解しうるかという方法論的な開拓をしつつ、同時に、そうした方法論を共有しあう研究者集団を生み出していかなければならないことである。

我流の読みでは、いい加減な解釈と結論に行き着くかも知れないし、現にそうした危惧に直面してもいる（五味、一九九〇年、同、一九九三年、黒田、一九九三年c、五味、一九九四年、黒田、一九九四年dなど）。文献史料の分析・読解の場合ならば、古文書の語句や文章を次々に誤読した上での解釈に立脚している論文を信用する日本史研究者はいない。そうした誤読を満載した論文の筆者は、その研究能力を疑われてしまうに相違ない。絵画史料の分析・読解であっても、同じことである。

また、藤本正行と私の間でかわされた『一遍聖絵』の場面解釈をめぐる一連の論争は、絵画史料についての両者の志向性の違いを浮かび上がらせており、その差異の自覚は、今後の絵画史料読解の方法論的展開のためにも必ずや役立つことになるだろう。

自らの主張の方法と論拠を検証可能なかたちで明示しつつ、さまざまな絵画史料の分析・読解の成果を積み重ねていくこと、この困難な経験としての研究の蓄積の上に、絵画史料読解の方法論の基礎を築いていくことが求められている。そうした分析・読解の基本として、わたしが強調したいのは、絵画を史料として徹底的に読み抜くことである。自分に都合の良いところだけをつまみ食い的に読むだけであってはなるまい。

では、二の諸学問が視覚的に事実確認をする第一のレベルの仕事であるとすれば、第二のレベルは図像学的な分析作業である。すなわち、絵画の統辞法を探る構図分析と諸図像の意味論的な諸関係を明らかにするものである。それはパノフスキーの言う絵画の「第二次的・約定的意味」を探る作業にあたる。拙論「御伽草子の絵画コード論」は、絵画のコンヴェンショナルなコード（約束事）を詳細に洗い出した基礎的な仕事である（黒田、一九九〇年b）。

キリスト教図像学のような狭義の図像学に対応するのは、日本では仏教図像学などであろう。しかし、われわれが目指しているのは広義の図像学である。絵巻物から挿絵・浮世絵に至るまで、およそ絵画史料と言い得るもの全てを対象として、それらの諸コードを把握しようとする。その一部に、仏教図像学や神道図像学をも位置づけるつもりなのである。こうした構えは、日本の絵画伝統と絵画史料の特質によっていることは言うまでもない。

こうした第一・第二のレベルでの研究を十二分に踏まえた上で可能になるのが、第三のレベルである総合的把握である。パノフスキーによれば、それは「深い意味におけるイコノグラフィー」つまりイコノロジーに該当する。

但し、図像の歴史学の目指す総合的把握は、パノフスキーのイコノロジーの総合的把握とは異なったものとなるに違いない。拙著『〈絵巻〉子どもの登場』（黒田、一九八九年）や『中世を旅する人々』（黒田、一九九三年b）は、そうした総合的把握への一里塚として叙述してみたものである。

従来の研究では、絵画の表現から実際に使われていた「もの」や実際に起きた出来事などを明らかにしようとした。それらは絵画史料の表現を、言わば素朴に利用しようとしたものであった。それに対して新たな絵画史料論ないし歴史図像学のアプローチは、絵画をその固有な表現コードを明らかにしつつ、絵画表現のなかに潜んでいる歴史の諸側面を読み取ることを目指したのである。

人々の姿に示される身分や職能の把握や、礼儀・しぐさ・振舞といった社会的・宗教的諸行為のレベルの解明は、歴史図像学の最も得意とする研究課題だが、それだけではない。生活史・社会史・経済史・文化史・政治史などのさまざまなテーマの探究にも、絵画史料による研究が不可欠である。各時代の人々の心性・意識・思想も、絵画史料による探究が可能である。また、都市や農村の歴史的風景や人々の空間認識などを明らかにするにも、絵画史料の分析・読解が大いに役立つ。

絵画史料の図像学的分析によってどのような深い歴史把握が可能になるかは、今後の研究の展開如何にかかっていると言えよう。

以上のような課題認識と方法態度から出発した絵画史料論ないし歴史図像学を、わたしの歩みに即して簡単に整理して示すと、次のようになる。

第一の時期は、一九七〇年代末から一九八〇年代半ばまでである。一九八一年秋に発表した拙稿「史料としての絵巻物と中世身分制」は、絵巻物を史料として分析した最初の試みである（黒田、一九八六年b）。そして、絵巻・荘園絵図などの分析・読解の試みを矢継ぎ早に発表する一方で、一九八五年には、民衆史研究会主催の講演会で「民衆史研究と史料学」と題する講演を（黒田、一九八六年）、翌年には、東京学芸大学史学会で「絵画史料とその読み方」という講演を行なっている（黒田、一九八七年）。

そうした一連の研究のなかの主な成果をまとめたのが前著『姿としぐさの中世史』・『象徴の中世　境界の中世』である。両書は絵画史料を主要な史料としており、保立道久の『中世の愛と従属』（保立、一九八六年）と共に、日本史研究における絵画史料論ないし歴史図像学の草創宣言の書とも言うべき性格を持っている。

第二の時期は、一九八〇年代後半の時期である。私の責任編集した『絵画史料の読み方』（黒田、一九八九年）と『（絵巻）子どもの登場』（黒田、一九九〇年）に代表される。前者は、絵画史料の分析・読解の仕方についての入門書である。まだ極めて不十分な内容のものだが、絵画史料論を受け入れてもらうための素地を作る役割を果たしたと思われる。後者は、絵画史料に描かれている子どもたちの姿をできる限り蒐集し、それらを分析・読解することによって、中世から近世初頭の子ども史を描きだそうとした試みであった。

一九八六〜八九年の三年間、私は、歴史学研究会が設定した「歴研ゼミナール」という研究者・教師・学生向けのゼミナールの一つを引き受け、「絵画史料を読む」ための基礎的な演習を続けた。そのときの参加者の一人である加藤公明は、高等学校の教師として絵画史料を生徒たちと一緒に読むことによって、お仕着せではないユニークな日本史の授業を生み出したのである（加藤、一九九一年）。さらに、加藤の属している千葉県歴史教育者協議会では、メンバーの創造的実践による『絵画史料を読む　日本史の授業』（一九九三年）を出版するに至っている。こうして、絵画史料の活用は、日本史教育のなかにも根付きはじめたのである。

第三の時期は、一九九〇年代初頭から半ばまでの時期である。①「御伽草子の絵画コード論」（黒田、一九九〇年）、②『王の身体　王の肖像』（黒田、一九九三年a）、③『中世を旅する人々』（黒田、一九九三年b）、そして、④ロナルド・トビと共編の『行列と見世物』（黒田・トビ、一九九四年）に代表される。①は、渋川版御伽草子二三編の挿絵を分析して、その絵画コードを詳細に明らかにしたものである。②は、歴史民俗博物館本江戸図屏風・神田明神祭礼絵巻、そして肖像画の分析・読解試論である。この本に収録した諸文章によって、近世絵画についても絵画史料論的ないし歴史図像的な分析・読解を開始したのである。③は、『一遍聖絵』十二巻の全体について、中世の人々の旅のイメージを明らかにしようとする視座で一貫した分析・読解を試みた仕事である。そして④は、日本近世の異人イメージや祭礼絵巻研究の共同研究者であるトビと共同編集したものであり、〈行列と見世物〉とテーマは限定されているが、近世絵画史料からどのような豊かな歴史情報を読み取り得るかを示した、それなりにユニークな叙述を生み出したつもりである。

そして第四の時期は、一九九〇年代後半から現在に至るまでの時期である。まず指摘したいのは、ここでは日本中世史に限らざるを得ないが、絵画史料論の第二世代とでも言うべき若い研究者たちが育ってきたことである。たとえば、絵画史料を主要材料として日本中世子ども史の構築に取り組んでいる斉藤研一、日本中世における〈魔〉や地獄のイメージなどを追跡している若林晴子、藤原鎌足像などの肖像画の歴史図像学的な研究を推進している黒田智（一九九八年）、天皇像などの〈肖像誌〉を発展させると共に、院政期における絵画のあり方を解明しつつある藤原重雄（一九九八年）、服飾文化史や儀礼文化史を絵画史料の独自な分析によって展開しつつある佐多芳彦らの論稿などが次々に生み出されており、絵画史料論的ないし歴史図像学的研究は、確実に新たな研究段階を迎えつつあるように思われる。

しかも、彼らの研究は美術史研究者や国文学研究者などとの積極的な〈対話〉を行ないながら進められており、学問の垣根を自然に越境しての討議環境が生み出されていく可能性を豊かに孕んでいる。少なくとも、私はそうなっていくだろうと期待している。

四　美術史との〈対話〉

ところで、これまでの記述では、日本美術史と絵画史料論ないし歴史図像学の関係についてはほとんど触れてこなかった。われわれの扱おうとしている絵画史料とは、日本美術史の主要な研究対象でもあり、既述したように、私の場合は日本美術史の研究成果に学ぶことから出発した。両者は今どのような関係にあると言えるのかを、簡単に指摘するとしよう。

日本美術史との〈対話〉が当初から円滑に進んだわけではない。日本美術史にとって、絵画史料論的ないし歴史図像学的研究は予期せぬ突然の闖入者のように見えたことだろう。事実、私達の歴史図像学的な絵画史料読解に対する千野香織の批判なども現われた（千野・西、一九九一年）。私の判断では、千野の歴史図像学に対する批判は誤解から出発していると思われるのだが。しかし、そうした誤解は〈対話〉の積み重ねによって徐々に解消していくことが可能であろう。

大切な点の第一は、美術史家の思考と仕事に真摯に学ぶことなしには、絵画史料論ないし歴史図像学の順調な成長は有り得ないということである。絵画史料論ないし歴史図像学を志す研究者・院生・学生は、史学科での日本史家となるための修行と並行して、美術史の訓練をも受けることが望ましいのである。

第二に、われわれのアプローチは必ずしも美術史家的なものではない。われわれには日本史家としての諸研究課題があり、それらを明らかにするための史料操作や分析・読解がかなりの部分を占めることになる。そのようなアプローチの有効性については、絶えず美術史家の批判を糧としていくべきであろう。

無論、われわれは美術史家から学ぶだけではない。図像の名付けやその意味を徹底的に探究するわれわれの作業は、文献史料の読解によって培ってきた歴史知識を背景としており、美術史家の絵画史研究にも寄与する面があるに違いないのだから。

そして第三に、美術史家との常日頃の〈対話〉が不可欠である。たとえば同じ絵画を見ていても、われわれと美術史家では着眼点が異なり、見方がまったく違う。そのことを体験することは極めて大切である。対象の同一性と見方・研究方法の差異こそが、この〈対話〉成立の基本条件であり、もしもそうした〈対話〉が積み重ねられれば、美術史と歴史図像学の円滑な交流とその充実した成果が得られるようになるのではないかと考えている。

実際、私は東京国立文化財研究所主催の「東アジア美術における人のかたち」という美術史のシンポジウムで「〈唐子〉論――歴史としての子どもの身体――」という報告をする機会を得た。両者の〈対話〉の条件は徐々にだが整ってきていると言えるだろう。

なお、たとえば上杉本洛中洛外図屏風の制作年や絵師をめぐっては、日本史家と美術史家の間に厳しい「論争」も見られた。今谷明の学説とそれに対する美術史家の厳しい反論である。しかしこの「論争」も、日本中世史家瀬田勝哉の論文「公方の構想」(瀬田、一九九四年)が新たな方向性を切り開いた。拙著『謎解き洛中洛外図』(黒田、一九九六年a)は、そうした論争の止揚を目指したものである。

また、肖像画研究においても、新たに大きな議論の場が形成されつつある(藤本、一九七四・八四・二〇〇〇年、加藤、一九九一年、黒田、一九九五年など)。すなわち、周知の伝武田信玄像や伝足利尊氏像(守屋家本騎馬武者像)などについては以前から疑われていたが、近年では、美術史の米倉迪夫が著書『源頼朝　沈黙の肖像画』(米倉、一九九五年)で、神護寺三像に関する衝撃的な仮説を発表した。美術史の枠組みに大きな影響を与えるだけに、論争が始まっている(宮島、一九九六年、米倉、一九九八年)。肖像画は歴史図像学にとって中心となる絵画史料であり、かつその像主が、伝平重盛・伝源頼朝・伝藤原光能であるのか、それとも足利尊氏・同直義・同義詮であるのかは、イメージの日本史にとっても極めて大きな影響をもたらす。私としては、この問題には真摯に取り組んでいかねばならないという覚悟でいる(黒田、一九九六年)。

五　今後

さて、今後の日本史学における絵画史料論ないし歴史図像学は、どのような課題を持ち、どのような方向を目指していくべきであろうか。最後に、この点についての概略を記して、本稿を閉じることにしたい。

第一に目指されるべきは、絵画史料集の編纂・出版である。現在刊行されている絵巻物全集などは、どれも美術史的な視線と価値判断によるものであり、絵画史料集としては不満な点がある。絵画史料集として肝腎なのはその表現内容である。たとえ作品の出来は悪くとも、内容面で豊かなものは絵画史料集として編纂されるべきであろう。どのような絵画史料集がいかにして可能かを真剣に検討すべき時期にきている。私としては、たとえば絵画史料集としての肖像画集の実現を考えているところである。

第二には、概論書を作ることである。何時になるかはまだはっきりしないが、多分、二種類の概論書が作られるであろう。一つは、絵画史料論についての概論であり、もう一つは歴史図像学のそれである。また、四に記したように絵画史料を調べるための道具＝辞書としての『歴史絵引』を作ることも、当面の課題となっている。それらが出来れば、研究基盤と条件は格段に良くなるし、いろいろな学問分野の研究者・院生・学生にとっても、大いなる福音となるに相違ない。

第三に、中世絵画史料集ないし中世の歴史図像学を確立するための研究をさらに本格的に推進することである。より魅力的な研究課題と方法論の展開のために、より多くの努力を傾注しなければならないだろう。また、絵画史料論や歴史図像学を目指す若い世代が育つための条件(研究体制・研究機関)作りも不可欠である。

具体的に言えば、一方で、考古学・建築史・都市史・技術史・武器史・服飾史などといった「もの」の歴史学との研究交流が一層深められねばなるまい。それらの学問にとっても、絵画史料の利用はますます増大し、かつ方法的に進化していくはずであるから、相互の〈対話〉は必要不可欠となっていく。絵画史料論ないし歴史図像学にとっては、そうした交流が、正確な「もの」の確認と表現された事物への名付けのために必須なのである。

他方では、そうした具体性を離れた象徴的・抽象的な文様や「かたち」などの探究を目指す諸学問(たとえば象徴図像学・密教図像学など)との〈対話〉も真剣に目指さなければならない。そうしなければ、絵画史料の分析・読解はバランスのとれたものとはならないであろう。

そして第四に、近世絵画史料論ないし近世の歴史図像学の本格的な探究を推進しなければならないだろう。というのは、絵画史料の最大の宝庫と言うべき時代が近世だからである。その量を比較すれば、中世の絵画史料など問題にもならないことが直ぐに分かる。絵画史料論や歴史図像学を確立するためにも、近世こそが正念場であり、この時代の絵画史料論と歴史図像学を育てていくことが肝要なのである。ロナルド・トビとの共同研究は、そのための恰好の試金石となることだろう（黒田・トビ、一九九四年）。

絵画史料論の主要参考文献

鈴木敬三『初期絵巻物の風俗史的研究』（吉川弘文館、一九六〇年）
荻野三七彦「守屋家本伝足利尊氏像の研究」（『国華』七六一九・一〇、一九六八年）
石井進「竹崎季長絵詞の成立」（『日本歴史』二七三号、一九七一年「ある絵巻のできるまで」と改題して、『中世史を考える――社会論・史料論・都市論』校倉書房、一九九一年に収録）
藤本正行「守屋家所蔵武装騎馬武者像の一考察」（『甲冑武具研究』三二、一九七四年）
小泉和子『家具と室内意匠の文化史』（法政大学出版局、一九七九年）
黒田日出男「史料としての絵巻物と中世身分制」（『歴史評論』三八二号、一九八二年二月、黒田、一九八六年bに収録）
B・A・ウスペンスキー『イコンの記号学』（新時代社、一九八三年）
澁澤敬三・神奈川大学日本常民文化研究所編『新版絵巻物による日本常民生活絵引』全五巻（平凡社、一九八四年）
藤本正行「守屋家本武装騎馬武者像再論」（『史学』五三―四、一九八四年）
黒田日出男「民衆史研究と史料学」（『民衆史研究』三一号、一九八六年、『民衆史を考える』校倉書房、一九八八年に収録）

同　『姿としぐさの中世史』（平凡社、一九八六年ａ）
同　『境界の中世　象徴の中世』（東京大学出版会、一九八六年ｂ）
玉井哲雄『江戸　失われた都市空間を読む』（平凡社、一九八六年）
網野善彦『異形の王権』（平凡社、一九八六年）
保立道久『中世の愛と従属』（平凡社、一九八六年）
黒田日出男「絵画史料とその読み方」（『史海』三四号、一九八七年）
今谷明『京都・一五四七年』（平凡社、一九八八年）
高橋康夫『洛中洛外』（平凡社、一九八八年）
黒田日出男編『絵画史料の読み方』（週刊朝日百科日本の歴史　別冊歴史の読み方1、朝日新聞社、一九八九年）
葛川絵図研究会編『絵図のコスモロジー』上・下（地人書房、一九八八・八九年）
服部幸雄『さかさまの幽霊』（平凡社、一九八九年）
黒田日出男『〔絵巻〕子どもの登場』（河出書房新社、一九九〇年）
同　編『「角筈・柏木一目屏風」の世界』（新宿歴史博物館、一九九〇年ａ）
徳田和夫『絵語りと物語り』（平凡社、一九九〇年）
黒田日出男「御伽草子の絵画コード論」『御伽草子　物語・思想・絵画』（ぺりかん社、一九九〇年ｂ）

加藤秀幸「武装肖像画の真の像主確定への諸問題」上・下（『美術研究』三四五・三四六、一九九〇年）
五味文彦『中世の絵とことば』（中央公論社、一九九〇年）
千野香織・西和夫『フィクションとしての絵画』（ぺりかん社、一九九一年）
加藤公明『考える日本史授業』（地歴社、一九九一年）
黒田日出男「絵画史料から歴史を読むために」（『シリーズ授業4社会』岩波書店、一九九二年）
同　『王の身体　王の肖像』（平凡社、一九九三年a）
木下直之『美術という見世物』（平凡社、一九九三年）
五味文彦「絵巻の視線――時間・信仰・供養」（『思想』八二九号、一九九三年）
黒田日出男『中世を旅する人々』（週刊朝日百科日本の歴史　別冊歴史を読みなおす10、朝日新聞社、一九九三年b）
同　「絵巻をいかに読むか」（『岩波講座　社会科学の方法』Ⅸ巻、一九九三年c）
千葉県歴史教育者協議会日本史部会編『絵画史料を読む　日本史の授業』（国土社、一九九三年）
五味文彦「絵巻の方法――黒田氏の批判に接して」（『思想』八三七号、一九九四年）
黒田日出男「表象としての空也と一遍――五味文彦「絵巻の視線」批判」（『思想』八三九号、一九九四年）
黒田日出男、ロナルド・トビ共編『行列と見世物』（週刊朝日百科日本の歴史　別冊歴史を読みなお

す17、朝日新聞社、一九九四年）
瀬田勝哉『洛中洛外の群像』（平凡社、一九九四年）
水藤　真『絵画・木札・石像に歴史を読む』（吉川弘文館、一九九四年）
宮島新一『肖像画』（吉川弘文館、一九九四年）
黒田日出男「守屋家本騎兵武者像の像主」（『東京大学史料編纂所研究紀要』五号、一九九五年）
米倉迪夫『源頼朝像――沈黙の肖像画』（平凡社、一九九五年）
小泉和子『室内と家具の歴史』（中央公論社、一九九五年）
藤井恵介・玉井哲雄『建築の歴史』（中央公論社、一九九五年）
宮島新一「書評と紹介　米倉迪夫著『源頼朝像　沈黙の肖像画』」（『日本歴史』五七六号、一九九六年）
黒田日出男「大英博物館本「源頼朝像」の制作時期について」（『日本の美学』二四、一九九六年）
香芝市二上山博物館編『弥生人の鳥獣戯画』（雄山閣出版、一九九六年）
黒田日出男『謎解き洛中洛外図』（岩波書店、一九九六年）
同　『歴史としての御伽草子』（ぺりかん社、一九九六年）
小泉和子・玉井哲雄・黒田日出男編『絵巻物に建築を読む』（東京大学出版会、一九九六年）
佐原真・春成秀爾『原始絵画』（講談社、一九九七年）
黒田日出男「騎馬武者像の像主」（同編『肖像画を読む』角川書店、一九九八年）

米倉迪夫「伝源頼朝像再論」（『肖像画を読む』一九九八年）
田村憲美「中世肖像画における「坐」の問題」（『肖像画を読む』一九九八年）
黒田智「多武峯曼荼羅のイメージ空間――始祖としての鎌足と系譜認識」（『肖像画を読む』一九九八年）
藤原重雄「平安初期天皇像の肖像誌」（『肖像画を読む』一九九八年）
田村英恵「織田信長像をめぐる儀礼」（『肖像画を読む』一九九八年）
北川央「豊臣秀吉像と豊国社」（『肖像画を読む』一九九八年）
高木昭作「徳川家康の画像」（『肖像画を読む』一九九八年）
西山克『聖地の想像力』（法蔵館、一九九八年）
藤本正行『鎧をまとう人々』（吉川弘文館、二〇〇〇年）
佐多芳彦「見返に描かれた『御簾』――賀茂別雷神社所蔵『加茂祭古図巻物』」（『栃木史学』一四、二〇〇〇年）
黒田日出男『中世荘園絵図の解釈学』（東京大学出版会、二〇〇〇年）

［付記］本参考文献は、紙幅の制約で極めて不十分なものとなっていることをお断りしておく。近世・近代の絵画史料論関係の研究文献をほとんど収録していない。古代・中世についても多くの研究文献を落としている。絵画史料論ないし歴史図像学に関心を持つ人には、とりあえずこ

の参考文献から出発するとして、必要な研究文献を渉猟・発見していって頂きたい。また、落とした研究文献の筆者の方々には心からお詫び申し上げると共に、私としては、いずれしっかりした「絵画史料論関係文献目録」をまとめるつもりでいる。

あとがき

絵画を「史料」として私は読み始めた。その最初のまとまりが本書である。絵を読むことの楽しみを味わいながら、私としては短い期間に書きあげたといえよう。

こうした作業を始めたら、「絵が好きだったんですか」と誰かに言われたことがある。確かに絵は好きだしそのような動機が全くないということではありえないが、しかし絵好きだから「絵画史料」を読みだしたというのではあまりにもことの一面しか示していない。むしろ、歴史のビジュアルな、あるいは即物的な諸側面への関心のたかまり、古文書や古記録以外の実に多様な史料の語ることに耳を傾けようとする姿勢、そういった新しい歴史学の動向と方向性とに結びついたものとして「絵画史料」を読む作業が始まったと言いたいと思う。だから私自身は、このような作業が決して孤立したものではないということを確信している。

「絵画史料」を読む作業を行い、その方法を模索していると、色々と自覚的になってくることがある。たとえば、一見して「見えているものやこと」が実は「見えていない」のだということ、また、「見えていないことやもの」が実は「見えてくる」のだということである。「絵画史料」を読解するということは、たんにそれらを利用することで既成の歴史叙述が豊かになるといったことではなく、「歴史」の「見えないことやもの」に迫る模索の仕方を考えることなのであろう。

そうした「絵画史料」の読解の積みかさねは、「読み手」としての私達の問題が何であるかを明確にさせてくれるように思われる。つまり絵画の一見して自明にしてあいまいな性格というのは、実は絵画だけの問題ではなくて、読み手としての私達自身の「絵画史料」に対する自明性であり、あいまいさの問題なのだということをますますはっきりとさせてくれる。考えてみれば、歴史学ほど史料の「解釈」の方法についての突っ込んだ議論の少ない学問も少ないのではないだろうか。そしてそのことを考えていくと、史料の「解釈」をめぐる諸困難というのは、文学や美術における「批評」行為とか「解釈学」の問題と隣りあっていると感じられてならない。この「あとがき」を書く直前にボリス・ウスペンスキーの『構成の詩学』の翻訳も出版されたが、そうした書物に学ぶべき点は多い。脱領域的な関心の広がりがますます不可欠となるだろう。

本書は、そうした問題をつめて考えているわけではないのだから、まだ出発点に過ぎない。この本がどのような批判や批評を受けようとも謙虚に受けとめて、今後さらに幾つかの仕事を積み重ねていきたいと思っている。最終的な行き着く先は、近世の「絵画史料」読解を予定し

ているのだが、何時になったらそこへたどり着くことが出来ようか。ともかくそこには限りない宝庫があるように思えてならない。

さて、最後になったが、平凡社の石塚純一・内山直三・加藤昇の三氏に感謝したい。加藤さんは、『大百科事典』の原稿催促のかたわら『月刊百科』への執筆の機会を与えてくれ、石塚さんは、この本の最初から最後までをとりしきってくれた。そして、内山さんは、談話の合間に汚いものの探究が如何に重大なことかを改めて自覚させてくれた。こうした三者三様の協力がなかったら本書は決して生まれなかったであろう。

一九八六年三月

黒田日出男

絵巻物等の所蔵一覧

『芦引絵』　逸翁美術館
『石山寺縁起』　石山寺
『一遍聖絵』　歓喜光寺
『井上本庄絵図』　随心院
『餓鬼草紙』　東京国立博物館
『春日権現験記』（模本）　東京国立博物館
『北野天神縁起』　北野天満宮
『弘法大師行状絵詞』　東寺
『地獄草紙』　奈良国立博物館
『地獄草紙』　東京国立博物館
『釈迦堂縁起』　清凉寺
『稚児観音縁起』　香雪美術館
『東郷荘下地中分絵図』（模本）　東京大学史料編纂所
『道成寺縁起』　道成寺
『東北院職人歌合』　東京国立博物館

『年中行事絵巻』　田中親美
『平治物語絵詞』　静嘉堂文庫
『法然上人絵伝』　知恩院
『慕帰絵詞』　西本願寺
『松崎天神縁起』　防府天満宮
『矢田地蔵縁起』　矢田寺
『融通念仏縁起』　クリーブランド美術館
『遊行上人縁起』　真光寺
『遊行上人縁起』　金光寺
『六道絵』　聖衆来迎寺

本書に掲載の図版については、以上の所蔵者の他に中央公論新社の御協力を得ました。

成稿一覧

民衆の姿・しぐさ・行為

「異香」と「ねぶる」　『月刊百科』二五四号、一九八三年一二月

『天狗草紙』における一遍　新稿

「女」か「稚児」か　『月刊百科』二七一号、一九八五年五月

腰に差す物　中公バックス『日本の歴史』付録二八、一九八四年一一月

巫女のイメージ　新稿

中世の旅姿をめぐって　新稿

「場」を読む

春の年中行事　『嗜好』四九四号、一九八五年三月

市の光景　『月刊百科』二六八号、一九八五年二月

馬のサンダル　『月刊百科』二六三号、一九八四年九月

「獄」と「機物」　『国語通信』五月号、一九八五年五月

施肥とトイレ　『続日本絵巻大成』四巻月報二〇、一九八五年七月

シンボリックな風景

物くさ太郎の着物と髻　新稿

「犬」と「烏」と　新稿

地獄の風景　新稿

荘園絵図は語る

荘園絵図の世界　『月刊百科』二四四号、一九八三年二月

絵図上を航行する帆掛船　『UP』一三六号、一九八四年二月

荘園絵図上を歩く　新稿

絵画史料を読むために　新稿

図像の歴史学　『歴史評論』六〇六号、二〇〇〇年一〇月

平凡社ライブラリー版 あとがき

戦後歴史学が大きな転換期を迎えていた一九七〇年代の終わりに、わたしは、『日本中世開発史の研究』という最初の研究課題をまとめつつあった。それは、今なら〈環境歴史学〉的な発想をもった研究として位置づけられる一面をもっていたのだが、残念ながら呼応してくれる研究は現れなかった。

もしも現れていたら、かえって困ったかも知れない。というのも、次なる課題として、わたしは、絵画史料論を開始していこうと心に決めていたからだ。絵画を史料として読み解くことの魅力とその可能性の探究である。それを手探りで実践した仕事を、一九八〇年代初頭から書きはじめたのだが、絵画史料の読解はじつにやりがいがあった。ともかく、次々に読解作業を積み重ねていくうちに、一九八六年には二冊の本にまとまった。絵画史料論の最初の成果としてまとめられたのが本書であり、一九八六年五月に、平凡社のイメージ・リーディング叢書の最初期の一冊として生まれた。もう一冊は『境界の中世 象徴の中世』であり、東京大学出版会から同年一〇月に刊行されている。この二冊は明らかに兄弟であり、わたしの絵画史料論の最初の結実であったのである。

しかし、古文書を主とする文献史料の読解の訓練しか受けてこなかった者が、絵画史料論に取り組むということは、なんとも危険な冒険であった。文献史料に慣れ親しみ、文献史料の分析・読解こそが歴史学の王道であると確信する多くの歴史研究者は、絵画を史料として読む試みなど際物にしか見えなかったことだろう。そうしたきつい視線を感じながら、絵画史料論の試みの積み重ねに突き進んでいったことは、わたしの研究姿勢にある種の厳しさをもたらしたと感じている。つまり、こうである。一つでもいい加減な絵画史料の読解をすれば、必ずそれみたことかと批判が集中し、絵画史料論にとって大打撃となるに違いない。それは避けたい、とわたしは思った。すなわち、絵画史料論を育てていくためには、むろん情熱だけでは足りず、それなりの覚悟も必要だった。学問の創業には一定程度の厳しさが不可欠である。そう考えたわたしは、必要な論戦は避けないことにした。わたしの批判は、若い研究者に向けられることはほとんどない。自分より年上か、年齢的に近い研究者に対してしか厳しい批判をしないようにしようと思ってきたからである。

その結果、わたしはきびしい批判をする人間と思われるようになったのだが、後悔してはいない。そうした絵画史料論の危険度は、じつは本書の表紙の絵に象徴的に示されていたのである。表紙には『春日権現験記絵』巻六―第一段の地獄の場面が描かれている。それは無間地獄の永沈の場面であり、真っ赤に燃え盛る地獄の業火のなかに真っ逆様に堕ちていく裸の男女の姿であった。

この場面を表紙の絵にえらんでくれたのは、当時平凡社の気鋭の編集者であった石塚純一さんであったが、それを見せられた時、わたしは一瞬ぞっとした。しかし、その絵はなんとも強い迫力をもっており、わたしが分け入ろうとしている絵画史料論という学問の戦場をシンボリックに示していて、まさにぴったりな場面であることに気づかされたのである。かれの選択は適切であり、じつに見事であったと言うほかない。

こう書くと、絵画史料論とは〈地獄〉の営みなのかと言われることだろう。その通りであると答えておこう。無限に近い絵画史料があり、しかも、どの絵画史料も〈地獄〉の魅力をもっているのだから。また、歴史のイメージないしはイメージの歴史の把握・構築という仕事は、際限のない冒険であるのだから。しかし、その地獄は〈絵画を読み解く楽しさ〉によって満たされていることにも注意を向けていただきたい。そこは〈絵画史料読解の楽しみ〉に満たされているという意味で、まさに〈地獄＝極楽〉そのものなのであるから。

だから本書は、〈地獄＝極楽〉への招待であったのだ。

本書は幸いにも、ある程度の評価を得ることができたと言い得るであろう。お陰で、わたしは挫けずに絵画史料論に邁進することができた。イメージ・リーディング叢書の読者の皆さんに、深く感謝したい。

そして今回、本書は平凡社ライブラリー版『増補 姿としぐさの中世史』へと変身することになった。新たな読者と対面できるようになるために。内容的には変わらないけれども、文庫判となり、大きさや図版のレイアウトが変わることによって、新たな〈姿としぐさ〉を獲得するだろう。そうした見慣れぬかたちが、新たな読者を生み出してくれるとうれしい。

そうした願いを込めて、末尾には「図像の歴史学」という一文を付け加えることにした。絵画史料論ないし歴史図像学の歴史と現在を、わたしなりにまとめたものである。絵画史料論と歴史図像学についての関心を深めるのに役立てていただければと思う。

ところで、わたしの絵画史料論ないし歴史図像学は、まだまだ発展途上にあると言っておきたい。今後書かれるであろう一冊一冊に、自分なりの絵画史料読解の新たな工夫を盛り込んでいくつもりである。こんな決意の表明は、ライブラリー版のあとがきとして異例であることは承知の上だ。このように書いてしまうこと、それがわたしの特徴なのであり、絵画史料読解という〈地獄＝極楽〉を歩み続ける者としての業なのであろう。

二〇〇二年八月二七日

黒田日出男

平凡社ライブラリー　445

増補《ぞうほ》 姿《すがた》としぐさの中世史《ちゆうせいし》

絵図と絵巻の風景から

発行日 ……… 2002年10月9日　初版第1刷
2017年4月27日　初版第3刷

著者 ………… 黒田日出男

発行者 ……… 下中美都

発行所 ……… 株式会社平凡社

〒101-0051　東京都千代田区神田神保町3-29
電話　東京(03)3230-6579[編集]
東京(03)3230-6573[営業]
振替　00180-0-29639

印刷・製本 …… 株式会社東京印書館

装幀 ………… 中垣信夫

ISBN978-4-582-76445-1

NDC分類番号210

B6変型判(16.0cm)　総ページ376

平凡社ホームページ http://www.heibonsha.co.jp/

落丁・乱丁本のお取り替えは小社読者サービス係まで
直接お送りください(送料，小社負担)。

平凡社ライブラリー　既刊より

【日本史・文化史】

網野善彦……………………………異形の王権
網野善彦……………………………増補　無縁・公界・楽――日本中世の自由と平和
網野善彦……………………………海の国の中世
網野善彦＋阿部謹也………………対談　中世の再発見――市・贈与・宴会
笠松宏至……………………………法と言葉の中世史
佐藤進一＋網野善彦＋笠松宏至……日本中世史を見直す
佐藤進一……………………………足利義満――中世王権への挑戦
佐藤進一……………………………増補　花押を読む
塚本　学……………………………生類をめぐる政治――元禄のフォークロア
西郷信綱……………………………古代人と夢
西郷信綱……………………………古典の影――学問の危機について
横井　清……………………………東山文化――その背景と基層
横井　清……………………………的と胞衣――中世人の生と死
黒田日出男…………………………増補　姿としぐさの中世史――絵図と絵巻の風景から
中沢新一……………………………悪党的思考